DAĞLIK KARABAĞ

SORUNU

Dr. Ali Nazmi CORA

Dr. Ali Nazmi Çora

1947 Yılında İstanbul'da doğdu. Sırası ile Moda İlkokulu, Selimiye Askeri Ortaokulu, Kuleli Askeri Lisesi ve Kara Harp Okulunda eğitim gördü. 1967 Yılında Muhabere Teğmen olarak Türk Silahlı Kuvvetlerine katıldı. Çeşitli Birliklerde Görev yaptı.

Daha sonraki yıllarda Kara Harp Akademisini, Milli Güvenlik ve Silahlı Kuvvetler Akademisini bitirdi ve TSK'lerinin muhtelif karargahlarında Kurmay Subay olarak çalıştı.

Pakistan Command and Staff Kolejini tamamladı. Pakistan Beluchistan Üniver sitesinde harp sanatı konusunda Master yaptı, ABD Maryland Üniversitesinde bilgisayar eğitimini aldı ve Almanya'da NATO kursları gördü.

TSK'leri Harp Akademilerinde uzun süre öğretim üyeliği yaptı ve yüzlerce kurmay subayın yetişmesine katkıda bulundu.

Türk Silahlı Kuvvetlerinden kendi isteği üzerine ayrıldıktan sonra Marmara Üniversitesi Türkiyat Araştırmaları Enstitüsünde Doktora eğitimini tamamladı ve 2000 senesinde Doktor Ünvanını kazandı.

Bir Şirketler Grubu'nun Yönetim Kurulu Başkanlığını Sürdürürken, Fahri olarak Genelkurmay ATESE Başkanlığı Türk Askeri Tarih Komisyonu (TATK) Kurulu üyeliği, Stratejik Araştırmalar Merkezinde (SAREM) Milli Güvenlik Dış Uzmanlığı çalışmalarına katıldı.

2000 senesinde ABD'lerine yerleşen ve ABD'de "International Relations ve Strategy" konularında doktora onayı alan Dr. Ali Nazmi Çora'nın Amerikan Üniversitelerinde faydalanılması amacıyla ingilizce araştırma kitapları yayımlandı. Kitapları "Kindle" sisteminde de bulunmakta olup internetten indirilebilinmek tedir.

<u>Aşağıdaki kitapları yayımlandı;</u>

<u>İngilizce Araştırma Kitapları;</u>

"Hydrogen Fuel of the Future", 2017, Amazon.com
"Globalization and Regional Economic Integration", 2017, Amazon.com
"Global Governance and Globalization", 2016, Amazon.com
"The Global Economic Crises" 2016, Amazon.com
"Armenian Genocide a Big Lie", 2015, Amazon.com
"ISIS The Most Dangerous terrorist group" 2015, Amazon.com
"Grand Turkey", 2013, Amazon.com

"Development Among Turkey, NATO. European Union (EU) and European Security", 2013, Amazon.com
"Patton vs Rommel", 2013, Amazon.com

Türkçe Araştırma Kitapları:
"Dağlık Karabağ Sorunu" 2018 Amazon com
"Terör, Trörizm ve Ayrılıkçı Kürt Sorunu" 2018 Amazon com
"Ermeni Mezalimi ve Ömer Necati Gören tarafından anlatılanlar", 2015, Amazon com
"Kürtler Türk'müdür?, 2015, Amazon com
"Ayrılıkçı Kürt Sorunu", 2015, Amazon com
 TAVİSTOCK, Dünyayı Yöneten Örgüt", 2015, Amazon com
"ÖRTÜLÜ SAVAŞ", 2015, Amazon com
"Sessiz Savaş ABD ve AVRUPA Sivil Toplum Örgütlerini (NGO) Kullanarak Bağımsız Ülkeleri Nasıl Yönetiyor", 2015, Amazon com
"Evrende Yaşam" 2015, Amazon com
"Uzay ve zaman" 2015, Amazon com
"UFO ve Zaman Yolculuğu Teknolojisi-Time Travel Technology", 2015, Amazon com
"Geleceğin Dünyası", 2014, Amazon com
"Türk Birleşik Devletleri", 2014, Amazon com
"Türkçülüğün Esasları", 2014, Amazon com
"Tarih Türklerle Başlar", 2014, Amazon com
"Atatürkçü Düşünce Sistemi", 2014, Amazon com
"Atatürk ve Din, ", 2014, Amazon com
 "AGARTA", 2014, Amazon com
"İnsandan Evrene", 2014, Amazon.com
"Atatürk'ün Fikir ve Düşünceleri", 2013, Amazon com
"Çekiç Güç, Operation Provide Comfort,Huzur harekatı, Düzeltilmiş ikinci baskı", 2013, Amazon com
"Ne Çektinbe Abi Şu E maillerinden-5", 2013, Amazon com
"Ne Çektinbe Abi Şu E maillerinden-4", 2013, Amazon com
"Ne Çektinbe Abi Şu E maillerinden-3", 2013, Amazon com
"Ne Çektinbe Abi Şu E maillerinden-2", 2013, Amazon com
"Ne Çektinbe Abi Şu E maillerinden-1", 2013, Amazon com
"Azınlık Faaliyetleri", 2013, Amazon com
"Türkiye'nin Stratejik Önemi", 2013, Amazon com
"ABD'nin Milli Menfaatleri, Stratejisi ve Kuvvet yapısı",2013, Amazon com
"Nağme-I İştiyak", 2013, Amazon com
"Türkiye, NATO, Avrupa Birliği (AB), Avrupa Güvenlik ve Savunma Politikasındaki (AGSP) Gelişmeler" (Tez), 2013, Amazon com
"İstiklal harbi Sırasında Atatürk'ün Nutkuna ve Diğer Resmi Belgelere Göre Azınlıkların Faaliyetleri, Bunlara Karşı alınan Tedbirler", 2013, Amazon com

"Yalan Ermeni Soykırımı İddiası", 2013, Amazon com
"Yalan Ermeni Soykırımı İddiasının Bugünkü Durumu", 2013, Amazon com
"Sözde Ermeni Soykırımı İddiası", 2013, Amazon com
"Sözde Ermeni Soykırımı İddiasının Bugünkü Durumu", 2013, Amazon com
"İçimizdeki şeytanlar", 2008, Toplumsal Dönüşüm
"Uluslararası terorizm ve failleri", 2008, Toplumsal Dönüşüm
"Çekiç Güç'ün Kürdistan Tuzağı", 2008, Toplumsal Dönüşüm
"Çekiç Güç'ün Gizli Günlüğü", 2008, Toplumsal Dönüşüm
"Tarihimizde Kara Leke Çekiç Güç", 2008, Toplumsal Dönüşüm
"Türk Komutanın İzlenimleri ile Çekiç Güç", 2008, Toplumsal Dönüşüm
"İrtica ve Terör", 2008, Toplumsal Dönüşümı
"Kürt Sorununun Geleceği", 2004, Q Matris
"Birleşik Türk Devletleri", 2004, Q Matris
"Türkiyenin geleceği", 2004, Q Matris
"Cybervision-Büyük Türkiye", 2000, İrfan

Kadim Seri Kitapları
İngilizce;
"Esoterica", 2014, Amazon.com
"RE-YOUTH", 2014, Amazon.com
"REJUVENATE" 2013, Amazon.com
Türkçe;
"İnsanları Anlamak", Kadim Seri No:3, 2017, Amazon.com
"Yaşamından Zevk al", Kadim Seri No:2, 2017, Amazon.com
"Düşüncenin Gücü", Kadim Seri No:1, 2017, Amazon.com
"Bedenini sev", 2015, Amazon.com
"Mutlu Bir hayat İçin", 2013, Amazon com
"Düşüncenin Gücü", 2013, Amazon com
"Hayat basittir", 2013, Amazon com
"Yeniden Gençlik", 2013, Amazon com

Şiir Kitabı;
"Aşkıma Şiirler",2015, Amazon.com

Harp Akademileri Kurmay Subayların Eğitiminde Kullanılan Kitaplar;

"Grup Çalışma tekniği" 1986, Harp Akademileri yayınları
"Yönetim" 1986, Harp Akademileri yayınları
"Askeri Mesele Çözme Teknikleri, Durum Muhakemesi, karargah Etüdü " 1986, Harp Akademileri yayınları
"Karargah Etüdü" 1986, Harp Akademileri yayınları
"İkinci Dünya Harbinin Unutulmayan İsimleri Patton ve Rommel" 1984, Harp Akademileri yayınları

Bu kitabı beni sevgiyle besleyen, koruyan ve beni her zaman destekleyen biricik eşim Nedret Çora'ya ithaf ediyorum

İÇİNDEKİLER

ÖNSÖZ

Hukuken Azerbaycan'a ait olan topraklar fiilen Ermenistan işgali altında. Rusya'nın desteğini arkasına alan Erivan, tüm uluslararası kararları yok sayarak işgali sonlandırmıyor. İki taraf arasında ateş kes ilan edilse de sorunun çözümü uzak...

Peki Dağlık Karabağ sorunu nedir?

Dağlık Karabağ, hukuken Azerbaycan sınırları içinde bulunan, ancak fiilen Ermenistan tarafından işgal edilmiş olan bir bölge. Sovyetler Birliği'nin dağılma süreci devam ederken Ermenistan ile Azerbaycan arasında patlak veren Dağlık Karabağ sorunu, bir çözüme kavuşamamış bulunuyor. Bu yüzden de, evlerini, köylerini terk etmek zorunda kalmış olan binlerce insan, çok zor koşullar içinde mülteci hayatı yaşıyor. Burada yaşayan Azerbaycanlıların tamamı ya öldürüldü, ya da göçe zorlandı. Bu insanlık trajedisine onlarca yıldır çare bulunamıyor.

Dağlık Karabağ sorununun başlangıç tarihi 1988. 1748-1805 yılları arasında, burada Penah Ali Han tarafından kurulan Karabağ Han lığı hüküm sürmekteydi. 1805'te, Ruslar Karabağ Hanlığını kontrol

"

altına aldılar ve 1813'te de, Gülistan Anlaşması'yla ilhak ettiler. 1822 yılında Karabağ Hanlığı ortadan kaldırıldı. 1783'te Knez Potyomkin, Çariçe II. Katerina'ya yazdığı mektupta: "Fırsat bulunca Karabağ'ı hemen Ermenilerin kontrolüne vermekten ve böylece Asya'da bir Hristiyan devlet kurmaktan" bahsetmekteydi.

19. yüzyılda, bölgeye Anadolu'dan ve İran'dan Ermeni göçleri yaşandı. Dönemin Rus tarihçilerine göre, bu süreç boyunca, en az 1.000.000 Ermeni Kafkasya'ya göç ettirilmişti. 1832 yılı resmi nüfus sayımında Karabağ bölgesinin %64.4'ü Müslüman %34.8'i Ermeni olarak kayda geçmiştir. Çarlık Rusyasının diplomatı Griboyedov Ermeniler için çalışıyor ve "talihsiz Ermeni kardeşlerimin yoluna başımı koymaya her an hazırım" diyordu.

Yine de, Dağlık Karabağ hep Azerbaycan sınırları içinde kalmaya devam etti. 1918 yılında kurulan ilk Azerbaycan Cumhuriyeti'nin içinde de Dağlık Karabağ varlığını sürdürdü. Sovyet dönemi once sinde Ermeniler Dağlık Karabağ'da azınlıkta iken, Sovyet dönemin de de gerçekleştirdikleri sürekli göçlerle, 1988'de nüfusun yaklaşık yüzde 75'ini oluşturur hale geldiler.

O tarihte, Sovyetler Birliği içinde Azerbaycan'a bağlı özerk bir bölge olan Dağlık Karabağ'ın Ermeni çoğunluğundaki Parlamentosu, Ermenistan Sovyet Cumhuriyeti ile birleşme kararı aldı. Ama, 1989 yılında, Kremlin, Dağlık Karabağ'ın bu kararını geri çevirip, bölgeyi yeniden Azerbaycan'a bağladı. Sovyetler Birliği'nin dağılmaya başladığı 1991 yılı sonunda, otorite boşluğunu fırsat bilen Ermeniler bu kez de Dağlık Karabağ'ın bağımsızlığını ilân ettiler. Bu durum, Dağlık Karabağ ve Ermenistan ile Azerbaycan arasında silahlı çatış maların da fitilini ateşlemiş oldu.

Dağlık Karabağ, 8 Mayıs 1992'de Ermeniler tarafından işgal edildi. Burada öldürülen Azerilerin sayısı 20 000'i geçiyor. Aynı yıl, 18

Mayıs'ta, Dağlık Karabağ ile Ermenistan'ı ayıran Laçin bölgesi işgal edildi. Ermeni saldırıları 1993'te de devam etti ve Kelbajar, Agdam, Fuzuli, Jabrayil, Gubatlı ve Zangelan gibi, Dağlık Karabağı çevreleyen bölgeler de Ermenilerin eline geçti. Sonuçta, bir çok insan yaşamını yitirdi, binlerce aile yurdunu terk edip mülteci oldu, ve 1994 yılından bu yana Azerbaycan topraklarının yaklaşık yüzde 20'si Ermeni işgali altında bulunuyor. Azerbaycan ile Ermenistan arasındaki savaş, 1994 yılında, Rusların arabuluculuğu ile imzala nan ateşkesle durduruldu. Ardından, "Minsk Grubu" gözetiminde görüşmelere başlandı ve iki tarafı da memnun edecek çözümler arandı.

İç mesele olarak görüldüğünden dış müdahale konusunda diğer devletler gönülsüz davrandı. İhtilaf, Azerbaycan ve Ermenistan arasında yaşanması dolayısıyla 1992'den itibaren devletlerarası bir hale büründü.

Aslında Karabağ ile Dağlık Karabağ'ı birbirine karıştırmamak gerekiyor. Dağlık Karabağ, 18000 km2 yüzölçümüne sahip Karabağ ın içinde yer alan 4392 km2'lik bir bölge. Halen işgal altında olan

Azerbaycan toprakları, Dağlık Karabağ ile çevresindeki diğer arazi leri kapsıyor. Halen, 9 milyon nüfuslu Azerbaycan'da 1 milyondan fazla göçmen yaşıyor. Yani ülkedeki her 9 kişiden 1'i mülteci konu munda. Azerbaycan'da mültecilere "kaçkın" diyorlar. Ülkedeki kaçkınların sayısı toplam nüfusun yüzde 13'üne denk geliyor. İçlerinde, yaşlananlar, sakat olanlar, kimsesizler ve işsizler var. Göçmen olarak doğan çocukların sayısı da sürekli artıyor. Göçmen lerin üçte biri Bakû ve Sumgayıt şehirlerinde yoğunlaşmış durumda.

Dağlık Karabağ'da artık hiç Azerbaycanlı yaşamıyor. Savaşın neden olduğu toplam ölü sayısı 30 bin. Sadece, Ermenilerin 1992 yılında yaptığı Hocalı katliamında 613 kişi öldürülmüş, 487 kişi de sakat bırakılmıştı. Savaş nedeniyle Azerbaycan'ın uğradığı maddi zarar ise 22 milyar doları buluyor. Azerbaycan'da savunma harcamaları 2003'ten bu yana her yıl yaklaşık yüzde 50 oranında arttı. 2012'de savunma harcamaları, Azerbaycan'ın toplam kamu harcamalarının beşte birini oluşturur hale geldi. Ermenistan da Rusya'nın yardımıy la cephaneliğini genişletti.

Dağlık Karabağ çatışmaları başlamadan önce varolan bazı kasaba ve köyler tamamen terk edildi ve harabeye döndü. Azerbaycan toprak larının yüzde 14'ünden fazlası halen işgal altında. Azeriler bölgenin tarihsel olarak kendi kontrolünde olduğunu ve dolayısıyla kendi lerine ait olduğunu; Ermeniler ise bölgede hep Ermenilerin yaşadığı nı ve Azeri yönetiminin gayrimeşru olduğunu iddia ediyor.

AGİT Minsk Grubu eş başkanlarına göre 2005 yılından bu yana nüfusta belirgin bir artış yok. Bölgeye yerleşen etnik Ermeniler alt yapıya, ekonomik faaliyetlere ve kamu hizmetlerine kısıtlı bir erişime sahip. Birçoğunun kimlik belgeleri de eksik. Sorunun en zayıf yeri 175 kilometre uzunluğundaki temas hattı. Mayın tarlala rıyla dolu bu hat, Birinci Dünya Savaşı siperlerini andırıyor. Temas hattına Ermeni tarafından 30 bin, Azerbaycan tarafından ise bu sayıdan biraz daha fazla asker konuşlandırılmış durumda.

MİNSK Grubu aracılığıyla yürütülen müzakereler zorlu geçiyor; zira liderler uzlaşıya yaklaşsa da ülkelerinde kamuoyunun istekle rini karşılayamama endişesiyle geri adım atıyor. Sürece Dağlık Karabağ Azerileri ve Ermenileri etki edemiyor. Ermenistan ve Azer baycan kamuoyunun süreç üzerinde, bölgenin yerlilerinden daha çok etkisi var. Minsk Grubu eş başkanlarının sözcüsü ya da medya sekreteri yok. Bu nedenle de görüşmeler medyada az yer alıyor. Rusya, önce Ermenistan'a yakın bir pozisyon almışken, artık Azer baycan'a ve Ermenistan'a eşit uzaklıkta durmayı tercih ediyor. Bu strateji Ağustos 2008'de Gürcistan'la yaşanan savaşın ardından güçlendi. Stratejik öncelik Gürcistan'ın tecrit edilmesi haline döndü.

Dağlık Karabağ Sorunu ABD için, Orta Doğu'daki çatışmalardan daha az öneme sahip. Kongre'deki Ermeni lobisi, Hazar Denizi Havzası enerji güvenliği, "terörle mücadele" ve Afganistan'a uçuşlarda Azerbaycan hava sahasını kullanabilmesi ABD için öncelikli konular. Şu anda müzakere masasında anlaşmanın çerçevesini oluşturacak "Temel Prensipler" belgesi bulunuyor. 14-15 sayfalık belge, 2004'te Azeri ve Ermeni dışişleri bakanlarının bir araya gelmesiyle gerçekleşen Prag Süreci'nin ürünü. Ana fikri, Dağlık Karabağ'ın statüsü tartışmalarının birkaç yıl ertelenmesi, böylece diğer konularda ilerleme sağlanması.

Minsk Grubu arabulucuları Temel Prensipler (Madrid Prensipleri) Planı'nı 19 Mart 2008'de açıkladı. İçeriğinin satırbaşları ise şu şekilde

1-Ermeni güçlerinin, işgal edilmiş yedi bölgeden çekilmesi
2- Kelbecer ve Laçin Koridoru için özel düzenlemeye gidilmesi.
3-10 bin kişilik uluslararası barış gücünün Dağlık Karabağ ve işgal altındaki bölgelere, özellikle de Kelbecer civarına yerleştirilmesi.
4-Dağlık Karabağ'a geçici uluslararası statü verilmesi. Böylece bazı seçilmiş kişilerin yetkilerinin arttırılması, halkına ise uluslararası erişimin sağlanması; ancak uluslararası alanda resmen tanınmaması
5-Dağlık Karabağ'ın geleceğiyle ilgili halk oylaması yapılması.

Azerbaycan'ın olası anlaşmadan beklentisi, işgal altındaki toprak ların geri verilmesi. Ermenistan'ın olası anlaşmadan beklentisi Karabağ Ermenilerine güvenlik garantisi verilmesi ve bağımsızlık oylaması yapılması. Anlaşmanın Azerbaycan için kaygı verici tarafı, 'bağımsızlık' seçeneğinin referanduma götürülmesi. Anlaşmanın Ermenistan için kaygı verici tarafı, Ermenistan ile Dağlık Karabağ topraklarını birbirine bağlayan Laçin Koridoru'nun korunamaması ve uluslararası güvenlik garantilerinin bölgede kendi etkisini azalt ması.

Ermenistan'ın Azeri topraklarını işgal etmesi, Türkiye'nin bu ülke ile ilişkilerini de etkiledi. Türkiye'nin Erivan'la diplomatik ilişkisi bulunmuyor. Ancak Türkiye ile Ermenistan arasında diplomatik ilişki kurulmasına dair 2009 yılında protokol imzalandı. Dönem in Dışişleri Bakanı Ahmet Davutoğlu ve Ermenistan Dışişleri Bakanı Eduard Nalbantyan'ın imzaladığı protokolde Erivan'ın eşgal ettiği bazı bölgelerden çekilmesi öngörülüyordu. Ancak protokol Ermenis tan Meclisi'nde onaylanmadı.

Protokol'ün ayrıntıları şöyle:

1-İkili ilişkilerini iki ülkenin ortak çıkarları temelinde, siyasi, ekonomik, enerji, ulaştırma, bilimsel, teknik, kültürel ve diğer alan larda geliştirmeye ve ilerletmeye kararlı olarak, Uluslararası ve bölgesel örgütlerde işbirliğinin, iki ülke arasında özellikle BM, AGİT Avrupa Konseyi, Avrupa-Atlantik İşbirliği Konseyi ve KEİ kapsamında geliştirilmesine destek vererek, İki devletin, bölgede demokratik ve sürdürülebilir gelişmenin sağlanması, bölgesel istikrar ve güvenin arttırılması için işbirliği yapmak yönündeki ortak amaçlarını dikkate alarak,

Bölgesel ve uluslararası uyuşmazlık ve çatışmaların uluslararası hukuk ilkeleri ve normları temelinde barışçı şekilde çözümlenmesi hususundaki taahhütlerini tekrarlayarak,

Terörizm, sınır aşan örgütlü suçlar, uyuşturucu ve silah kaçakçılığı gibi bölgeye ve dünya güvenliği ve istikrarına yönelik ortak güvenlik tehditleri konusunda uluslararası toplumun eylemlerini güçlü şekilde desteklemeye hazır olduklarını yeniden vurgulayarak, Bu Protokolün yürürlüğe girmesinden itibaren 2 ay içerisinde ortak sınırın açılması hususunda anlaşmışlardır,

Her iki ülkenin Dışişleri Bakanlıkları arasında düzenli siyasi istişare gerçekleştirilmesi,

İki halk arasında karşılıklı güven tesis edilmesi amacıyla, mevcut sorunların tanımlanmasına ve tavsiyelerde bulunulmasına yönelik

olarak, tarihsel kaynak ve arşivlerin tarafsız bilimsel incelemesini de
olarak, tarihsel kaynak ve arşivlerin tarafsız bilimsel incelemesini de
içerecek şekilde bir diyaloğun uygulamaya konulması,

İki ülke arasında mevcut ulaştırma, iletişim, enerji altyapısı ve şebekelerinden en iyi şekilde istifade edilmesi ve bu yönde tedbirler alınması, İki ülke arasında işbirliğini güçlendirmek amacıyla ikili hukuki çerçevenin geliştirilmesi,

İlgili kurumlar arasında ilişkilerin desteklenmesi ve uzman ve öğrenci değişimini teşvik etmek yoluyla bilim ve eğitim alanlarında işbirliği yapılması ve iki tarafa ait kültürel mirasın korunması ve ortak kültürel projelerin başlatılması amacıyla harekete geçilmesi, İki ülkenin vatandaşlarına gerekli yardımı ve korumayı sağlayabilme için 1963 tarihli Konsolosluk İlişkilerine dair Viyana Sözleşmesi uyarınca konsolosluk alanında işbirliği tesis edilmesi,

İki ülke arasında ticaret, turizm ve ekonomik işbirliğinin geliştirilmesi amacıyla somut tedbirler alınması ve Çevre konuları na ilişkin diyalog kurulması ve işbirliğinin güçlen dirilmesi, hususlarında anlaşmışlardır.

Ayrıca, bu Protokol'ün 2. işlem paragrafında ifade edilen yükümlü lüklerin hızlı bir şekilde uygulanmasını teminen, ayrı alt komisyon ları da kapsayan Hükümetlerarası bir ikili komisyonun kurulması hususunda anlaşmışlardır.

Hükümetlerarası komisyonun ve alt komisyonlarının çalışma kurallarını hazırlamak üzere işbu protokolün yürürlüğe girmesini izleyen günden 2 ay sonra iki Dışişleri Bakanı başkanlığında bir çalışma grubu oluşturulacaktır. Bu çalışma kuralları, işbu protokolün yürürlüğe girmesini izleyen 3 ay içerisinde Bakanlar seviyesinde onaylanacaktır. Hükümetlerarası komisyon, anılan çalışma kurallarının Kabul edilmesinin hemen ardından ilk toplantısını gerçekleştirecektir.

Alt komisyonlar bu andan itibaren en geç 1 ay içerisinde çalışma larına başlayacak ve görevlerini tamamlayana dek ara vermeden çalışacak lardır. Uygun olması halinde alt-komisyonlara uluslararası uzmanlar da katılacaktır.

GİRİŞ

Varşova Paktı ve Sovyetler Birliği'nin çözülme sürecine paralel ola
rak, Kafkaslar'da da bazı ülkeler dağılma ve iç istikrarsızlık süreci
yaşamışlardır. Kafkaslar'da yaşanan krizlerde temel istikrarsızlık
kaynağını Sovyetler Birliği'nin dağılması teşkil etmiştir. Bu süreç
zarfında bölgede yaşanan ayrılıkçı hareketler, henüz girdiğimiz
21nci yüzyıl için etnik milliyetçiliğin ne kadar önemli bir risk
olduğunu da ortaya koymuştur.

Önümüzdeki günlerde Karabağ'ın mevcut statüsünün ve Karabağ
Ermenilerinin bağımsızlık isteklerinin, Kafkaslar'da muhtemel yeni
bir krize kaynak teşkil edebileceği, böyle bir krizin bölgeyi yeniden
kanlı çatışmalara sürükleyerek, uluslar arası toplumu müdahaleye
zorlayabileceği ve Türkiye'nin bölgeye yönelik milli menfaatleri ile
bölgede yaşayan Türk asıllı soydaşlarının hak ve beklentilerini
dikkate alarak Bosna ve Kosova krizlerinde olduğu gibi veya daha
değişik boyutlarda soruna dahil olabileceği değerlendirilmektedir.

Bu çalışma, Karabağ'ın Azerbaycan Cumhuriyeti'nden ayrılması
halinde bölgedeki diğer istikrarsızlık merkezlerinin ne şekilde
etkileneceğini, Türkiye'nin Kafkaslar'a ve Karabağ'a yönelik menfaat
lerinin bu durumdan nasıl etkileneceğini ve uygulanması gereken
çözüm yollarını ortaya koymaktadır.

Kafkasya ve Orta Asya bölgelerinde, istikrarı etkileyen önemli çatışma alanları ve büyük devletlerin ilgisini çeken doğal zenginlikler mevcuttur. SSCB'nin dağılmasından sonra Ermenistan'ın bağımsızlığına kavuşması, RF'nin bu ülkedeki askeri varlığını devam ettirmesi, tüm dünyada Türkiye aleyhine artarak yürütülen Ermeni Lobisi faaliyetleri, Azeri-Ermeni çatışması ve özellikle Yukarı Karabağ sorunu, Kafkasya bölgesindeki istikrarsızlığın başlıca nedenidir. Ayrıca Gürcistan'da devam eden iç istikrarsızlık ve bu durumun RF ile Ermenistan tarafından kullanılmaya çalışılması, RF'nin ve İran'ın Kafkasya ve Orta Asya'ya yönelik olan ve milli menfaatlerimizi zedeleyen faaliyetleri ile Yunanistan gibi Türkiye düşmanı bölge dışı ülkelerin Kafkasya'da yer edinerek Türkiye'yi kuşatma çabaları, 1990'dan itibaren Türkiye'nin bu bölgeye yönelik güvenlik politikalarını etkileyen temel unsurlar olarak ortaya çıkmıştır.

Bu çerçevede; Karabağ'ın Azerbaycan'dan ayrılma (bağımsızlık) çabalarının, Baku üzerinde ekonomik ve jeopolitik açıdan büyük etkileri olacağı, ayrıca bu durumun gerçekleşmesinin Kafkasya'daki diğer etnik bölgeler üzerinde de ayrılıkçı etkiler yaratarak yeni karışıklıklara sürükleyebileceği ve hatta yaratacağı "domino etkisi" ile bölgeyi yeni bir savaşın eşiğine getirebileceği değerlendiril mektedir.

Azeri-Ermeni anlaşmazlığının nedeni; Ermeni kuvvetlerinin, %20'sini işgal ettikleri Azerbaycan topraklarından çekilmemeleri ve Yukarı Karabağ'ın statüsü konusudur. Karabağ'a ilişkin olarak, Ermenistan "self-determination"'u, Azerbaycan ise "sınırların değiş tirilemeyeceği" ilkesini savunmaktadır. Sorunu çözümsüzlüğe iten nedenlerden biri de, RF'nin Kafkasya'daki askeri varlığını, bu tür anlaşmazlıklar ile meşrulaştırmak istemesidir.

Karabağ sorununun bu kısır döngüden çıkartılarak çözümlenmesi konusunda, AGİT Minsk Grubunun kararlı tutumlarıyla Ermenis tan'ın yayılmacı emellerinden vazgeçirilmesi yolunda bu ülkeye baskı yapılması öncelik kazanmaktadır.

Karabağ'ın statüsü konusunda Azeri ve Ermeni tezlerinin bir çırpıda yok edilemeyeceği göz önüne alındığında, uygun çözüm tarzlarının bu ülkelerle yapılacak müzakerelerle sonuçlandırıla bileceği düşünülmektedir. Ancak burada, ABD'nin Ermeni Diasporasının konuya ilişkin menfi faaliyetlerini engelleme ve/veya azaltma için çaba göstermesinin, çözüm yollarındaki başarı şansını artıracağı değerlendirilmektedir.

Aslında Karabağ'ın nihai statüsü konusunda bir anlaşmaya varıldıktan sonra, işgal edilmiş Azeri topraklarının boşaltılması da kolaylaşabilecektir. Bununla birlikte ABD'nin 907 nolu karar[1] ile Azerbaycan'a karşı uyguladığı ambargonun kaldırılması ve bölge devletlerine yapılan dış yardımlarda ülke ayırımına gidilmemesi önem arz etmektedir.

Daha önce Balkanlarda yaşandığı şekilde Kafkaslarda bir baskı ortamının oluşması halinde, Bosna-Hersek ve Kosova krizlerinde olduğu gibi Azeri Türklerinin menfaatlerinin korunması bağla mında, Türkiye'nin de politik olarak soruna müdahil olabileceği kıymetlendirilmektedir.

Ermenistan, ülkemizin doğu bölgelerini de içeren büyük Ermenis tan hayali peşinde koşmakta, sözde Ermeni soykırımı iddiası ve Ermeni lobisi aracılığıyla Türkiye aleyhinde bir karalama kampanyası yürütmekte, Türkiye'nin Batı ile bütünleşmesini engellemek yolunda her türlü çabayı göstermekte, PKK gibi terör örgütlerini artan bir şekilde desteklemekte ve Yukarı Karabağ ile örgütlerini artan bir şekilde desteklemekte ve Yukarı Karabağ ile Azerbaycan konusundaki uzlaşmaz tutumunu sürdürmektedir.

Siyasi, askeri ve ekonomik yönlerden RF'ye büyük oranda bağımlı olan bu ülke, İran, Suriye ve Yunanistan ile de yakın ilişkiler içerisindedir. 1996'da Yunanistan ile askeri işbirliği anlaşması

---

[1] ABD'nin 907 sayılı kararı ile uygulamaya koyduğu; Ermenistan'la ticaret ilişkilerini yeniden başlatana kadar Azerbaycan'a yapacağı yardımların durdurulmasıyla ilgili ambargo.

imzalayarak, Türkiye etrafında bir Ortodoks çemberi oluşturma tertibine katılmıştır. Ermenistan'ın, Türkiye coğrafyasına bağım lılığını ortadan kaldırmak için Gürcistan ile ilişkilerini geliştirme gayretinde olduğu da görülmektedir.

Türkiye, bu güne kadar Ermenistan'a uyguladığı ekonomik ambargo ile istenen sonuçlara ulaşamamış olup, Ermenistan'ın ihtiyaçlarını bazı zorluklara rağmen Gürcistan ve İran üzerinden temin ettiği görülmektedir. Ayrıca Türkiye, mevcut uygulama sebebiyle, ekonomik anlamda Ermenistan üzerinde bir güç tesis edememekte ve bu alanı RF, Yunanistan, Iran, Almanya ve Fransa gibi devletler kullanmaktadır.

Bu nedenle Türkiye'nin Ermenistan ile ilişkilerinin kontrollü olarak iyileştirilmesinin, ülkemizin Kafkasya politikasını geliştirmesi açısın dan önemli bir açılım olacağı ve doğuya açılmasındaki bir engelin ortadan kalkabileceği değer lendirilmektedir. Böyle bir durumda, Kafkasya da Rusların son kalesi de çökecek ve Rus askeri varlığı bir sorun olmaktan çıkabilecektir.

Ermenistan dış politikasının, büyük ölçüde Ermeni diasporası (ABD'de Ermeni Lobisi) tarafından yönlendirildiği bilinmektedir. Bu nedenle Türkiye-Ermenistan ilişkilerinin düzeltilmesinde, ABD'nin önemli katkıları olabileceği düşünülmektedir. Bu noktadan hareketle, Ermenistan'ın Türkiye aleyhine yürüttüğü her türlü faaliyete son vermesi ön şartıyla, öncelikle Azerbaycan-Ermenistan arasındaki anlaşmazlıkların, iki tarafın vereceği tavizlerle çözümü yoluna gidilmesi ilk adımı oluşturabilir.

Ortaya konacak çözüm önerileri hususunda ABD'nin Ermenistan'ı ikna etmesi ve Ermeni lobisinin Türkiye aleyhindeki menfi faaliyet lerini önlemeye çalışması, Türkiye'nin ise Azerbaycan'ı Ermenistan ile makul bir zeminde anlaşmaya razı etme konusunda arabuluculuk görevini üstlenmesi önem arz etmektedir. Bu, Türkiye nin bölgeye yönelik menfaatleri açısından faydalı olabilir. Türkiye, 1991'de bağımsızlığını kazanan Azerbaycan'ı ilk tanıyan ülke olmuştur. Bugün 8 milyonluk Azerî nüfusunun %90'mı Azerî Türkleri teşkil etmektedir. Azerbaycan'ın 1991'de bağımsızlığını kazanmasının hemen akabinde, Karabağ bölgesine yönelik Ermeni saldırılarının artması ile daha da karmaşık hâle gelmiştir. Ermenistan, Kura Nehrine kadar olan toprakları ihtiva eden "Büyük Ermenistan" hedefi çerçevesinde yayılmacı bir politika izlemektedir. Azerbaycan'ın hâlen %20'si Ermeni işgali altındadır. Karabağ'ın %30 nüfusunu teşkil eden Azerîler topraklarından sürülmüştür. Bu durum Türkiye'nin, Ermenistan ile arzu ettiği diplomatik ilişkilerin tesisini de engellemektedir

Azerbaycan dış politikasını; bağımsızlığını pekiştirmek, güvenliğini artırmak, Rusya'nın ülkesi üzerindeki tehdidini azaltmak, İran'ın Azerbaycan'a yönelik faaliyetlerini kontrol etmek, Hazar kıyıdaşları ile deniz tabanının paylaşımında avantajlı bir konum sağlamak, petrol zenginliklerinin güvenli ve kârlı bir şekilde işletilmesini gerçekleştirmek ve son olarak da Ermenistan ile onurlu bir barış yapmak üzerine oturtmuş bulunmaktadır.

Azerbaycan, Kafkaslar bakımından hayatî önemde ve stratejik konumdadır. Bu ülkenin bağımsızlığını yitirmesi, bölgenin geriye kalan ülkelerinin de dünyadan tecrit edilmesi sonucunu doğurabile cektir.

Karabağ bölgesinde taraflar arasında Mayıs 1994'den beri bir ateşkes yürürlükte bulunmaktadır. Karabağ Ermenileri, işgal ettikleri Azerî topraklarından, ayrıca Laçin Koridorundan ve Suşa'dan çekilmeyi reddetmekte ve 1988'de ilân ettikleri bağımsızlıklarının tanınması üzerinde ısrar etmektedir. Azerbaycan ise Karabağ'ı Azerbaycan'ın bir parçası olarak kabul etmektedir.

Karabağ sorununun çözümüne asıl engel RF'den gelmektedir. RF, ihtilâfa Ermenilere daha müzahir olarak yaklaşmakta, legal ve illegal silâh yardımında bulunmakta ve Azerî tarafı üzerine, eski Rus üslerinin yeniden açılması hususunda baskılar yöneltmektedir. Azerbaycan bugün BDT içinde merkezî ve emperyal bir gücün yeniden ortaya çıkmasına set çekmektedir. Azerbaycan ekonomisi büyük ölçüde RF'na bağımlı bulunmaktadır. Azerbaycan, "Yakın Çevre" politikası çerçevesinde Rusya'nın yeniden nüfuz ve hâkimiyetini oluşturmaya çalıştığı ülkelerden birini teşkil etmektedir. İran, Azerbaycan'a karşı Rusya ve Ermenistan ile iş birliği içindedir. İran, Azerbaycan'ı, kendi topraklarında yaşayan 25 milyon Azeri'nin milliyetçi duygularını harekete geçiren bir tehdit unsuru olarak algılamaktadır.

Ermenistan ile Azerbaycan arasındaki husumet, RF'nin **"Yakın Çevre"** politikasına hizmet etmektedir. Karabağ sorununun erken çözümü, Ermenistan'ın Türkiye ve Azerbaycan ile ilişkilerini normalleştirip Batı'ya yönelmesine neden olabileceği cihetle RF tarafından arzulanmayan bir gelişmedir.

ABD; Rusya ve Fransa ile birlikte, ihtilâfa çözüm bulmaya çalışan AGİT Minsk Grubu eşbaşkanlığını almış bulunmaktadır. ABD'nin Karabağ sorunundaki tutumu Ermenistan tezlerine daha yakın bulunmaktadır. Karabağ konusunda Azerbaycan tezi ülkelerin **"Toprak Bütünlüklerinin Korunmasına"**, Ermeni tezi ise **"Halkların Kendi Geleceklerini belirlemesi"** ilkelerine dayanmak tadır.

Türkiye, bağımsızlığını kazandığından bu yana Azerbaycan ile ilişkilerini bir stratejik işbirliği temelinde geliştirmeyi hedeflemek tedir. Nitekim bu çerçevede, Türkiye ile Azerbaycan arasında 5 Mayıs 1997 tarihinde **"Stratejik İşbirliği Deklârasyonu"** imzalanmıştır. Buna göre, hükümranlıkları, toprak bütünlükleri ve sınırlarının ihlâl edilemezliği tehlikeye düştüğünde, iki ülke BM tarafından öngörülen metotları kullanarak, stratejik ortaklıkları çerçevesinde, birbirlerine yardım edeceklerdir.

Azerbaycan ile Ermenistan arasında hâlen ateşkes yürürlüktedir. Temas hattına göre Ermeniler hâkim, Azeriler mahkûm arazide tertiplenmiştir. Azeriler, savunabilecekleri en son hatta bulunmakta dırlar Ermeniler bu aşamada harekâtı ilerletmek niyetinde değildir.

Daha ziyade elde ettikleri başarıyı konsolide etme amacında oldukları anlaşılmaktadır. Türkiye, ihtilâfın AGİT Minsk Grubu çerçevesinde çözümlenmesine destek vermektedir. Bu nedenle sorunun henüz soğumadan ve uluslar arası ilgi kaybolmadan çözümlenmesi gerekmektedir. Aksi takdirde Ermenistan'ın bölgedeki varlığı meşru gibi görülmeye başlanacaktır. 20 nci yüzyıl sonunda Kafkaslarda ortaya çıkan krizler; özellikle de Yukarı Karabağ Sorunu, etnik milliyetçiliğin henüz girdiğimiz 21 nci yüzyıl için ne kadar önemli bir risk olduğunu da ortaya koymuştur.

Önümüzdeki günlerde Karabağ sorununun, Kafkaslar'da muhtemel yeni bir krizlere kaynak teşkil edebileceği, böyle bir krizin bölgeyi yeniden kanlı çatışmalara sürükleyerek, uluslararası toplumu müdahaleye zorlayabileceği ve Türkiye'nin bölgeye yönelik milli menfaatleri ve bölgede yaşayan Azeri Türklerinin haklarını dikkate alarak siyasi, askeri ve insani boyutlarda soruna müdahil olabileceği değerlendirilmektedir.

Türkiye'nin bugüne kadar Ermenistan'a uyguladığı ekonomik ambargo ile istenen sonuçlara kısmen ulaşabildiği, Ermenistan'ın ihtiyaçlarını Gürcistan ve Iran üzerinden karşıladığı, Türkiye'nin hudut kapılarını kapatmakla ekonomik kayba uğradığı ve ekono mik / anlamda Ermenistan üzerinde arzu edilen baskıyı tesis edeme diği, bu nedenle Türkiye'nin Ermenistan ile ilişkilerinin kontrollü olarak iyileştirmesinin, devletimizin Kafkasya politikasını geliştirme si açısından önemli bir girişim olacağı ve doğuya açılmasındaki bir engelin ortadan kalkabileceği değerlendirilmek tedir.

Bu çalışma sonucunda, Türkiye'nin Kafkaslar'da Karabağ merkezli yeni bir kriz karşısında ön almasını sağlayacak, siyasi, askeri, ekono mik ve sosyal bir kısım tedbirler belirlenerek, çeşitli kurum ve kuruluşlar tarafından gerektiğinde istifade edilebileceği kıymetlen dirilmektedir

BİRİNCİ BÖLÜM

TEMEL BİLGİLER

"Dağlık Karabağ" bölgesinin kelime kökeni birkaç farklı dilin karışımından oluşuyor. İsminin içinde bulunan birkaç dil bile, bölgenin tarih boyunca farklı kültürler arasındaki geçişkenliğe nasıl maruz kaldığını başlıbaşına gösterir nitelikte.

İngilizcesi Nagorny (ya da Nagorno) Karabakh. "Nagorny" kelimesi Rusçada 'dağlık' (нагорный), anlamına geliyor. Azerbaycancada da, tıpkı Türkçe'deki gibi 'dağlık' anlamına gelen 'dağlıq' ya da 'yukarı' anlamına gelen 'yuxarı' kelimeleri ile anılıyor. Karabağ ise, Türkçe ve Farsçada ortak bir kelime olup, "siyah bahçe" demek.

·   Başkent: Stepanakert (Ermenice), Hankendi (Azerbaycanca).

·   Yüzölçümü: 4 bin 400 kilometrekare.

Savaşın götürüleri

·   İki taraf toplam 20.000'den fazla kayıp verdi.

·   Yarım milyon mülteci Azerbaycan ve Ermenistan'a sığındı.

·   Yaklaşık bir milyon insan zorla yer değiştirmek zorunda kaldı.

· 	Dağlık Karabağ çatışmaları başlamadan önce varolan bazı kasaba ve köyler tamamen terk edildi ve harabeye döndü.

· 	Azerbaycan topraklarının yüzde 14'ünden fazlası halen işgal altında.

· 	Azeriler bölgenin tarihsel olarak kendi kontrolünde olduğunu ve dolayısıyla kendilerine ait olduğunu iddia ediyor; Ermeniler ise bölgede hep Ermenilerin yaşadığını ve Azeri yönetiminin gayri meşru olduğunu savunuyor.

Savaştan sonra

-İç mesele olarak görüldüğünden dış müdahale konusunda diğer devletler gönülsüz davrandı.

-İhtilaf, Azerbaycan ve Ermenistan arasında yaşanması dola yısıyla 1992'den itibaren devletlerarası bir hale büründü.

-Azerbaycan'da savunma harcamaları 2003'ten bu yana her yıl yaklaşık yüzde 50 oranında arttı.

-2012'de savunma harcamaları, Azerbaycan'ın toplam kamu harcamalarının beşte birini oluşturur hale geldi. Ermenistanda Rusya 'nın yardımıyla cephaneliğini genişletti.

-Hem Azerbaycan'da hem de Ermenistan'da, geçmişe dair olay larla ilgili bir bellek oluşturmuş durumda. Azerbaycan 2012 yılın da Hocalı Katliamı'nın 20. yıldönümünü andı. Ermeniler ise 'Sum gayıt Pogromu'nun 24. yıldönümünde anma törenleri düzenledi.

-Tam sayılar net olarak bilinmemekle beraber, küçük yerleşimler ile Laçin ve Kelbecer'in nüfusunun toplamda yaklaşık 14 bin kişi olduğu sanılıyor. AGİT Minsk Grubu eş başkanlarına göre 2005 yılından bu yana nüfusta belirgin bir artış yok.

-Bölgeye yerleşen etnik Ermeniler altyapıya, ekonomik faaliyet lere ve kamu hizmetlerine kısıtlı bir erişime sahip. Birçoğunun kimlik belgeleri de eksik.

-Sorunun en zayıf yeri 175 kilometre uzunluğundaki temas hattı. Mayın tarlalarıyla dolu bu hat, Birinci Dünya Savaşı siperleri ni andırıyor.

-Temas hattına Ermeni tarafından 30 bin, Azerbaycan tarafından ise bu sayıdan biraz daha fazla asker konuşlandırılmış durumda.

Müzakere süreci

-AGİT Minsk Grubu aracılığıyla yürütülen müzakereler zorlu geçiyor; zira liderler uzlaşıya yaklaşsa da ülkelerinde kamuoyunun isteklerini karşılayamama endişesiyle geri adım atıyor.
-Dağlık Karabağ Azerileri ve Ermenileri sürece etki edemiyor. Ermenistan ve Azerbaycan kamuoyunun süreç üzerinde, bölgenin yerlilerinden daha çok etkisi var.
-Minsk Grubu eş başkanlarının sözcüsü ya da medya sekreteri yok. Bu nedenle de görüşmeler medyada az yer alıyor.
-Rusya, önceden Ermenistan'a yakın bir pozisyon almışken, artık Azerbaycan'a ve Ermenistan'a eşit uzaklıkta durmayı tercih ediyor. Bu strateji Ağustos 2008'de Gürcistan'la yaşanan savaşın ardından güçlendi. Stratejik öncelik Gürcistan'ın tecrit edilmesi haline dönüştü.
-Dağlık Karabağ Sorunu ABD için, Orta Doğu'daki çatışmalar dan daha az öneme sahip. Kongre'deki Ermeni lobisi, Hazar Denizi Havzası enerji güvenliği, 'terörle mücadele' ve Afganistan'a uçuşlarda Azerbaycan hava sahasını kullanabilmesi ABD için öncelikli konular.
-Şu anda müzakere masasında anlaşmanın çerçevesini oluşturacak 'Temel Prensipler' belgesi bulunuyor. 14-15 sayfalık belge, 2004'te Azeri ve Ermeni dışişleri bakanlarının bir araya gelmesiyle gerçekleşen 'Prag Süreci'nin ürünü. Ana fikri, Dağlık Karabağ'ın statüsü tartışmalarının birkaç yıl ertelenmesi, böylece diğer konu larda ilerleme sağlanması.

Minsk Grubu arabulucuları Temel Prensipler (Madrid Prensip leri) Planı'nı 19 Mart 2008'de açıkladı. İçeriğinin satırbaşları ise şu şekilde:

-Ermeni güçlerinin, işgal edilmiş yedi bölgeden çekilmesi.
-Kelbecer ve Laçin Koridoru için özel düzenlemeye gidilmesi.
-10 bin kişilik uluslararası barış gücünün Dağlık Karabağ ve işgal altındaki bölgelere, özellikle de Kelbecer civarına yerleştirilmesi.

-Dağlık Karabağ'a geçici uluslararası statü verilmesi. Böylece bazı seçilmiş kişilerin yetkilerinin arttırılması, halkına ise uluslararası erişiminin sağlanması; ancak uluslararası alanda resmen tanınmaması.
-Dağlık Karabağ'ın geleceğiyle ilgili halk oylaması yapılması.

***Azerbaycan'ın olası anlaşmadan beklentisi, işgal altındaki toprak ların geri verilmesi.**
***Ermenistan'ın olası anlaşmadan beklentisi Karabağ Ermenilerine güvenlik garantisi verilmesi ve bağımsızlık oylaması yapılması.**
***Anlaşmanın Azerbaycan için kaygı verici tarafı, "bağımsızlık" seçeneğinin referanduma götürülmesi.**
***Anlaşmanın Ermenistan için kaygı verici tarafı, Ermenistan ile Dağlık Karabağ topraklarını birbirine bağlayan Laçin Koridoru nun korunamaması ve uluslararası güvenlik garantilerinin bölgede kendi etkisini azaltması.**

Güney Kafkasya'da 4 bin 400 kilometrekarelik bir alanı kapsayan Dağlık Karabağ (Yukarı Karabağ), Azerbaycan ile Ermenistan arasındaki en büyük sorun olarak yıllardır çözüm bekliyor. Bugün sadece Karabağ'da değil, çevresindeki yedi bölgede Ermenistan işgali sürüyor. Karabağ'ın çevresinde rayon olarak adlandırılan bu bölgelerde yerleşim yok, sadece Ermenistan askerleri bulunuyor. Karabağ üzerindeki çatışma, tarihsel kökenleri bulunsa da, esasen 20. yüzyıl başında Ermeniler ile Azeriler arasında çıkan toprak paylaşımı mücadelesine dayanıyor.

Azerbaycan ve Ermenistan'ın 1922'de Sovyet Sosyalist Cumhuriyet ler Birliği'ne katılmasıyla Dağlık Karabağ, kabullenilmiş görünen, ancak Ermeniler tarafından benimsenmeyen bir yapıya evrildi. 1923'te Azerbaycan Cumhuriyeti'ne bağlı otonom bölge statüsü verilen Dağlık Karabağ'da, bölgede yaşayan etnik Ermenilerin, Azerbaycan yönetiminden duydukları rahatsızlığı zaman zaman gündeme getirmelerine rağmen, Sovyet sisteminin durma noktasına geldiği 1980'lerin sonuna kadar statüko korundu. Sovyetler

Birliği'nin son lideri Mihail Gorbaçov'un tıkanan sistemin önünü açmak için 1985'te başlattığı açıklık (glasnost) ve yeniden yapılanma (perestroika) süreciyle beraber, Kafkasya'nın bütün sorunlu alanları gibi Dağlık Karabağ da gün ışığına çıktı.

Sovyet yönetiminin her geçen gün zayıflayan otoritesini değerlendiren Dağlık Karabağ Otonom Yönetimi, 1988'de Ermenistan Cumhuriyeti'ne bağlanmayı talep etti. Bu talep karşılık bulmazken Azerbaycan ile Ermenistan'ın 1991'de bağımsızlıklarını ilan etmeleri nin akabinde Dağlık Karabağ Ermenilerinin ayrılma girişimleri de yoğunlaştı. Bu dönemde Karabağ'daki Azeri nüfusu zorunlu göçler nedeniyle yüzde 20'ye kadar düşmüştü. 10 Aralık 1991'de yapılan ve bölgede kalan Azerilerin boykot ettiği referandumda Ermeniler, Azerbaycan dan ayrılmak için oy kullandı. Referandumun ardından Dağlık Karabağ'ın bağımsızlığı ilan edildi, ancak bu girişim uluslararası toplumda karşılık bulmadı.

Ermenistan ordusunun desteklediği Dağlık Karabağ Ermenileri ile bölgede yaşayan Azeriler arasındaki gerilim, bağımsızlık ilanıyla gittikçe yükseldi. Çıkan çatışmalar, 1992'de Ermenistan ordusu ve Dağlık Karabağlı Ermeniler ile Azerbaycan ordusu arasında sıcak savaşa dönüştü. Kafkasya coğrafyasında Sovyet sonrası dönemin ilk büyük çatışması konumundaki Dağlık Karabağ Savaşı, 1994'te son buldu. Savaş nedeniyle yaklaşık 30 bin kişi hayatını kaybetti. Dağlık Karabağlı Ermeniler, savaş sonunda bölgenin tümünün kontrolünü ele geçirdikleri gibi komşu yedi bölgeyi (rayon) de işgal ettiler. Böylelikle Dağlık Karabağ ile Azerbaycan'ın doğrudan temas noktaları oldukça sınırlandı.

Ermenilerin, Dağlık Karabağ'ı da içine alan Azeri topraklarının yüzde 20'sini işgaliyle, yüzbinlerce Azeri mülteci durumuna düştü (Uluslararası kaynaklara göre yaklaşık 600 bin, Azeri kaynaklara göre 1 milyon). Çoğunluğu Azerbaycan'ın başkenti Bakü'ye göç eden Dağlık Karabağlı Azeri mülteciler, doğup büyüdükleri topraklara geri dönmek için çatışmaların çözümlenmesini bekliyor.

Arabulucu: Minsk Grubu

Azerbaycan ve Ermenistan'ın Ocak 1992'de o zamanki adıyla Avrupa Güvenlik ve İşbirliği Konferansı'na (günümüzde AGİT) üye olmasıyla birlikte Karabağ Sorunu uluslararası boyut kazandı. Arabulucu görevi üstlenen AGİK, 24 Mart 1992'de konuyu araştırmak üzere bölgeye bir heyet gönderilmesini ve **Minsk Grubu**'nun kurulmasını önerdi. 1994'te resmiyet kazanan Minsk Grubu'nun eşbaşkanlığını Fransa, Rusya ve ABD yapıyor. Grubun diğer üyeleri Türkiye, Almanya, İtalya, Portekiz, Hollanda, Belarus, İsveç ve Finlandiya.

Minsk Grubu, Karabağ Sorunu'nun müzakere yoluyla çözümü amacıyla ikili ve çoklu görüşmeler sürdürüyor, taraflara çözüm önerileri sunuyor. 20 yılda birçok farklı plan müzakere edildi. Minsk Grubu'nun 29 Kasım 2007'de Madrid'de taraflara sunduğu öneriler uzlaşıya en yakın plan oldu. 2009'da yenilenen ve Madrid Prensipleri olarak adlandırılan plan şu maddeleri **içeriyordu**:

-Dağlık Karabağ'ın çevresindeki işgal edilmiş bölgelerin Azerbaycan kontrolüne bırakılması,
- Dağlık Karabağ'a güvenliğini ve kendi yönetimi garanti edecek şekilde ara bir statü verilmesini ve nihai statüsünün daha sonra belirlenmesi,
- Ermenistan ile Dağlık Karabağ'ın irtibatını sağlayan koridorun açılması,
- Yerlerinden edilmiş kişilerin topraklarına dönmesi,
- Barış gücünün işlevini yerine getirecek şekilde uluslararası güvence sağlanması.

Donmuş çatışma

-Dağlık Karabağ sorunu akademik çevrelerde yıllardır "donmuş çatışma" olarak nitelendiriliyor. Aralıklarla devam eden çözüm müzakerelerine rağmen hem Dağlık Karabağ-Azerbaycan temas hattında hem de Azerbaycan-Ermenistan sınırında, karşılıklı ateşkes ihlalleri sık sık tekrarlanıyor. Her iki taraftan da birkaç askerin ölmesi ve/veya yaralanması ile sonuçlanan bu tür sınır çatışmaları, Ermeni ve Azeri liderlerinin müzakere masasından sürekli uzlaşmadan kalkmalarının ardından hız kazandı.

-2014'ün Ağustos ayında 20 yılın en kanlı çatışmaları yaşandı. Dağlık Karabağ sınırında iki gün süren çatışmalarda 13 Azerbaycan askeri öldü. Ermenistan Savunma Bakanlığı da 20 askerinin öldüğünü açıkladı.

-Avrupa Güvenlik ve İşbirliği Teşkilatı (AGİT) ve Minsk Grubu, artan çatışmalar üzerine, Azerbaycan ve Ermenistan arasında kalıcı çözüm için müzakerelerin yeniden başlatılması çağrısı yaptı.

Dağlık Karabağ ve Türkiye-Ermenistan ilişkileri

-Dağlık Karabağ meselesi, Azerbaycan ile Ermenistan'ı savaşın eşiğinde tutması kadar, Türkiye'nin Ermenistan ile ilişkilerinin normalleşmesi açısından da kilit bir rol oynuyor. Dağlık Karabağ'ın Ermeni güçlerince işgali üzerine Türkiye, 1993'te Ermenistan ile arasındaki sınırı kapatmış ve bu ülke ile diplomatik ilişkilerini dondurmuştu. Dağlık Karabağ üzerindeki Ermeni işgalinin sona ermesini, bir devlet politikası olarak, sınırın açılması için şart koşan Türkiye, 2003 yılında iktidara gelen Adalet ve Kalkınma Partisi döneminde bu yaklaşımı değiştirme yönünde adımlar attı.

-AKP yönetimindeki Türkiye'nin 2000'lerin ikinci yarısındaki dış politikasına damga vuran 'komşularla sıfır sorun' politikası çerçevesinde, **Türkiye ile Ermenistan arasındaki ilişkilerin normalleşmesi** için 2008 yılında harekete geçildi. Uzun müzakere lerin ardından 10 Ekim 2009'da İsviçre'nin Zürih kentinde, Türkiye Dışişleri Bakanı Ahmet Davutoğlu ile Ermeni mevkidaşı Edward Nalbandyan tarafından, "Türkiye Cumhuriyeti ile Ermenistan Cumhuriyeti Arasında Diplomatik İlişkilerin Kurulmasına Dair Protokol" imzalandı. AGİT Minsk Grubu üyeleri Fransa, Rusya ve ABD'nin dışişleri bakanlarının da katıldığı imza töreni ve

sonrasında özellikle Türk yetkililerin, Türkiye-Ermenistan ilişkileri
nin kısa sürede normalleşmesini umdukları doğrultusundaki
açıklamaları, meselenin halline dair uluslararası kamuoyunda
beklentileri yükseltti.

-Söz konusu protokol, 1993'te kapatılan sınırın açılması ve Anado-
lu'da yaşayan Ermenilerin 1915'te Osmanlı Türkleri tarafından 'soy-
kırıma uğratıldığı' iddialarıyla ilgili bir komisyon kurulmasını içer-
en bir 'yol haritası' öngörüyordu. Türk kamuoyu ile Azerbaycan
yönetiminin, Dağlık Karabağ sorununun çözümünü içermemesi;
Ermeni kamuoyunun ise Türkiye'nin 1915'te Ermenilere 'soykırım'
yapıldığını kabul etmesini zorunlu kılmaması nedeniyle büyük
tepki gösterdiği protokol, Türkiye ve Ermenistan meclislerinde
onaylanmadı ve yürürlüğe girmedi. AK Parti yönetimi de, Dağlık
Karabağ meselesinin çözülmesini ilişkilerin normalleşmesinin
koşulu sayan, Türkiye'nin geleneksel politikasına geri döndü. Türk
dış politikasında köklü değişiklikleri beraberinde getiren 'komşular
la sıfır sorun' politikası da 2011'de Suriye'de rejim karşıtı eylemlerin
başlamasıyla fiilen sona erdi.

-Dağlık Karabağ sorununa ek olarak Ermeni soykırımı iddiaları da,
Türkiye-Ermenistan ilişkilerinin önündeki en büyük engellerden
biri olarak duruyor. Batı ülkelerinde yaşayan Ermeni diasporası,
Birinci Dünya Savaşı sırasında Anadolu'da yaşayan Ermenilere
dönemin Osmanlı İmparatorluğu yöneticileri tarafından "soykırım
yapıldığı" iddiasını, Türkiye Cumhuriyeti hükümetlerine kabul
ettirmek için yıllardır büyük çaba sarf ediyor. Başta Fransa olmak
üzere **birçok Avrupa ülkesi, Ermenilerin soykırıma uğradığına
dair çeşitli yasalar çıkarıyor;** soykırım iddialarını reddeden **Ankara
ise 1915 yılındaki olayları tehcir olarak tanımlıyor**, Birinci Dünya
Savaşı'nda Anadolu coğrafyasında Türkler ile Ermeniler arasında
yaşananların araştırılması için Türkiye'nin arşivlerini açmaya hazır
olduğunu vurguluyor.

Bu konuda Türkiye'den en önemli adım 2014'te geldi. Başbakan
Tayyip Erdoğan, Ermeni tehcirinin yıldönümü öncesi 9 dilde taziye

mesajı yayınladı. Açıklamada "Ermenilerin acılarını anmalarını anlamak ve paylaşmak bir insanlık vazifesidir" denildi.

Sovyetler Birliği'nin dağılmasıyla birlikte Güney Kafkasya cumhu riyetleri bağımsızlıklarını kazanmıştır. Bu süreçte Ermenistan, Dağlık Karabağ'ın da dâhil olduğu Azerbaycan topraklarının yüzde yirmisine tekabül eden bölgeyi işgal etmiştir. 1994'ün ilkbaharında Rusya'nın arabuluculuğuyla ateşkes yapılmışsa da bugüne dek bölgede esen savaş rüzgârları devam etmektedir. Dönem dönem ateşkesin bozulduğu bölge, Kafkasya'nın en önemli kriz saha larından birine dönüşmüştür. Sorunun nasıl çözülebileceğine ilişkin öneriler içeren veya bölgede yeni krizler ortaya çıkabileceğine işaret eden çeşitli teoriler ortaya atılmıştır.

Bu analizde, Birleşmiş Milletler, AGİT Minsk Grubu ve diğer arabuluculuk girişimleri göz önüne alınarak krizin tarihsel süreci ve günümüzde geldiği durum değerlendirmeye tabii tutulacaktır. Analizde; Azeriler ile Ermeniler arasındaki ihtilafın kökeni, iki ülkedeki radikal siyasi çizgilerin ve baskı gruplarının lobi faaliyetleri üzerinde durulacak, krizin bölgenin istikrarına ve güven liğine etkileri ele alınacaktır.

1991 yılında Güney Kafkasya cumhuriyetlerinin bağımsızlığını ilan etmesiyle birlikte bölgede kanlı bir savaş başlamıştır. Savaş, Dağlık Karabağ bölgesi dâhil olmak üzere Azerbaycan'ın 7 ilçesini kapsayan ülke topraklarının % 20'sine tekabül eden önemli bir bölgenin Ermenistan işgali altına girmesiyle sonuçlanmıştır.

Bu savaşı tetikleyen hadiseler savaştan 3 yıl önce 20 Şubat 1988 yılında Azerbaycan hâkimiyeti altında bulunan Dağlık Karabağ'ın yerel konseyindeki üyelerin 110 oyuyla bölgenin Ermenistan'a bağlanması kararıyla başlamıştır. Dağlık Karabağ'ın Ermenistan'a bağlanma kararını müteakip Ermenistan'daki Azeriler ve Azerbay can'ın Sumgayıt bölgesindeki Ermeniler ikamet ettikleri yerlerden kovulmuş ve gerilim tırmanmıştır.

1990 yılında çatışmalar hızlanmıştır. Çatışmalar sürerken birçok uluslararası kuruluş ve bölge devletleri, iki tarafın da onayını alarak ateşkes yapılması için büyük çaba göstermiştir. Nihayet 1994 ilkbaharında Rusya'nın arabuluculuğuyla iki taraf da ateşkes yapmayı kabul etmiştir.

Ateşkesin kabulüyle birlikte iki taraf arasında bugüne dek süren soğuk savaş neticesinde barışın sağlanması doğrultusunda atılan adımlar sonuçsuz kalmıştır. Halen çeşitli düzeylerde ve merkezler de müzakereler devam etmektedir. Dönem dönem ateşkes ihlalleri yaşanmakta ve yerel çatışmalar meydana gelmektedir. Şimdi sorul ması gereken soru, kalıcı barış ne zaman sağlanacak ve Karabağ sorunu nasıl çözümlenecektir?

Karabağ sorununu tarihsel olarak 4 kategoride değerlendirmek mümkündür.

• Dinsel-kavimsel çatışma açısından Azerbaycanlılar ve Ermeniler,
• Bölgesel çatışma açısından Azerbaycan, Karabağ, Ermenistan,
• Tarihsel olarak Sovyetler Birliği, Azerbaycan Sovyet Sosyalist Cumhuriyeti, Ermenistan Sovyet Sosyalist Cumhuriyeti,
• Uluslararası boyutu açısından Azerbaycan, Ermenistan ve diğer önemli aktörler, yani Rusya, Amerika Birleşik Devletleri, AB ülkeleri, Türkiye ve İran.

Sovyetler Birliği'nin dağılmasıyla birlikte Güney Kafkasya petrol kaynakları ve jeostratejik konumundan dolayı hızlı bir şekilde Batı dünyasıyla irtibat sağlamış, küreselleşmenin etkili olduğu bir bölgeye dönüşmüştür. Böylelikle bu coğrafyada zuhur eden bölgesel sorunlar hızlı bir şekilde uluslararası boyut kazanmış ve derinleşmiştir. Mayıs 1994'ten sonra kırılgan bir şekilde sağlanan ateşkesin kalıcı hale dönüşmemesinin en önemli sebeplerinden birisi kuşkusuz Azerbaycan'ın stratejik petrol kaynaklarına sahip olmasıdır. Rusya, bölge üzerindeki eski nüfuzunu yeniden tesisi için çabalarken bölgenin ABD ve NATO etkisine girmesinden rahatsızlık duymaktadır. İran ve Rusya, bölgesel konularda bazı tezat yaklaşımlara sahip olsalar da Batılı ülkelerin Güney Kafkasya ve Orta Asya'da hegemonya kurma girişimlerine karşı taktik düzeyde işbirliğine gitmiştir. Ermenistan bu durumu kullanarak kriz sürecinde Rusya'nın desteğini sağlamayı başarmıştır. Bazı rakamlara göre Rusya 1996'dan 1998 yılına kadar Ermenistan'a 1 milyar dolar değerinde ağır silah ve (Bakü'yü menziline alan) füze hibe etmiştir.

Güney Kafkasya'da en büyük ülke konumundaki Türkiye ise NATO üyesi ve ABD'nin müttefiki olarak bölgedeki nüfuzunu geliş tirmeye yönelik bir siyaset uygulamaktadır. Türkiye Azerbaycan'la olan etnik ve dini ortaklıktan dolayı Karabağ sorununda Bakü'nün yanında yer almaktadır. Türkiye yalnızca maddi ve askeri sahalarda değil manevi anlamda da dost ve kardeş ülke olarak Azerbaycan'a destek sağlamaktadır. Türkiye'nin Ermenistan'la olan kara sınırları nı kapatması, Ermenistan'a ekonomik ambargo uygulanması anlamını taşımaktadır. Öte yandan Türkiye ile Ermenistan arasında Karabağ sorununun yanı sıra Ermenistan'ın 1915 hadiseleriyle ilgili iddiaları da iki ülke arasındaki münasebetlerin normalleşmesini engellemeye devam etmektedir.

Ermenistan'ın önemli hiçbir yer altı kaynağına sahip bulunmaması bu ülkeyi ekonomik dar boğazla karşı karşıya bırakmıştır. Ermenis tan resmi rakamlarına göre 1 milyona yakın Ermeni vatandaşı iş bulmak için yurt dışına muhaceret etmiştir. Bazı uzmanlar bu raka mın daha da yüksek olduğu kanaatindedir. Üstelik Ermenistan işgali altında bulunan Dağlık Karabağ Ermenilerinin de bölgeyi terk etmeleri sonucunda şu anda işgal toprakları çoğu yerde nüfustan yoksundur. Bölgenin bir diğer ülkesi konumundaki Gürcistan ise kendi iç sorunlarıyla baş başa kalmış, toprak bütünlüğünü sağlayamamıştır. Abhazya, Acaristan ve Güney Osetya sorunları ülkenin en önemli müşkülleri olarak çözümsüz bir şekilde ortada durmaktadır. Rusya'nın bu sorunlara doğrudan müdahil olması Batı ülkeler yanında yer almaya çalışan Gürcistan zorlanmaktadır.

Karabağ Sorununa Kısa Bir Bakış

Azerbaycan ve Ermenistan arasındaki anlaşmazlığın kökü çok eski dönemlere dayanmaktadır. İki toplumun birbirlerine karşı önyargı ları ve güvensizlik duygularının varlığı en azından son yüzyılda bilinen bir gerçektir. Ermenilerin sözde Ermeni soykırımı söylemleri ve bu doğrultuda Azerbaycan'ı hasım olarak görmeleri konunun en temel ayaklarından birisidir. Sovyetler Birliği'nin otoriter rejiminin baskısı altında Azerbaycan ve Ermenistan ilişkileri normal bir süreç ve seyir izlerken, Sovyetlerin dağılma sürecine girmesiyle birlikte iki toplum da özellikle aşırı milliyetçilerin iktidara gelmesi veya iktidarı etkileyecek güce kavuşması neticesinde bölgede sular ısınmıştır. İki toplum arasında küllenmiş olan ateş tekrar alevlene rek etrafa yayılmaya başlamıştır.

Otorite boşluğu ile birlikte bu anlaşmazlıklar, söylemden öteye geçip fiili saldırıya dönüşünce, 1988 yılında Gorbaçov'un iki taraf arasındaki çatışmayı önlemeye yönelik çabaları yetersiz kalmıştır. 1989 yılında Bakü-Nahçıvan demiryolu hattında Ermenilerin gerçekleştirdiği terör saldırısıyla 1990'larda olaylar hız kazanmıştır. Eylül 1991'de Rus lider Boris Yeltsin ve Kazakistan lideri Nursultan Nazarbayev'in arabuluculuğuyla dönemin Azerbaycan Cumhurbaş kanı Ayaz Muttalibov ve dönemin Ermenistan Cumhurbaşkanı Levon Ter Petrosyan arasında bir anlaşma imzalanmıştır. Anlaşma gereğince çatışmaların durması, bağımsız gözlemcilerin bölgeye gelmesi ve ateşkes öngörülmüştü, ama bu çabalar Ocak 1992 yılında gazetecileri taşıyan helikopterin düşmesiyle sonuçsuz kalmıştır.

Şubat 1992 yılında İran'ın girişimiyle Azerbaycan ve Ermenistan yetkilileri Tahran'da bir araya gelerek ateşkes antlaşması imzalamış tır. Anlaşmayı Azerbaycan cumhurbaşkanlığına vekâlet eden Yakup Mehmetov, Ermenistan'dan Ter Petrosyan, İran'dan ise cumhurbaş kanı Haşimi Rafsancani imzalamıştır. Fakat devlet başkanları ülke lerine döndüklerinde Rusya'nın tahrikiyle Ermenistan birliklerinin Şuşa, Laçin ve Nahçıvan bölgesindeki Sedrek bölgelerine saldırma sıyla ateşkes antlaşması akim kalmıştır.

25 Mart 1992'de ise ABD'nin de desteğini alan Ankara planı açıklan mıştır. Buna göre, Ermenistan; Karabağ ve Laçin koridoru karşılığın da güneydeki Zengezur bölgesini Azerbaycan'a bırakıyordu. Böylece İran'la Ermenistan'ın sınırı ortadan kalkarken Türkiye Azerbaycan ile komşu oluyordu. Bu plan da yürürlüğü giremeyince 1992 ve 1993 yıllarında Minsk Planı gündeme geldi ve BM'nin girişimi ile mültecilerin durumu ve işgal altındaki toprakların boşaltılması doğrultusunda kararlar yayımlandı.

Bu kararlar;

• BM Güvenlik Konseyi 822 sayılı kararı 30 Nisan 1993 yayımlandı. Buna göre, derhal ateşkes yapılmalı ve Ermeni birlikleri işgal ettikleri Azerbaycan topraklarını boşaltmalı.
• BM Güvenlik Konseyi 853 sayılı kararı 29 Haziran 1993 yılında yayımlandı. Minsk Grubu kararlarını açıkladı.
• BM Güvenlik Konseyi 874 sayılı kararı 14 Ekim 1993'te yayımlandı.
• BM Güvenlik Konseyi 884 sayılı kararı 12 Kasım 1993'te yayımlandı. Bu kararda Ermenistan ateşkesi ihlal etmekle suçlandı.

Nihayet Mayıs 1994 yılında Rusya'nın arabuluculuğuyla ateşkes yapıldı. O tarihten sonra pek çok barış planı devreye girdi. Bunların en önemlileri:

1) Gubl Barış Planı 1: Bu planda Laçin ve Karabağ'ın bir kısmının Ermenistan'a bırakılmasına karşılık, Ermenistan topraklarından geçen ve Nahçıvan'ı Azerbaycan ana karasına bağlayacak 15 km genişliğinde bir koridorun Bakü'ye bırakılması tavsiye edildi. Böylelikle Ermenistan'la İran'ın sınırı kesilecekti. Plan, Ermenistan tarafından reddedildi.

2) Gubl Barış Planı 2: Bu plana göre Bakü-Nahçıvan-Türkiye demiryolu onarılacak, bu bölgeden gaz ve petrol boru hatlarının transit geçişine izin verilecek, bölge Ermenistan hâkimiyetinde

kalmasına rağmen NATO'nun denetiminde olacaktır. Ayrıca Ermenistan Azerbaycan'a ait Kelbecer, Füzuli'nin kuzeyi, Cebrailli, Gubatlı ve Zengilan'ın bir kısmını Azerbaycan'a bırakacaktı. Bu plan da Ermenistan Başbakanı Vazgen Serkisyan'ın öldürülmesinin ardından Erivan tarafından reddedildi.

3) **Minsk Grubu Planları:** Minsk grubu yani ABD, Fransa ve Rusya'nın dâhil olduğu devletler, 1996 yılında Lizbon'da Azerbaycan-Ermenistan müzakerelerini başlatıp, ardından Paris ve ABD'de devam ettirmiştir. Mink Grubu devletleri nihayet 2001 yılında 3 aşamalı bir plan ortaya koymuştur. Bu plana göre:

• Aşamalı Plan: Karabağ bölgesi hariç Ermenilerce işgal edilmiş Azerbaycan'ın bütün topraklarının aşamalı olarak tahliye edilmesi, buna karşılık Azerbaycan hâkimiyeti altında Karabağ bölgesinin özerkliğinin Azerbaycan tarafından tanınması. Bu planın yürütül mesi NATO ve Rusya'ya bırakılmış, ancak plan Ermenilerce kabul görmemiştir.

• Genel Plan: Azerbaycan'ın işgal edilen bütün topraklarının aynı anda tahliye edilmesi karşılığında Azerbaycan devletinin Karabağ hükümetinin özerkliğini resmen tanıması ve Karabağ ile Ermenistan arasında karayolu irtibatına izin vermesi. Bu plan da Ermenistan tarafından reddedilmiştir.

• Ortak Devlet Planı: Bu plana göre Karabağ bölgesi Azerbaycan ve Ermenistan'ın ortak idaresine bırakılmalı, işgal altındaki topraklar boşaltılmalıdır. Bu plan Ermenilerce kabul görünce Azerbaycan tara fından kabul edilmemiştir.

4) **Aland Planı (1):** Aland modeli ilk kez Aralık 1993 yılında Bağımsız Devletler Topluluğu öncülüğünde Rusya, Finlandiya, Azerbaycan, Ermenistan ve Dağlık Karabağ'ın temsilcilerinin Aland adasında katıldıkları bir sempozyumda ele alındı. Ermenistan ve Dağlık Karabağ bölgesinden gelen temsilciler Aland modelinin Karabağ'da uygulanmasına karşı çıktılar. Aland planı çerçevesinde ABD'li uzmanlar David D. Laitin ve Grigor Suny bir plan önermiştir

Bu plan gereğince:

• Karabağ, Azerbaycan hâkimiyetinde bırakılsın. Karabağ'da Azerbaycan bayrağı dalgalansın, buna karşılık Karabağ özerkliği tanınsın.
• Karabağ'da seçilen temsilciler Azerbaycan parlamentosunda görev yaparak parlamentodan çıkacak kararları önleme yetkisine sahip olsun.
• Azerbaycan yasaları çerçevesinde Karabağ'ın yerel parlamentosu oluşturulsun ayrıca Karabağ yerel hükümetinin güvenlik, kültür ve yatırımlar konusunda hukuki hâkimiyeti olsun.
• Azerbaycan hükümeti ve Karabağ yerel hükümeti anlaşamadıkları sürece birbirlerinin topraklarında askeri ve polis gücü konuşlandıramasın
• Dağlık Karabağ bölgesinde yaşayan Ermenilerin ve Azerbaycanlıların çifte vatandaşlıkları veya kendi vatandaşlıkları olsun. Bu plan da çeşitli nedenlerden dolayı yürürlüğe girmemiştir.(2)

5) Saharov Planı: 1988 yılında Andrey Saharov başkanlığındaki bir grup, Karabağ sorunu çerçevesinde Ermeniler ve Azerbaycanlıların yaşadıkları bölgelerin birbirinden ayrılması tezini ileri sürdü. Bu öneri çok fazla dikkate alınmadı. Aslında bu öneri ilk defa ABD'li siyasetçi Pol Goble tarafından "Karabağ Krizi Nasıl Çözülür?" adlı makalede gündeme getirilmişti.

Goble'a göre Karabağ sorunu üç esas temelde çözülmelidir.
Birincisi Karabağ bölgesindeki Ermenilerin bölgeyi terk etmeleri; ikincisi dış güçlerin birliklerinin konuşlandırılması, üçüncüsü bölgenin Ermenistan'a bırakılması. (3)

Bu planın uygulama imkânı olmadığı baştan belliydi. Zira insani, fiziki ve siyasal nedenlerden dolayı uygulanması mümkün görünmemektedir. Üstelik plan gereğince Azerbaycan'ın topraklarının bir kısmında hâkimiyeti yitirmesi kabul edilecek bir öneri değildir.

Karabağ Sorununun Hukuksal ve Uluslararası Yönü

Azerbaycan devletine ait Karabağ'ın Ermenilerce işgalinin uluslar arası ve hukuksal yönü araştırıldığında bu sorun kapsamında kendi kaderini tayin hakkı ve ülkelerin toprak bütünlüğünü koruma ilkelerinin çeliştiği görülmektedir. İki taraf da Karabağ sorunu bağ lamında bu ilkeleri kendi lehine yorumlamaktadır. Uluslararası camiada konunun hukuksal ve uluslararası boyutunu incelerken 1997 yılında ABD'nin Maryland Üniversitesi tarafından yayımlanan Kafkasya'daki etnik sorunların kökleri ve çözüm yolları adlı eserde yayımlanan makalelere rastlanmaktadır:

-Gurbanov'un "Karabağ Çatışmasında Kendi Kaderini Tayin Hakkı ve Uluslararası Hukuk"
-İskenderyan'ın "Kominizm'den Sonra Etnik Azınlıklar Arasındaki Çatışmalar ve Uluslararası Hukuk"
-N. Ohanesiyan'ın "Dağlık Karabağ Sorunu ve Dağlık Karabağ Sorununun Çözümünde Değişken Parametreler"

Kendi yönetimini tayin hakkı ve ülkenin toprak bütünlüğünün korunması meselesi hususlarında uluslararası camianın kesin bir çözüm yolu gösterdiğine pek rastlanılmamıştır. Özellikle Soğuk Savaş döneminde ülkelerin toprak bütünlüğü konusu, kendi kaderi ni tayin hakkının önüne geçerek uluslararası dengelerin sağlanma sında önemli rol oynamıştır. Ama Soğuk Savaşın bitmesiyle birlikte ABD ve Rusya bu konularda farklı tutumlar takınmaya başlamıştır.

Amerikalı düşünürler M. Halperin ve D. Sceffer, yeni durumu şöyle özetlemişlerdir: Soğuk Savaş'ın bitmesi uluslararası camiada tahmin edilmeyen bir ortamla karşılaştırdı. Bu yeni koşullarda milletler çeşitli kalıplarda kendi yönetimlerini tayin etme hakkını ileri sürdü. Sovyetler Birliği'nin dağılmasıyla birlikte sınırların aynı kalamayaca ğı fikri ortaya çıktı. Böylece toplulukların kendi idaresini belirleme hakkı ile devletlerin toprak bütünlüğü ilkeleri arasında bir tezat meydana geldi. (4)

Kendi yönetimini tayin hakkı ve ülkelerin toprak bütünlüğü mesele siyle ilgili farklı değerlendirmeler vardır. Bazı araştırmacılara göre bağımsızlık ve kendi kaderini tayin etme hakkı, BM'nin 1960 yılında yayımladığı beyanname esas alınarak gerçekleştirmelidir. Çin'de Tibet, Hindistan'ın Pencap eyaletinde yaşayan Sihler, Rusya'da Çeçenler ve Fransa'da Korsika bu doğrultuda ele alınmalıdır.(5)

Azerbaycanlı uzmanlar, kendi yönetimini belirleme hakkının Ermenistan tarafından istismar edildiğine işaret etmektedir. Azerbaycanlı uzmanlara göre Ermenistan tarafından öne sürülen kendi kaderini tayin hakkı tezi, Azerbaycan'ın Ermenilerce işgaline bahanedir. Nitekim Erivan hükümeti, uluslararası camiada kendi geleceğini tayin hakkını ileri sürerek fiili işgal durumuna meşruiyet kazandırmaya çaba göstermektedir.

Ermeniler, O. Lukhterhandt adlı bir Alman hukukçunun Dağlık Karabağ'da bağımsız bir devletin kurulması tezinin uluslararası hukuka uygun olduğu düşüncesini ileri sürmektedir. Lukhterhandt a göre kendi kaderini tayin hakkıyla merkezi devletin hâkimiyeti prensibi arasında tezat söz konusudur ve normal şartlarda ülkelerin toprak bütünlüğü ve ulusal hâkimiyet kendi kaderini tayin hakkının üzerindedir. Ama eğer azınlıklar ülke içinde zor şartlar altında ise kendi yönetimini tayin hakkı, toprak bütünlüğü ilkesinin önüne geçebilir.(6)

Ermenilerin bir tezi de Dağlık Karabağ'ın bağımsızlık ilanının zamanlaması ile ilgilidir. Dağlık Karabağ sözde bağımsızlığını 1991 Eylül ayında Azerbaycan'ın bağımsızlık beyanından 3 ay önce ilan ettiği için Erivan, bu bağımsızlık ilanının Azerbaycan'ın toprak bütünlüğü ile bir ilgisi olmadığını iddia etmektedir. Azerbaycanlılar ise bu yaklaşımın Ermenistan'ın Azerbaycan toprakları üzerinde hâkimiyet kurma fikrinden ileri geldiğini belirtmekte, Karabağ meselesinin yalnızca BM tarafından onaylanan Azerbaycan'ın toprak bütünlüğü çerçevesinde ele alınması gerektiğini vurgulamak tadır. Dağlık Karabağ bölgesinin bağımsızlığı hiçbir devlet ve uluslararası kuruluş tarafından tanınmış değildir. Azerbaycan tezlerine göre Ermecilerce yapıldığı ileri sürülen Dağlık Karabağ daki halk oylaması geçerli değildir. Nitekim oylama esnasında bölgedeki meskûn Azeriler zorla yerlerinden edilmiş, halk oylama sına katılımı engellenmiştir. Bu süreçte ve daha sonraki aşamalarda:

• Nisan 2001 yılında Ermenistan parlamentosu milletvekilleri oybirliğiyle her ne şekil ve yöntemle olursa olsun Ermenistan toprak larından bir kısmının Dağlık Karabağ karşılığında Azerbaycan'a verilmesine karşılık bir bildirge yayımladılar. Ermenistan'daki aşırı milliyetçi gruplar her türlü anlaşmaya karşı çıkmaktadır. Özellikle bu gruplardan Özgürleştirilmiş Arazilerin Savunma Örgütü lideri Ziyirayer Sefiliyan, Azerbaycan'a verilecek her türlü imtiyaza karşı çıkacaklarını ifade etmiştir. Ayrıca Karabağ Ermenilerinin liderlerin den Arkada Gukasiyan, Los Angeles Times gazetesine verdiği bir demeçte şöyle demiştir: "Eğer Azerbaycan savaş istiyorsa cevabını alacaktır."(7)

• Ermenistan parlamentosunun kararına karşılık 2001 yılında Azerbaycan'da faaliyet gösteren siyasi partiler, devlet organları, sivil toplum örgütleri ve sayıları 600'ü bulan kişi, kuruluş ve gazete yöneticisi ortak bir bildiri yayımlayarak Azerbaycan Cumhurbaşka nı'na, Minsk Grubu'na ve uluslararası kuruluşlara 4 maddeyi içeren düşüncelerini iletmiştir. Bildiriye göre;

• Ülkenin toprak bütünlüğü sağlanmalı ve işgal altındaki arazilerin tamamı ülkeye geri verilmelidir.
• Başta Şuşa olmak üzere Dağlık Karabağ'dan göçe zorlanan bütün Azerilerin kendi topraklarına geri dönüşü gerçekleştirilmeli ve yaşamları güvence altına alınmalıdır.
• Azerbaycan hâkimiyetinde bulunmak şartıyla Dağlık Karabağ bölgesine öz yönetim hakkı verilmelidir.
• Eğer bu sorun barışçıl yoldan çözülmüyorsa, BM yasaları ve Güvenlik Konseyi'nin kararları gereğince Azerbaycan askeri güç kullanarak işgalcileri kendi topraklarından çıkarmalıdır.(8)

Sonuç

Dağlık Karabağ meselesi ortaya çıktığı günden beri daha karmaşık bir hale dönüşerek varlığını sürdürmektedir. Bu sorundan kaynaklanan başka problemler ana sorun kadar bölgeyi etkilemek tedir. Bunlardan en önemlisi, Ermenistan işgaliyle birlikte bu bölgelerde yaşayan yüz binlerce Azeri vatandaşının mülteci durumuna düşmeleri ve halen Azerbaycan'ın başkenti Bakü ve diğer büyük kentlerin banliyölerinde ilkel şartlarda yaşamlarını sürdürmeleridir. Sorunun diplomatik yollardan çözümlenmemesi her iki ülkede aşırı radikal grupların güçlenmesine neden olmak tadır. Üstelik çatışmalar, istikrarsızlık ve göçmenlerin sorunlarından kaynaklanan problemler ülke ekonomilerini olumsuz yönde etkilemektedir.

Kuşkusuz onlarca yılı bulan fiili işgal durumu gün geçtikçe problemi daha da girift ve içinden çıkılmaz hale getirmiştir. Diğer devletlerin konuya dâhil olması ise sorunun çözümüne katkıdan ziyade, çıkar çatışmalarına yol açarak sorunu daha da karmaşıklaş tırmaktadır. Hâlihazırda, ülkelerinin bir bölümünün işgal altında bulunması Azerbaycan devletinin ve her Azerbaycan vatandaşının en önemli problemidir. Zengin yer altı kaynakları (petrol ve doğalgaz kaynakları) bu açıdan akılcı bir şekilde kullanılmalıdır. Bu kaynaklardan elde edilen gelirler, ülkenin savunmasını gerçekleştire bilecek ve işgalci unsurları ülke topraklarından çıkarabilecek güçte modern bir ordunun tesisinde harcanmalıdır. Azerbaycan, güçlü bir orduya sahip olduğu nispette Ermenistan, işgalci konumunu sorgulamaya başlayabilir.

Azerbaycan, yabancı işgaline karşı güveneceği en büyük kaynağın halkının mukavemeti ve fedakârlığıdır. Bakü, Anadolu'nun müda faasında Türk halkının tecrübesinden hareketle bu sermayeyi değerlendirmeye çaba sarf etmelidir. Batılı ülkelerin bölge siyasetine Ermenistan'ın menfaatleri istikametinde müdahalesi Dağlık Karabağ meselesinin çözümüne katkı sağlamamaktadır.

SORUNLAR

Kafkaslara Genel Bakış :

Rusya Federasyonu'nun Avrupa kesiminin güneybatısı ile Gürcistan, Azerbaycan ve Ermenistan topraklarını içine alan coğrafi bölge ve dağ sistemi olarak anılmaktadır. Batıda Karadeniz ve Azak Denizi, doğuda Hazar Denizi ile çevrilidir[2].

Kafkasya, Avrupa, Asya ve Afrika kıtalarının arasına girmiş olan ve 5.000 kilometre uzunluğundaki Akdeniz-Ege Denizi-Boğazlar ve Marmara Denizi, Karadeniz, Azak Denizi gibi birbirine bağlı iç denizlerin vücuda getirdikleri bir su koridorunun ucunda, aynı zamanda Hazar Denizi vasıtasıyla da doğuya ve Orta Asya'ya bağlanmış bir coğrafi konumdadır.

---

[2] Mehmet Varinli, Harp Akademileri, 2002.

Bu koridor, kuzeyde Hazar Denizi'ne akan Volga (İdil) Irmağı ve Karadeniz'e akan Don, Dinyeper, Dinyester Irmakları ve batıdan yine Karadeniz'e akan Tuna Nehri vasıtasıyla Avrupa'nın, güneyde Akdeniz'e akan Nil Nehri vasıtasıyla Afrika'nın kara kısımlarının içlerine bağlanmaktadır[3].

İnsanların dünya üzerindeki yayılma ve yerleşme hareketleri ve bunu tespit eden arkeolojik buluntular göz önüne alındığında Kafkasya ve Kafkasya'nın bağlı bulunduğu iç denizler koridoru ilk etnik hareketlere ve etnolojik oluşum ve gelişmelere sahne olmuştur. İç denizler koridoru etrafında oluşan etnolojik birlik buradan nehir yollarını takip ederek karaların içlerine doğru yayılmıştır.

Bu durumda Kafkasya, kuzey-güney-doğu-batı yollarının birleştiği bir bölge özelliği kazanmaktadır. Kafkasya'nın bu coğrafi konumu etnolojik oluşumlara neden olmuştur.

Kuzey ile güney, batı ile doğu arasında bir köprü olan ve Avrupa'yı Asya'ya bağlayan Kafkasya, bugün yalnızca coğrafi konumuyla değil, sahip olduğu doğal kaynaklar açısından da uluslar arası toplumun ilgi alanı haline gelmiştir. Kafkasya Avrupa ile Asya'yı birbirine bağlayan ticaret ve ulaşım koridoru vazifesini de görmektedir. Buna ilaveten, Kafkasya jeopolitik ve jeostratejik konumu açısından da Batı için büyük önem taşımaktadır. Esasen, bugün Avrupa'nın güvenliğini Kafkasya'dan ayrı düşünmek mümkün değildir[4].

Bilindiği üzere, Azerbaycan, Gürcistan ve Ermenistan Çarlık Rusya'sının çöktüğü 1917 yılı ile Bolşevik ihtilalinin gerçekleştiği 1920-1921 yılları arasında bağımsızlıklarını kazanmışlar ve bu dönem içinde bağımsız devletler olarak yaşamışlardır. Üç devletin

---

[3] Milli Siyaset Belgesi,, sn.2-1, MGK Genel Sekreterliği, 1999, Ankara.

[4] Bilgi Notlan, Gnkur.Bşk.lığı, 1999-2000.

bağımsızlığı uluslar arası toplum tarafından tanınmıştır. Ancak, kısa süren bu bağımsızlık döneminde, bölgenin karmaşık etnik yapısı ve aralarındaki sınır anlaşmazlıkları nedeniyle üç ülke bağımsızlık larını pekiştirmek amacıyla ortak bir politika izleyememişler ve zamanla anlaşmazlıklar ve çatışmalar baş göstermiştir. 70 yıl boyunca Sovyetler Birliği idaresi altında yaşayan üç devlet arasındaki sorunlar çözümlenmemiş, sadece dondurulmuştur.

Esasen, Sovyetler Birliği döneminde merkezi otoritenin kontrolü elinde tutmak ve hiç bir Cumhuriyetin güçlenmesine izin verme mek amacıyla Cumhuriyetler arasında uyguladığı; sınırların keyfi biçimde çizilmesi, bir etnik nüfusun bir diğer bölgeye göçe ve yerleşime zorlanması var olan sorunları daha da arttırmıştır.

Sovyetler Birliği döneminde bu Cumhuriyetlerin kuvvetli hükümet lere, kendilerine ait ordulara sahip olmalarına izin verilmemiş ve özellikle bağımsız devletlerin sahip olması gereken tüm kurum ve örgütlerden yoksun bırakılmışlardır. Ekonomileri ise tamamen Sovyetler Birliği merkezi planlamasına ve merkezin ihtiyaçlarının karşılanması esasına göre şekillendirilmiş ve hiçbir Cumhuriyetin kendi kendine yeterli bir ekonomik güce sahip olmasına izin verilmemiştir. Dolayısıyla bu hususlar gözönüne alındığında, bugün bu cumhuriyetlerin karşı karşıya kaldıkları siyasi ve ekonomik sorunların temelinde önemli ölçüde Sovyet mirasının olduğunu anlamak kolaylaşmaktadır.

Kafkasya'da bugün 30 milyon civarında nüfus yaşamaktadır. Bunun 13 milyonu Kuzey Kafkasyada, 17 milyonu ise Güney Kafkasya dadır. Kuzey ve Güney Kafkasya toplam olarak 350.000 kilometre karelik bir alanı kapsamaktadır. Bu alan içinde 123 etnik grubun varolduğu söylenmektedir. Kafkasya bölgesindeki üç bağımsız devlete bakıldığında etnik açıdan en homojen yapıya Ermenistan'ın sahip olduğu görülmektedir. Yukarı Karabağ uyuşmazlığının başlangıç yılı olan 1988'e kadar topraklarında 1.300.000 Azeri yaşayan Ermenistan, olayların başlamasıyla Azerileri sürmüş ve böylece topraklarını en büyük azınlık grubundan arındırmıştır.

grubundan arındırmıştır. Bugün Ermenistan'da cüz'i bir Rus azınlığı bulunmaktadır.

Gürcistan ise üç ülke arasında etnik açıdan en karmaşık yapıya sahiptir. Gürcistan'da 400.000 Azeri, 500.000 Ermeni, 100.000 Rus, 100.000 Abhaz kökenli Gürcü vatandaşı yaşamaktadır.

Etnik açıdan Azerbaycan da homojen bir yapıya sahip değildir. Yukarı Karabağ Özerk Bölgesinde yaşayan 140.000 Ermeniye ek olarak Rus, Lezgi, Taliş, Kürt gibi etnik grupları bünyesinde barındırmaktadır.

Türkiye, SSCB'nin dağılmasının ardından bölge ülkelerinin bağımsızlıklarını ayırım gözetmeksizin hemen tanımış ve imkanlarını zorlayarak bu ülkelere ekonomik alanda destek sağlamıştır. Bu çerçevede Türkiye, Azerbaycan ve Gürcistan'ın yanısıra Ermenistan Cumhuriyeti'ni de tanımış, ancak Ermenistan'ın Azerbaycan topraklarının %20'sini işgal etmesi, Yukarı Karabağ ve Ermeni Soykırımı yönündeki faaliyetleri nedeniyle Ermenistan ile diplomatik ilişki tesis etmemiştir.Azerbaycan ve Gürcistan ile ilişkilerimiz en üst seviye dahil olmak üzere, her alanda fevkalade olarak nitelenebilecek bir seyir izlemektedir.

Türkiye-Azerbaycan İlişkileri:

Yetmiş yıl Sovyet yönetiminde yaşayan Azerbaycan 30 Ağustos 1991 tarihinde yeniden bağımsızlığını ilan etmiştir. Bağımsızlık kararı 18 Ekim 1991 tarihinde Azerbaycan' Parlamentosunda kabul edilmiştir. Türkiye 10 Kasım 1991 tarihinde Azerbaycan'ın bağım sızlığını tanıyan ilk ülke olmuştur. Azerbaycan ile 14 Ocak 1992 tarihinde imzalanan Protokol çerçevesinde diplomatik ilişki kurulmuş ve Başkonsolosluk olarak görev yapmakta olan temsil ciliğimiz Büyükelçilik düzeyine yükseltilmiştir.1991-2001 yıllarında imzalanan 100'ün üzerinde anlaşmayla ikili ilişkilerin ahdi çerçevesi oluşturulmuştur, iki ülke arasında düzenli olarak üst düzeyli temaslar yapılmaktadır.

Türkiye, geçtiğimiz yıllarda, bir yandan Azerbaycan'ın bağımsız lığını; egemenliğini; toprak bütünlüğünü; kısacası yeni ülke kimliğini güçlendirmeye çalışırken, diğer yandan da Azerbaycan'ın kendini uluslar arası toplumun eşit bir üyesi olarak tanıtma yolundaki gayretlerine katkıda bulunmuştur. Türkiye'nin bu yöndeki yardımları devam etmektedir.

Öte yandan Azerbaycan yönetiminin ülkede çoğulcu demokratik yapıyı yerleştirme ve piyasa ekonomisini bütün kurallarıyla işler hale getirme yönündeki çabaları tarafımızdan desteklenmektedir.

Azerbaycan'ın en önemli dış politika sorunu Ermenistan ile arasındaki Yukarı Karabağ ihtilafıdır. Halen ülke topraklarının %20'si (Yukarı Karabağ dışında ülkenin %9'u) işgal altındadır ve 1 milyona yakın kaçkının (mültecinin) getirdiği sosyo-ekonomik sorunlar gündemin önemli bölümünü işgal etmektedir.

Türkiye, Yukarı Karabağ uyuşmazlığı konusunda da Azerbaycan'ın yanında yer almakta, bu soruna bir an önce barışçı, adil ve kalıcı bir çözüm bulunması amacıyla ikili düzeyde ve Minsk Grubu içinde aktif çaba harcamaktadır.

Türkiye-Ermenistan İlişkileri:

Türkiye, 1991 yılında bağımsızlığını ilan eden Ermenistan'ı tanıyan ilk ülkelerden biri olmuş, ayrıca 1992-93 yıllarında Ermenistan'a gönderilen Amerikan ve Fransız insani yardımlarına kapılarını açmıştır. Özellikle Ermenistan'da 1988 yılında meydana gelen depremden sonra, Amerika'dan gelen yardımların Ermenistan'a ulaşması sağlanmıştır. Türkiye, iyiniyet göstergesi olarak Ermenistan'a 100 bin ton buğday vermiş ve bu ülkeyi Karadeniz Ekonomik İşbirliğine davet etmiştir. Türkiye Ermenistan'a elektrik enerjisi sağlamayı da düşünmekteydi. Ancak 1993 Nisan ayında Ermenistan'ın Azerbaycan'a yeniden saldırarak Azeri topraklarının % 20'sini eline geçirmesi ve 1 milyondan fazla Azeriyi göçe zorlaması üzerine Türkiye sınır kapılarını kapatmıştır

Yukarı Karabağ'da Aralık 1994'de imzalanan ateşkese riayet edilmesi, Ter-Petrosyan yönetiminin sözde "1915 soykırımını" Ermenistan Anayasasına almaması, Aralık 1994'te iç siyasi nedenlerle de olsa Taşnak Partisi'nin faaliyetlerini askıya alması, sözde soykırıma dair eğitim programlarını azaltması gibi, Türkiye'ye karşı "jest" niteliğinde bazı adımlar atması neticesinde Türkiye, Türk Hava Sahasını Ermenistan'a bağlayan H-20 koridorunu yeniden uluslar arası trafiğe açmıştır. Ancak Koçaryan yönetiminin iş başına gelmesiyle birlikte hava koridoru tekrar kapatılmıştır. Halen İstanbul-Erivan arasında charter uçak seferlerine devam edilmektedir.

1997 yılı içinde AGİT'in Minsk Grubu'nda göreceli de olsa bazı somut ilerlemeler sağlanmış olması, Yukarı Karabağ sorununun çözümü kadar Azerbaycan-Ermenistan ve Türkiye-Ermenistan ikili ilişkilerinin normalizasyonu konusunda da bazı ümitlerin doğmasına yol açmıştır. Ancak, Yukarı Karabağ Ermenilerinin uzlaşmaz tutumu Minsk Grubu çerçevesinde yürütülmekte olan barış müzakerelerini yeniden çıkmaza sokmuş; Ermenistan iç siyasetinde meydana gelen değişiklikler de bu olumlu beklentilerin fiiliyata intikal etmesine imkan vermemiştir.[5]

Uluslar arası hukukun en temel ilkesi olan toprak bütünlüğü ilkesini ihlal eden Ermenistan'ın, bölge ülkeleriyle ilişkilerini normalleştirebilmesi ve bölgesel işbirliği projeleri içinde yer alabilmesi, işgal ettiği Azeri topraklarından çekilmesine ve Yukarı Karabağ ihtilafının Azerbaycan'ın toprak bütünlüğü içinde çözümlenmesini kabul etmesine bağlıdır.

Türkiye ile Ermenistan arasında iyi ilişkiler geliştirilmesi her iki ülkenin de lehine olacaktır. Böyle bir gelişme hem RF'nin bölgedeki nüfuzunu azaltacak, hem de etkili Ermeni lobilerinin Türkiye'ye karşı tutumlarında belirli ölçüde değişikliğe yol açacaktır. Rusya'nın

---

[5] Bilgi Notları, Dışişleri Bakanlığı, 1999-2001.

bölgedeki menfaatleri ve Ermenistan üzerindeki nüfuzu, önümüzdeki dönemde bu gelişmelerin ortaya çıkmasında en büyük engeli teşkil edecektir. [6]

Ermenistan ve Azerbaycan arasındaki Yukarı Karabağ Sorunu'nun halen çözümlenememiş olması, bölge barışı önündeki en büyük engel olması yanında, özellikle Hazar Havzası petrollerinin Bakü-Ceyhan hattından taşınması ve tüm bölgeye yönelik olarak geliştirmeye çalıştığımız siyasi ve ekonomik politikalarımızı menfi yönde etkilemektedir[7].

Ermenistan Yönetimi, sorunun çözümüne yönelik çok taraflı görüşmelerde, Yukarı Karabağ'a da taraf statüsünün tanınmasını savunmaktadır. Bu nedenle de "Karabağ-Azerbaycan arasındaki sorunun Türkiye-Ermenistan arasındaki ilişkileri etkilememesi gerektiğini" ileri sürmektedir. Ermenistan'ın Yukarı Karabağ'da daha yapıcı bir politika izlemesi, Azerbaycan topraklarını işgaline son vermesi ve sözde soykırım kampanyasından vazgeçmesi, Türk-Ermeni ilişkilerinin normalleşmesine de olanak sağlayacaktır.

Yukarı Karabağ ve Yukarı Karabağ Sorununun Tarihçesi

Yüzölçümü :4388 km kare.
Nüfusu : 180.000.
Başkenti :Hankendi (Stephanakert).
Etnik yapı :% 76 Ermeni, % 23 Türk, % 1 diğerleri.
Din :Ermeni Ortodoks, Şii İslam.
Kapsamı : Hankendi, Asgeran, Susa, Ağdaban, Ağdere8.

---

[6] Türkiye'nin Milli Askeri Stratejisi (TÜMAS-2000) dokümanı, Sh.2-12, Gnkur.Bşk.lığı, 18 Ağustos 2000.

[7] A.g.e.Sh.2-12

[8] Yüksel ÖZGÜR Kur.Alb.,Türkiye ve Türk Dünyası, Sh169, Harp Akademileri Basımevi, Mayıs 1997.

Yukarı Karabağ, Azerbaycan Cumhuriyeti toprakları içerisinde yer alan 4.400 km. karelik dağlık bir arazidir. M.Ö.4'ncü asırdan itibaren siyasi ve coğrafi tanımla "Azerbaycan" olarak adlandırılan topraklar, bütünlüğünü muhafaza etmiştir. Azık Mağarasından çıkan insan iskeletlerine dayanarak Yukarı Karabağ'ın tarihini taş devrine kadar götürmek mümkündür. M.Ö. 323 yılında Büyük İskender'in ölümünden sonra burayı komutanlarından Atropes'ten geldiği söylenen Azer ve Muhafız anlamındaki Baygan kelimesin den geldiği; Od anlamına elen Azerbaycan olarak adlandırıldığı bilinmektedir[9]. Aracadzor Korganlığı ile Hocalı Kabristanlığında yapılan kazılar da bu görüşü kuvvetlendirmektedir.

Alban Türkleri teorisinin yanı sıra bölge, M.S. 1 ve 2'nci asırlarda Romalıların; 3 ve 4'ncü asırlarda da Sasanilerin istilasına uğramıştır. 4'ncü asırdan itibaren Yukarı Karabağ'da hristiyanlaştırma faaliyetlerine girişilmiştir. Daha sonra 6'ncı asırda Hun Türkleri, 7'nci asrın başında da Hazar Türkleri bölgeye hakim olmuştur. 8'nci asırda ise Emevi orduları Yukarı Karabağ'ı istila etmiştir. Bu arada Babek Harekatı başlamış ve Araplara karşı mücadele edilmiştir.

Yukarı Karabağ, 11'nci asrın ortalarından itibaren 12'nci asrın yarısına kadar Selçuklu Türklerinin eline geçmiş, daha sonra Moğol ve Timur Ordularının hücumuna uğramıştır. 15'nci asrın ilk yarısında Karakoyunlu Türkleri, ikinci yarısında da Akkoyunlu Türkleri Yukarı Karabağ'a hakim olmuş; bilahare Safeviler ele geçirmiştir. Bölge bir ara Osmanlı İmparatorluğu'nun eline geçse de bu uzun sürmemiş; tekrar İran' m hakimiyetine girmiştir.

Sonra Penahali Han'ının rehberliğinde kurulan Yukarı Karabağ Hanlığı 1806'da Çarlık Orduları tarafından ortadan kaldırılmıştır. 1813'te Rusya ile İran arasında yapılan Gülistan Anlaşmasıyla Rusya'ya bırakılan Yukarı Karabağ, bir müddet Baku, Şakahı ve Zangezur vilayetlerine bağlı bir kaza merkezi olmuştur.

---

[9] TÜSİAB, 13 Nisan 2001, http://www.tusiab.com.az/azertarih.htm.

Bu arada Azerbaycan da, 1828'de imzalanan Türkmençay Antlaş
ması ile Rusya ve İran arasında ikiye bölünmüştür. Bu durum temel
bir değişikliğe uğramadan bugüne kadar gelmiştir. Kısaca "Kuzey
ve Güney Azerbaycan" olarak da tarif edilen topraklar, Aras Nehri
sınır kabul edilerek ikiye ayrılmış, Aras'ın kuzeyinde kalan kısım
"Rus Azerbaycanı" olarak Rusya'ya, güneyinde kalan kısım ise "İran
Azerbaycanı" olarak İran'a bırakılmıştır.

Aras Nehrinin güneyinde kalan 105.955 km. karelik bir alanda
yaşayan 22.000.000 Azerbaycan Türkü İran sınırları içerisinde
bırakılmıştır. Bölge 1918-1920 yılları arasında Türklerin eline
geçmiştir. Rus esaretinden bir an evvel kurtulmak isteyen
Azerbaycan (Rus Azerbaycanı) Türkleri **"1917 Rus İhtilali"ni** fırsat
bilerek ümitle harekete geçmiş, Çarlığın yıkılması ile bir müddet
"Maveray-ı Kafkas Seymi" içinde kaldıktan sonra 28 Mayıs 1918
tarihinde **"Millî Azerbaycan Cumhuriyeti"** olarak istiklaline
kavuşmuştur. 1920'deki Sovyet işgalinden sonra bir müddet
(Gürcistan, Ermenistan ile beraber) **"Maveray-ı Kafkas Sovyetleri
Federasyonu"** idaresinde kalmıştır[10].

Ancak bu istiklal devri, içinde bulunulan şartların karışık olmasına
bağlı siyasi istikrarsızlık ve bu istikrarsızlığın da Bolşevikler
tarafından istismar edilmesi neticesinde, sadece 23 ay sürebilmiştir.
İki yıl gibi kısa bir müddet zarfında Yukarı Karabağ halkı az da olsa
rahat bir nefes almış, milli Azerbaycan Cumhuriyeti kurulmuştur.
Türk askeri bölgeden çekilir çekilmez, Ermeni Generali Dro (Diron)
ile Albay Njden'in komutasındaki Taşnaklar Yukarı Karabağ'ı istila
etmiştir. 22-23 Mart 1920'de Ermenilerin Hankendi'nde (şimdiki
Stepanakert) başlattıkları katliam kısa sürede bölgenin diğer köy ve
kasabalarına da sıçramıştır. Taşnaklar yaşına ve cinsiyetine
bakmaksızın, Türklere karşı amansız ve acımasız bir katliama
girişmiştir. Sadece öldürmekle de kalmayıp, Türklerin oturdukları
şehir, köy ve kasabaları yakıp yıkmaya başlamıştır. Nitekim bu

---

[10] Karabağ bilgi notu, sh.2, özel Kuvvetler K.lığı, Haziran 1999, özel Şube Müdürlüğü.

katliam esnasında tarihi Susa şehrinin yarıdan fazlası Taşnaklar tarafından tamamen yakılmıştır. Silahsız ve müdafaasız Yukarı Karabağ halkı onbinlerce şehit vermiştir. Bu katliamdan kurtula bilenler ise aç ve sefil bir vaziyette yollara dökülmüştür. Bu vahşete seyirci kalamayan Nuri Paşa komutasındaki Türk Ordusu tekrar Yukarı Karabağ'a gelip duruma müdahale etmiştir. Anadolu'nun işgali söz konusu olduğu için, Türk askeri bölgeden çekilince, katliamlar kısa bir aradan sonra yeniden başlamıştır. 12 Mayıs 1920'de Kızılordu Yukarı Karabağ'a girmiştir[11].

Daha sonra ise Azerbaycan'ın 94.137 km. karelik topraklarından bir kısmı Sovyet yöneticileri tarafından Ermenistan ve Gürcistan'a hibe edilmesi nedeniyle 86.800 km. kareye düşmüştür. Bu yeni siyasal oluşumda, bilindiği gibi Azerbaycan içinde **"Özerk bir bölge"** olarak **Karabağ** (bugünkü olayların kaynağı) yer almaktadır. Temeli kabaca Çarlık döneminde atılan **"Favoritizm"** (Milletleri birbirine karşı kullanma) politikasının ürünü olan, Yukarı Karabağ'da özerk bir bölge oluşturma fikri 1921 yılı yazında gündeme gelmiştir. Bu bölünme Stalin'e (Kendisi Gürcü asıllıdır) yakın Ermeni kökenli yöneticiler **Mirzayan** ve **Mikiyan'ın** gayretleriyle gerçekleşmiştir. Yaklaşık 2,5 yıl süren düzenleme çalışmaları sonrasında "Özerk Yukarı Karabağ Bölgesi"nin kuruluşu 24 Temmuz 1923 tarihli kanunla ilan edilmiştir. Karabağ bölgesi, 1923 yılında Stalin tarafından **"Dağlık Karabağ Özerk Bölgesi"** olarak Azerbaycan'a bağlanmıştır.

Bu dönemde Karabağ'daki Ermeni nüfusu, o bölgedeki Azeri nüfusuna oranla % 6-7 dahi değildir. Ancak Ermeniler bilinçli bir şekilde nüfus artış politikası izlemişler ve ayrıca dış ülkelerdeki soydaşlarını getirmişlerdir. Diğer bir ifade ile Azerbaycan'ın bağrına bir hançer gibi saplanan Karabağ; bilinçli olarak **"Ermenileştiril miştir"**.

---

[11] Muhittin NALBANTOĞLU, Türklere Karşı Ermeni Vahşeti, Sh. 139, Tercüman Yayınları, İstanbul 1992.

Azerbaycan, 1936 yılında **"Azerbaycan Sovyet Sosyalist Cumhuriyeti"** adı altında SSCB'ne bağlı onbeş federe cumhuriyet arasına katılmıştır. Yukarı Karabağ Bölgesi'nin ismi, 1936 yılında Sovyet Anayasası ile **"Dağlık Karabağ Özerk Bölgesi"** olarak değiştirilmiştir. Karabağ'a mukabil, Ermenistan sınırları içinde bırakılan Nahçıvan ile iki cumhuriyet ve toplum arasıda köklü tarihsel husumetlerin devamını sağlayan Moskova, bu ,çatışmaları bölgedeki varlığının devamı için her fırsatta kontrollü olarak istismar etmiştir[12].

Karabağ sorununun bir nedeni, Rusya ve eski SSCB'nin sınır belirlemeleri ve göç politikalarıdır. Sovyet yönetimi süresince halk cezalandırma, göç ve fişlenme yöntemleriyle baskı altında tutulmuştur. Kafkasya tarihinde çeşitli toplumlar arasındaki sorunların neredeyse hiç birinin politik yollarla çözülmediği dikkat çekmektedir[13].

Çatışmaların başlamasından önce bölgede 140.000 Ermeni ve 48.000 Azeri yaşamaktaydı. 1985 yılında Gorbaçov'un izlemeye başladığı açıklık politikasından kuvvet alan Ermeniler, Yukarı Karabağ'ın ve Nahçıvan'ın Sovyet Ermenistanı'na bağlanmasını istemişlerdir. Gorbaçov döneminde başlayan reform hareketleri, Yukarı Karabağ Ermenilerinin de 1987-88 yıllarından itibaren **"şelf determinasyon"** hakkına dayanarak Azerbaycan'dan ayrılma talebinde bulunmala rına yol açmıştır. 1988 yılında olaylar süratle gelişmeye başlamış, Ermeniler taleplerini açıkça telaffuz etmeye başlamışlardır.

Ermenistan Parlamentosu daha da ileri giderek Sovyet Anayasa sının 70 nci maddesinde yer alan **"ulusların kendi geleceklerini belirleme hakkına"** dayanarak Yukarı Karabağ'ı ilhak kararı almış tır. Azerbaycan yönetimi, yine anayasada yer alan **"iç sınırların**

---

[12] Hikmet Mirzoev, Azerbaycan'ın Karabağ sorunun analizi konulu tez, sh.12, Kasım 1997, İstanbul.

[13] A.g.e., sh.12.

yeniden çizelmesinin tüm cumhuriyetlerin onayı ile gerçek leşebileceği" hükmü gereği bu kararı reddetmiştir. Aynı karar Sovyet Prezidyumu tarafından da reddedilmiştir.

Bu arada Yukarı Karabağ'daki Ermeniler süratle silahlanmaya başlamış, Ermenistan'daki Azeri Türkleri üzerinde Ermeni baskıları artmıştır. Ermenistan'da yaşayan Azeri Türkleri, zorla, dayakla malını mülkünü bırakarak göçe zorlanmıştır. Yukarı Karabağ Sovyeti 20 Şubat 1988'de Ermenistan Cumhuriyeti'ne bağlanma kararı almış, aynı dönemde Azerilerle Ermeniler arasında ilk çatışmalar başlamıştır. Ocak 1989'da Yukarı Karabağ probleminin halli için eski SSCB Yüksek Prezidyumu tarafından Yukarı Karabağ Özerk bölgesinde "özel bir yönetim biçimi" uygulanmasına karar verilmiş ve olaylar kısmen yatıştırılmıştır.

Kasım 1989'da Yukarı Karabağ yönetimi tekrar Azerbaycan'a bırakılmıştır. Bu karardan sonra olaylar tırmanmaya başlamış, Azeriler ile Ermeniler arasındaki tırmanma, silahlı çatışmaya dönüşmüştür. 13-16 Ocak 1990'da Bakü'de yaşayan Ermeniler'e karşı yapılan saldırılar çeşitli provokasyonlarla genişletilmiştir. 19 Ocak 1990'da Bakü'de sıkı yönetim ilan edilmiştir.

20 Ocak 1990'da Azerbaycan'a Moskova ve Odessa Askeri Bölgelerinden çoğunluğu Ermeni asıllı olan 35.000 kişilik Rus birlikleri sevk edilerek, Azeriler'e karşı acımasızca kullanılmıştır. Karşılarında ise sadece 1000 kadar silahlı sivil bulunmaktaydı[14]. Azerbaycan yakın tarihine **"20 Yanvar (Ocak) Kanlı Hadiseleri"** olarak geçen olaylarda 135'e yakın asker ve sivil öldürülmüş (çoğu tankların paletleri altında ezilerek), 639 sivil ve 76 asker yaralanmıştır. Taraflar bu olaylardan sonra birbirlerinin topraklarında yaşayan azınlıkları tamamen sürgün etmişlerdir[15].

---

[14] Yüksel ÖZGÜR Kur.Alb., Tarihi Boyutları ve Muhtemel Gelişmeler Işığında Türk-Ermeni İlişkileri, Sh. 156, Harp Akademileri Basımevi, Şubat 1997.

[15] Bilgi Notları, Gnkur.Bşk.lığı, 1999-2000.

Şubat 1990 tarihinde Letonya'nın başkenti Riga'da yapılan barış görüşmeleri Ermeni tarafının çekilmesiyle kesilmiştir. Temmuz 1990'da Gorbaçov'un **"yasal olmayan grupların 15 gün içinde silahlarını teslim etmeleri"** yolundaki kararnamesine Ermeniler direnmeye devam etmiştir. 1991 yılı başlarında Yukarı Karabağ probleminin çözümü için taraflara önerilen birçok barış planı Ermeniler'in uzlaşmaz tutumu nedeniyle hayata geçirilememiştir.

Bu arada 18 Ekim 1991 tarihinde Azerbaycan Yüksek Sovyeti tarafından **"Azerbaycan Cumhuriyeti'nin bağımsızlığının yeniden ihdas edilmesi"ne** dair kanun kabul edilmiştir. Çoğunluğu Ermenilerden oluşan Yukarı Karabağ idare Konseyinin 02 Eylül 1991 tarihinde bölgenin özerk statüsünü lağvedip **"Yukarı Karabağ Cumhuriyeti"nin** kurulduğunu ilan etmesi üzerine Azerbaycan Parlamentosu 27 Kasım 1991'de olağanüstü toplanarak, Yukarı Karabağ'ın özerklik statüsünü feshetme kararını almış ve bölgeyi doğrudan merkezi yönetime bağladığını ilan etmiştir. Ermenistan alınan bu kararı açık savaş ilanı olarak nitelendirmiştir[16].

10 Aralık 1991'de Yukarı Karabağ Ermenileri bir halk oylamasıyla bağımsızlık ilan etmiş; 12 Aralık'ta **"Yukarı Karabağ Cumhuriyeti"** olarak BDT'ye girme başvurusunda bulunmuş ve bağımsızlık ilan etmişlerdir. Bu girişimler BDT ve uluslararası toplum tarafından kabul görmemiştir. Aralık 1991'de Yukarı Karabağ bölgesinden İçişleri Bakanlığına bağlı kuvvetlerin çekilmesiyle çatışmalar yeniden başlamıştır. 02 Ocak 1992 günü Yukarı Karabağ'da Azeri yerleşim birimlerine yönelik taarruzlar şiddetlenerek artmış; 25-26 Şubat 1992'de Hocalı Azeri Köyü bütün köy sakinleri katledilerek (Hocalı Katliamı) Ermenilerin eline geçmiştir.

06 Mart 1992 öncesinde, ülkede politik çözülmeyi ve Karabağ'da yaşanan mağlubiyeti iyi değerlendiren ve sistemli bir şekilde geniş bir halk direnişi düzenleyerek Muttalibov'u istifa etme noktasına iten **"Azerbaycan Halk Cephesi"** önderliğindeki demokratik blok,

---

[16] Bilgi Notları, Dışişleri Bakanlığı, 1999-2001.

06 Mart sonrasında ülkenin en etkin siyasi gücü haline gelmiştir[17].

Karabağ'da saldırılarını sürdüren Ermeniler 08 Mayıs 1992'de Şuşa'yı ele geçirmiştir. 18 Mayıs 1992 günü Ermeni kuvvetleri Laçin'i ele geçirerek Yukarı Karabağ ile Ermenistan arasında koridorun oluşmasını sağlamışlardır.

07 Haziran 1992 tarihinde Ebulfez Elçibey, halkın % 70'inin desteğini alarak Cumhurbaşkanlığına seçilmiş, 16 Haziran 1992 tarihinde de fiilen görevine başlamıştır. Cumhurbaşkanı Elçibey yaklaşık bir yıl süren iktidarı döneminde, Yukarı Karabağ'da Ermeni saldırılarını durdurmak, devleti bütün organları ile yeniden yapılandırmak, ülkenin gün geçtikçe kötüye giden ekonomisini düzeltmek için büyük çabalar sarfetmiştir.

Azerbaycan'ın bağımsızlığının teminatı olacak **"Milli** Ordu"nun kurulması, bu dönem içerisinde bir türlü gerçekleşmemiştir. Azerbaycan petrolünden ve Kafkasya'daki menfaatlerinden elini çekmek istemeyen RF, çok iyi bildiği ve başardığı yöntemleri kullanarak, Azerbaycan devlet yönetimindeki Moskova yanlısı idarecilerin marifetiyle, milli ordunun kurulmasına ve iç siyasi istikrarın sağlanmasına yönelik bütün çabaları baltalamıştır. RF diğer taraftan Yukarı Karabağ'daki Ermeni silahlı güçlerine her türlü desteği sağlayarak Azerbaycan topraklarının % 20'sinden fazlasının elden çıkmasına neden olmuş, bu yolla da muhalefetin ve halkın yönetim üzerindeki baskılarının artmasını sağlamıştır.

04 Haziran 1993'de, kendisine tâbi olduğunu iddia ettiği Gence'deki 709 ncu Tugayı devralmaya gelen hükümet kuvvetlerine karşı koyan Suret Hüseyinov, kısa sürede duruma hakim olmuştur. Suret Hüseyinov, Elçibey yönetiminin derhal istifa etmesini istemiş ve kendine bağlı kuvvetlerle Bakü'ye ilerleyişini sürdürmüştür. Azerbaycan'da iç siyasi durumun süratle krize dönüşmesi üzerine,

---

[17] Em.Tuğg.Nurettin Tursan, Em.Tuğg.Kemal SOYUPAK,Em.Tuğg.Necdet BENDER, Em.Kur.Alb. Selahattin YOMRALILIOĞLU, Em.Kur.Alb. Mustafa ÖZKÖSEM, Azerbaycan Cumhuriyeti'nin Bağımsızlığı ve Karabağ Olayları, Sh. 75, Harp Akademileri Basımevi, Temmuz 1992.

Nahcivan Özerk Cumhuriyeti alt Meclis Başkanı Haydar Aliyev, Cumhurbaşkanı Elçibey'in isteği üzerine Bakü'ye davet edilmiştir. Suret Hüseyinov'un istekleri doğrultusunda Cumhurbaşkanı Elçibey hariç, yönetimdeki üst düzey -yetkililer görevlerinden istifa etmişlerdir. Milli Meclis Başkanlığına 13 Haziran 1993 günü Haydar Aliyev seçilmiştir.

Milli Meclis'te muhalefetin yoğun eleştirileri, diğer taraftan istifasını isteyen Hüseyinov kuvvetlerine karşı direnme göstermeyeceğini bildiren Savunma Bakanının açıklamaları karşısında çıkış yolu bulamayan, çaresizlik içerisinde kalan Elçibey, 17/18 Haziran 1993 gecesi, doğum yeri olan Nahcivan'ın Ordubat şehri Keleki Köyüne gitmiştir. Milli Meclis 24 Haziran 1993 günü Cumhurbaşkanı yetkilerinin tümünü Milli Meclis Başkanı Haydar Aliyev'e devreden kararı onaylamıştır.

Cumhurbaşkanı yetkilerini hayata geçirme yetkisini Milli Meclisten alan Meclis Başkanı Haydar Aliyev, Halk Cephesi icraatlarının ağır dille eleştirildiği bir kampanya başlat mıştır. Cumhurbaşkanı Elçibey'in Bakü'ye gelmekte direnmesi ve görevinden istifaya yanaşmaması üzerine, Meclis; 29 Ağustos 1993'te problemin halli için referanduma gidilmesini kararlaştır mıştır. Meşruiyeti her zaman tartışmaya açık bir ortamda yapılan referandum sonunda, halkın % 97.5'i E.Elçibey'in Cumhurbaşkanlığı görevini sürdür mesine *"hayır"* demiştir[18].

Gence olaylarının başladığı 04 Haziran 1993 tarihinden referandumun yapıldığı 29 Ağustos 1993 tarihine kadar olan iki aylık süre içerisinde, Ermeni kuvvetleri, Azerbaycan'daki iç buna lımdan istifade ederek Ağdere, Ağdam, Fuzuli ve Eylül ayı başında da Cebrail ve Kubatlı şehirlerini ele geçirmiş, bu bölgelerden kaçan bir milyonun üzerindeki ahali kendi ülkesinde kaçkın (mülteci) durumuna düşmüştür. AGİT Minsk Grubunun Yukarı Karabağ'da

---

[18] Bilgi Notları, Dışişleri Bakanlığı, 1999-2001.

Ermeni taarruzlarını durdurma yolundaki çabalarının bir sonuç vermemesi ve Türkiye, ABD ve RF'nin girişimi ile başlatılan Azerbaycan ile Ermenistan arasındaki çatışmanın durdurulmasına yönelik çabaların fayda sağlamayacağına olan inancın kuvvetlendiği bir ortamda, Haydar Aliyev'in 06 Eylül 1993 tarihinde Moskova'da yapılacak BDT toplantısına katılma konusu gündeme gelmiştir.

Ermeni taarruzlarının durdurulmasının ve kaybedilen toprakların geri alınmasının askeri yoldan mümkün olmadığına, bunun ancak BDT zemininde Rusya ile ikili ilişkileri geliştirmek suretiyle mümkün olabileceğine inanan Haydar Aliyev'in Moskova'ya hareketinden önce, taraflar Yukarı Karabağ'da ateşkes konusunda anlaşmaya varmışlardır. Azerbaycan Milli Meclisince daha önce kararlaştırıldığı şekilde 03 Ekim 1995 tarihinde cumhurbaşkanlığı seçimleri yapılmıştır. Oyların % 96'sını alan Haydar Aliyev Cumhurbaşkanı olmuştur[19].

23 Ekim 1993 tarihinde, Ermenilerin Yukarı Karabağ'ın güneyindeki mevzilerinden İran sınırı istikametinde taarruza başlaması ve 29 Ekim 1993'te Zengilan'ın düşmesi karşısında, Azerbaycan'daki yeni yönetimin büyük ümitlerle girdiği BDT'nin; bekledikleri tepkiyi göstermemesi veya BDT'nin güvenlik şemsiyesinin kendilerini korumaması, yönetimde hayal kırıklığına neden olmuştur. Bu aşamada, Cumhurbaşkanı Haydar Aliyev'in Yukarı Karabağ probleminin BDT zemininde siyasi yollarla halledilemeyeceği konusundaki inancı ağır basmaya başlamıştır. Azerbaycan Ordusu nun Yukarı Karabağ'da 1993 Aralık ayı sonunda başlayan karşı taarruzları da netice vermemiştir.

Azerbaycan topraklarının halen % 20'sinden fazlası Ermenîler'in işgali altındadır. 12 Mayıs 1994 tarihinde taraflarca imzalanan ateşkes anlaşması bugün de yürürlüktedir. Kafkasya'da barış, güven ve işbirliği ortamının sağlanmasındaki en büyük engel Yukarı

---

[19] Yüksel ÖZGÜR Kur.Alb., Türk Ermeni ilişkileri, Sn.157, Harp Akademileri Basımevi, Şubat 1997.

Karabağ sorunudur. Bölgede 12 Mayıs 1994 tarihinden bu yana ateşkes uygulanmaktadır.

Budapeşte'de 5-6 Aralık 1994 tarihlerinde toplanan AGİT zirvesinde, özellikle Türkiye'nin çabaları sonucu, Yukarı Karabağ bölgesine çok uluslu bir barış gücünün gönderilmesi kararı alınmıştır. RF'nîn bu karara olumsuz baktığı bilinmektedir. 21 Aralık 1994 günü Çeçenistan olaylarını bahane edip Azerbaycan'la tüm sınırlarını kapatması da RF'nîn petrol anlaşmasından (Bakü-Ceyhan Petrol Boru Hattı Anlaşması) beri süregelen Azerbaycan'a yönelik tepkilerinden biri olarak görülmüştür.

ÜÇÜNCÜ BÖLÜM

BÖLGEDEKİ DURUM

Genel

Gerek Ermenistan, gerekse Azerbaycan; milli güç unsurları nedeniyle küçük ülkelerdir. Ekonomileri kötü durumdadır. Ermenistan'ın bulunduğu bölgede ticari açıdan nefes alabilmesi için Karadeniz'e ulaşabilmesi büyük önem taşımaktadır. Ermenistan, gelecekte Azerbaycan'ın petrol geliriyle gelişip, güçlenmesinden çekinmekte, Yukarı Karabağ'da varlığını teminat altına alıp, bu bölgede ticari imkanlar yaratmaya çalışmaktadır. Bulunduğu bölgede kendini tecrit edilmiş hissetmektedir. Türkiye, Gürcistan, Azerbaycan ile çevrilidir. Sınırlarının ötesinde radikal İslam tehdidi vardır. Bir yandan ABD'ye yaklaşırken, bir yandan RF'nun Kafkasya'ya yönelik politikalarında araç olmaktadır. Deniz sınırı yoktur. Güvenli kara ve demiryolu yoktur. Yukarı Karabağ sorunu nedeniyle Türkiye'nin ambargosuna maruzdur. Ayrıca Ermenistan in RF ile bütün irtibatlarının kesilerek ABD'ye yakınlaşması,

Türkiye'nin aleyhine bir durum yaratacaktır. Böyle bir durumda Ermenistan, kuzey doğumuzda yeni bir "İsrail" olarak karşımıza çıkabilecektir.Her iki ülke de siyasi gelecekleri açısından belirsizlikler içindedir. 27 Ekim 1999 günü Ermenistan'da meydana gelen Parlamento baskınından sonra Ermenistan politik açıdan daha da sıkıntılı bir döneme girmiştir. Her iki ülke silahlı kuvvetleri zayıftır. Yeni bir savaş için hazırlık durumları yeterli değildir.

Bölgedeki durum

Ermenistan; Yukarı Karabağ'ın nüfusu itibariyle Ermeni toprağı olduğunu iddia etmekte ve burayı Azerbaycan'ın bir parçası sayan hiçbir uluslar arası öneriyi kabul etmeyeceğini belirtmektedir. Ancak; Türkiye ve Azerbaycan ile bir savaştan çekinerek Karabağ'ın bağımsızlığını tanımamıştır.

Bununla birlikte Ermenistan, Kura nehrine kadar uzanan büyük Ermenistan hayalinin ilk aşaması olarak gördüğü bu milli hedefine ulaşmak amacıyla; Yukarı Karabağ sorununa uluslar arası bir boyut kazandırmak, konunun BM çerçevesinde ele alınması gerektiğini savunmak ve AGİT kararlarına karşı çıkmak suretiyle, ilk etapta Yukarı Karabağ'ın

Azerbaycan; Yukarı Karabağ'da Ermeni nüfusunun oluşmasının yalnızca 150 yıllık bir geçmişi olduğunu, Çarlık Rusyası'nın bu topluluğu İran'dan göç etmeye cesaretlendirdiğinden beri bu bölge de Ermenilerin yaşadıklarını ileri sürmekte; Sovyetlerin zoruyla daKarabağ'a özerklik verdiklerini ifade etmektedirler.

 Azerbaycan, Karabağ meselesinin kendi iç sorunu olduğunu ifade etmekte ve Karabağ'daki Ermenileri kendi vatandaşı saymaktadır. Azerbaycan, Karabağ üzerinde egemenliğini azaltacağından uluslararası barış gücüne karşıdır ve 1975 tarihli Helsinki Bildirisi'ne atıfta bulunarak **"tanınmış sınırların değiştirilemeyece ğini"** savunmaktadır. Karabağ'a karşılık, 1920'lerde kendisinden alınıp Ermenistan'a verilen **Zangezur**[20] üzerinde hak iddia etmektedir. Azerbaycan, **"Dağlık Karabağ Cumhuriyeti'ni"** yasa dışı ilan etmekte[21] ve Erme nistan'ın bu cumhuriyeti tanımasını savaş sebebi saymaktadır[22].

bağımsız bir devlet olarak tanınması sonucunu doğuracak olan **"şelf determinasyon"** konusunu dünya kamuoyuna kabul ettirmeye; sonraki safhada yapılacak bir referandumla da Yukarı Karabağ'ın Ermenistan ile birleşmesini sağlamaya yönelik bir siyaset izlemektedir.

Türkiye bugüne kadar Ermenistan'a uyguladığı ekonomik ambargo ile istenen sonuca tam olarak ulaşamamıştır. Ermenistan Türk mall arını İran, Gürcistan hatta Azerbaycan üzerinden temine devam etmektedir. Mevcut durumda Türkiye'nin Ermenistan'a uyguladığı ambargo, Türkiye ekonomisi aleyhine bir durum yaratmakta; özellikle sınır illerimizin ekonomilerine darbe indirmektedir. Bu durumun aşılması ve Ermenistan ile Türkiye arasında Kafkaslara yönelik ticari faaliyetlerde ortaklık ve işbirliği için **"Türk-Ermeni İş Geliştirme Komitesi-TABDC"**, çeşitli ticaret kuruluş ve servisleri nin faaliyet gösterdiği ve akademi, üniversiteler arasında yardım ve işbirliği faaliyetlerinin gelişmeye başladığı gözlenmektedir

---

[20] Ermenistan'ın "Zangezur" adlı güney bölgesi Nahçıvan'ı Azerbaycan'dan bir kama gibi ayırır. Kuzeybatıdan güneydoğuya doğru sarkan Zangezur koridorunun uzunluğu 80 Km. olup, en geniş yerde 25 Km. ile, en dar yerde 15 Km.dir. Bu yüzden Nahçıvan ile Karabağ arasında doğrudan kara teması yoktur.Ulaşım ancak Ermenistan'ın izniyle sağlanabilir.

[21] Ermenistan 1987 yılında Azerbaycan'ın Yukarı Karabağ bölgesini kendisine bağlamak üzere harekete geçmiş, amacı doğrultusunda bir çok girişimde bulunmuş ve Karabağ Ermenilerini ayrı bir millet gibi göstermeye çalışmıştır. Ermenistan'ın konu ile direk ilişkisine tanıklık eden belge 01 Aralık 1989'da Ermenistan Parlamentosu'nda kabul edilen "Ermenistan'ın Karabağ ile bütünleşmesi karan"dır. Karar uluslar arası hukuk kurallarının açık bir ihlalidir ve günümüze kadar iptal edilmemiştir.

[22] Yukarı Karabağ ile KKTC arasında bir benzerlik kurmaya çalışanlar mevcuttur. Bu düşüncede olanlarca , Azerbaycan Kıbrıs Cumhuriyeti, Y.Karabağ KKTC ve Ermenistan da Türkiye yerine konmaktadır. BM Güvenlik Konseyi'nin kararlarının uygulanması bakımından da aynı denklem önümüze getirilmektedir. Bu denklemin Kıbrıs sorununda da örnek alınabileceği; Yukarı Karabağ için istenecek her statünün KKTC için de düşünülebileceği değerlendirilmektedir.

Ayrıca, Türkiye'nin Azeri-Ermeni uyuşmazlığında Azerbaycan'a şartsız destek vermesi, kısıtlı bütçesine rağmen büyük çaplı yardım da bulunması ve Ermenistan'a ambargo uygulamasına rağmen, için de bulunulan aşamada Ermeni-Azeri ikili ilişkilerinin Türk-Azeri ilişkilerinden daha iyi durumda olduğu görülmektedir.

Gürcistan-Ermenistan ve Azerbaycan arasında 1998 yılında imzala nan işbirliği anlaşması ile birbirini "öncelikli ülke" olarak ilan etmiştir. Türkiye'nin kendi ekonomik kayıplarını kabul ederek Ermeni sınırını kapatmasına rağmen, Azerbaycan'ın; AB'nin girişimi sonucu 1997 yılında imzalanan andlaşma ile Ermenistan'ı "ticarette en fazla müsamahaya mazhar ülke ülke" ilan ettiği bilinmektedir.

RF'nun halen içinde bulunduğu ekonomik, siyasi ve sosyal problemlere ilave olarak Çeçenistan batağına saplanmış bulunması ve bu nedenle de dünya kamuoyunun eleştirilerine hedef olması, silahlı kuvvetlerinin devlet politikasını uygulayabilir etkili bir güç olma vasfını kaybetmiş bulunması, RF tarafının konuya eskisi kadar müdahil olamamasına yol açmaktadır. Ermenistan'ın da bu durumun farkında olduğu ve bu nedenle de Azerbaycan ve Türkiye ile iyi ilişkiler tesis etme yolunu seçtiği değerlendirilmektedir.

ABD'nin Ermenistan'a destek için de olsa, Kafkasya'ya doğrudan müdahil olmasının, bölge dengeleri açısından önemli olduğu düşünülmektedir. ABD tarafından hızlandırılan Ermeni-Azeri görüşmelerinin; böyle bir anlaşmaya mani olması ihtimal dahilinde olan RF göz önüne alındığında, kabul edilebilir bir çözüme ulaşılmasının amaçlandığı görülmektedir.

Ermenistan Cumhurbaşkanı Koçaryan, sorunun çözümlenmesi için kuvvetli hükümetler ve bu ülkelerde istikrar bulunması gerektiğini, son olayların (1999 Parlamento Baskım) süreci olumsuz etkileyerek ilerleme kaydedilen konuları engellediğini belirtmiştir. Dışişleri Bakanı Oskanyan da parlamento baskınının Karabağ sorununun çözümünü engellediğini ve Koçaryan'ın bir süre iç işleri ile uğraş ması gerektiğini belirtmiştir.

18-19 Kasım 1999 tarihlerinde icra edilen AGİT Zirvesi'nde bir araya gelen Aliyev ve Demirel Güney Kafkasya'da Balkanlar'daki Güney doğu Avrupa İstikrar Paktı benzeri bir paktın hayata geçirilmesini önermiştir.

Aliyev, Ermenistan Cumhurbaşkanı Koçaryan ile Y. Karabağ konusundaki görüşmelerinin olumlu sonuçlar verdiğine de işaret ederken, görüşmelerin Minsk Grubu bünyesinde daha güç lendirilmiş bir şekilde devam etmesi gerektiğini ve Ermenistan ile normal ilişkiler kurmak istediklerini vurgulamıştır.

Azerbaycan Cumhurbaşkanı Dış Meselelerden Sorumlu Devlet Müşaviri Vefa Guluzade, 8 Ekim 1999 tarihinde; Dışişleri Bakanı Tofig Zülfikarov da 24 Ekim 1999 günü istifa etmiştir. Zülfikarov'u takiben Cumhurbaşkanlığı Sekreterliği Başkanı Eldar Namazov da aynı tarihte istifasını sunmuştur. İstifalar, YK ihtilafı çözüm süreciyle bağlantılı olduğu yorumları yapılmıştır.

Ermenistan Parlamentosu'na yönelik olarak 27 Ekim 1999 tarihinde gerçekleştirilen silahlı saldırıda, aralarında Başbakan Vazgen Sarkisyan ve Parlamento Başkanı Karen Demirciyan gibi üst düzey yöneticilerin de bulunduğu kişilerin öldürülmesi, Ermenistan'ı bir süre, yeni Başbakanın atanması, Bakanlar Kurulu'nun teşkili gibi iç meselelerle uğraşmak zorunda bırakmış, bu durum, YK barış görüşmelerinin bir ölçüde yavaşlamasına yol açmıştır.

Nitekim 18-19 Kasım 1999 tarihlerinde İstanbul'da düzenlenen AGİT Zirvesi öncesinde, Ermenistan Cumhurbaşkanı Koçaryan, Azerbaycan Cumhurbaşkanı Aliyev ile yapmakta olduğu doğrudan görüşmelerin Yukarı Karabağ sorununun uzun zamandır beklenen çözümüne imkan verebileceğini bu soruna görüşmeler yoluyla bir çözüm bulacaklarından emin olduğunu, kendisi ve Aliyev'den sonra Yukarı Karabağ sorununun çözümlenmesinin daha zor olacağını belirtmiş, Ermenistan'daki Parlamento baskınının İstanbul'da önemli bir- gelişme sağlanması imkanını zayıflatacağını ifade etmiştir.

AGİT İstanbul Zirvesi'nde kabul edilen İstanbul Zirve Bildirisi'nin, YK ihtilafıyla ilgili kısmında, Azerbaycan ve Ermenistan devlet başkanları arasında sürdürülen ve YK sorunu , çözüm sürecine dinamizm kazandıran diyalogdan memnuniyet duyulduğu; bu diyalogun, AGİT MG çerçevesinde müzakerelere tekrar başlanması ümidiyle desteklendiği ve devamının teşvik edildiği, ayrıca, ihtilafın çözümü için en uygun platform olan AGİT'in ve MG'nun, taraflara gerekli tüm yardımı sağlamak da dahil olmak üzere, barış sürecine ve bunun uygulanmasına katkı sağlamaya hazır olduğu vurgulan mıştır.

Aliyev ve Koçaryan, 1998 yılından bu yana BDT Zirveleri ve çeşitli vesilelerle yirmiye yakın baş başa görüşme yapmışlardır. Ancak

varılacak bir çözümün karşılıklı tavizleri gerektirmesi ve iki tarafın da kendi kamuoylarından çekinmeleri nedeniyle, olumlu bir sonuca ulaşılamamıştır. Görüşmeler hakkında herhangi bir açıklama da yapılmamıştır.

YK konusunda Azerbaycan tezi ülkelerin toprak bütünlüklerinin korunmasına, Ermeni tezi ise halkların kendi geleceklerine belirlemesi ilkelerine dayanmaktadır. Azerbaycan, YK'a en üst düzeyde özerklik vermeye hazır bulunmaktadır. Ancak buna karşılık Ermeni kuvvetlerinin Azerbaycan topraklarından çıkmasını ve mültecilerin yerlerine dönmesini istemektedir.

DÖRDÜNCÜ BÖLÜM

SORUNUN ÇÖZÜMÜ YÖNÜNDEKİ ÇABALAR

Çözüm önerileri :

Sorunun çözümü amacıyla önce bölge ülkeleri barış girişimlerinde bulunmuş, ancak başarı sağlanamamıştır. Çatışmaların artma ihtimali ve Kafkasya'da bağımsızlıklarını kazanan üç ülkenin de AGİK'e üye olması dolayısıyla sorun Avrupa Güvenlik İşbirliği Teşkilatı (AGİT) nın gündemine girmiştir. Soruna barışçı bir çözüm bulunması amacıyla AGİT çerçevesinde Helsinki Bakanlar Konseyinin 24 Mart 1992 tarihli Kararıyla 11 üyeli Minsk grubu kurulmuştur. Türkiye de bu grubun üyesi bulunmaktadır.

Yukarı Karabağ sorununun çözümünde konu AGİT tarafından 1992'de ele alınmış ve **"safhalı"** çözüm önerilmiştir. 1992'de AGİT (Avrupa Güvenlik ve İşbirliği Teşkilatı) Bakanlar Konseyi problemin devamı için sürekli bir mekanizma oluşturulmasına karar verilmiş fakat MİNSK'te yapılması planlanan konferans toplanamamıştır.

1993 yılında yoğun temaslardan sonra AGİT-MİNSK Grubu Fransa nın başkanlığında Ermenistan, Azerbaycan, Çek Cumhuriyeti, Slovak Cumhuriyeti, Almanya, İsveç, Fransa, İtalya, RF, Türkiye ve ABD tarafından kurulmuş ve **"Safhalı çözüm"** olarak bilinen bir planı taraflara önermiştir. **Plan, bir takvim çerçevesinde;**

"İşgalci birliklerin işgal ettikleri topraklardan çekilmesini",
"Tüm haberleşme ve ulaşım kolaylıklarının onarılmasını",
"Savaş tutsaklarının değişimini",
"Tüm insani yardım çabalarının engellenmeksizin bölgeye
ulaştırılmasını",
"AGİT tarafından uygulaması denetlenecek geniş çaplı ve kalıcı
bir ateşkesin tesisini" ve
"Minsk Grubu'nun resmi olarak toplanmasını" ön görmekteydi

Bu teklif **Ermenistan** tarafından kabul edilmemiştir. Fakat taraflar, 12 Mayıs 1994 yılında Rusya'nın arabuluculuk ettiği ateşkese uymayı kabul etmişlerdir. Ateşkese birkaç küçük çatışma dışında günümüze kadar uyulmuştur.

1994'de silahlı çatışmaların RF girişimiyle durdurulması sonrasında, AGİT **"Barışı Koruma Gücü"** oluşturma çabaları başlamıştır. Eylül 1994'de, taraf devletlerin silahlı çatışmaların son bulmasından cesaretlenerek, **"Helsinki Dokümanı 1992"** çerçevesinde ve AGİT barışı koruma operasyonları kararlarına uygun şekilde bir **"Barışı Koruma Gücü"** oluşturma çabaları ilgili taraflarca kabul edilmiştir. (Bu planda Erzurum, geri bölge üssü olarak yer almaktadır).

Kasım 1994'te, Budapeşte zirvesi esnasında sorunun çözümü yönündeki çabalar artmış ve **RF, "AGİT-Minsk Grubu ikinci eş-başkanı"** olmuştur. AGİT-Minsk Grubu eş-başkanlarının sorunun barışçı çözümü sağlamak için taraflar arasındaki görüş ayrılıklarını gidermek üzere harcadığı çabalar **1996 yılına kadar sonuç vermemiştir.**

Yukarı Karabağ sorunu, Ermenistan'ın, uluslar arası hukukun sınırların kuvvet yoluyla değiştirilmezliği ve toprak bütünlüğüne saygı ilkelerini ihlalinden kaynaklanan ve bütün uluslararası toplumu ilgilendiren bir sorundur. Uluslar arası toplumun beklentisi Ermenistan'ın uluslar arası hukukun ihlaline neden olan bu tutumundan vazgeçmesidir. Esasen bu durum AGİT Lizbon Zirvesinde (Aralık 1996'de) dile getirilmiştir. AGİT Lizbon Zirvesinde Yukarı Karabağ sorununun çözümüne ilişkin başkanlık açıklaması 53 ülke tarafından desteklenmiştir.

1996 Lizbon Zirvesi esnasında **Ermenistan dışında,** Azerbaycan dahil tüm taraf devletlerce onay gören **"üç prensip"** kabul edilmiştir. Buna göre;

"Ermenistan'ın ve Azerbaycan'ın toprak bütünlüğünün temini",

"**Karabağ'ın statüsünün tanımı** (Yukarı Karabağ'ın statüsü nün Yukarı Karabağ'a Azerbaycan içinde en yüksek kendi kendini yönetim hakkı verilmesini sağlayacak bir anlaşma çerçevesinde çözümlenmesi ve Yukarı Karabağ'a ve sakinlerine güvenlik garantileri verilmesi olarak belirlenmiş ve bu ilkelerin bütün Niinsk Grubu üyeleri tarafından desteklendiği vurgulanmıştır), **kendi kaderini tayin edebilme (self determination) ve Azerbaycan içinde maksimum kendi kendini yönetme (self rule) sistemi baz alınarak yapılması**" ve

"**Tüm Karabağ ve halkının güvenliğinin sağlanması**" hususları sorunun çözümü için hayati önem arz etmektedir.

Barış görüşmelerinin ilk aşamasında taraflara "**çatışmaların önlen mesi ve statü**" başlıkları altında "**paket çözüm**" önerilmiştir. Ancak özellikle statü konusunun çözümlenmesinde karşılaşılan zorluklar ve Azerbaycan ile Yukarı Karabağ tarafından kabul görmemesi nedeniyle paket çözüm önerisinden vazgeçilmiştir.

1997'de ABD eş başkanlık mekanizmasına dahil edilmiş, "**iki safhalı çözüm**" önerilmiştir. 1997'de AGİT Başkanı eş başkanlık oluşumunu genişletmeye karar vererek, Fransa ve RF'e ek olarak ABD'yi de eş başkanlık mekanizmasına dahil etmiştir. ABD'nin katılımı ile güçlenen eş başkanlık, "**iki safhalı çözüm**" (two stage approach) olarak bilinen girişimi başlatmıştır.

Birinci safha; "Temas bölgelerinin silahlardan arındırılması ve mültecilerin dönüşünü";

İkinci safha; "Karabağ'ın statüsünün belirlenmesini" öngörmek teydi.

Öneriyi her iki taraf da reddetmiştir.

İşgal edilen altı eyaletten işgal kuvvetlerinin çekilmesini ve bu eyaletlerin Azerbaycan'a iadesini içeren bu öneri Azerbaycan ve Ermenistan tarafından kabul edilmiştir. Ancak Yukarı Karabağ yetkilileri tarafından bu öneri reddedilerek **"paket çözüm"** alternatif savunulmaya başlanmıştır[23]. Ter-Petrosyan ile Aliyev'in 1997 yılı sonlarında Yukarı Karabağ sorununun çözümü hususunda uygulanacak iki aşamalı plan üzerinde mutabakata varmaları Ermenistan içinde huzursuzluk yaratmış ve iç siyasi çalkantı Ter-Petrosyan'ın görevinden ayrılmasına kadar varmıştır.

1998'de AGİT eş başkanlarının **"Ortak Devlet"** çözümü girişimi sunulmuştur. AGİT eş-başkanları Kasım 1998'de Baku, Erivan ve Karabağ'ı ziyaret ederek **"Ortak devlet çözümü" (Common State)** olarak bilinen girişimi başlatmışlardır.

Bu girişim;

"Karabağ'ın çok özel bir statüde Azerbaycan'a bağlanmasını" ve

"Görüşmelere Azerbaycan ve Ermenistan ile eşit şartlarda katılmasını" öngörmektedir. Öneri, **toprak bütünlüğünü garantilemediği ve Karabağ'ın resmen devlet olarak tanınmasına neden olacağı gerekçesi** ile **Azerbaycan tarafından** kabul edilmemiştir.

AGİT MİNSK Grubu'nun barış gücü planlamaları da; kaynaklarının zayıf ve bölgede yığınağının olmaması, böyle büyük bir görev için tecrübesinin bulunmaması, ev sahibi ülke desteğinin zayıf ve hava alanı, ulaşım yolları, arazi ve alt yapıdaki noksanlıklar nedeniyle girişimleri sonuçsuz kalmıştır.

Azerbaycan Cumhurbaşkanı Aliyev yaptığı bir konuşmada; Yukarı Karabağ sorununu kısa vadede barış yolu ile çözmek istediklerini; bununla birlikte bu sorunun barış yolu ile çözülememesi halinde savaşarak çözmekten başka çarenin de bulunmadığını, bu sebeple Azerbaycan'ın kuvvetli bir ordu oluşturmak gerektiğini belirtmiştir.

---

[23] Karabağ bilgi notu, özel Kuvvetler K.lığı, Haziran 1999, Özel Şube Müdürlüğü.

Koçaryan'ın iktidara gelmesiyle birlikte Azerbaycan-Ermenistan ilişkilerinde yeni bir gerginlik ortamı ortaya çıkmıştır. Yeni Ermenistan yönetimi Yukarı Karabağ ihtilafının çözümü yönünde iki aşamalı planı reddetmiş ve öncelikli olarak statü sorununun çözümlenmesi gerektiğini öne sürerek, paket çözümü destekl eyeceğini belirtmiştir. Ermenistan ve Yukarı Karabağ Ermenilerinin bu tutumu Minsk Grubu Eşbaşkanlarının bölgede barışın tesisi yönünde atmakta oldukları adımların önünde önemli bir engel teşkil etmiştir.

Azerbaycan, Ermenistan ile şu konuları müzakere etmek istemek tedir:

- Yukarı Karabağ'ın statüsü,

- Yukarı Karabağ dışında işgal edilen toprakların durumu,

- Mültecilerin emniyetli şekilde yurtlarına dönmesi ve güvenliklerinin sağlanması.

Bu konular içerisinde en önemlisinin Yukarı Karabağ'ın statüsü olduğu ve tartışmanın bu konu üzerinde yoğunlaştığı görülmek tedir.

Azerbaycan'da 11 Ekim 1998 tarihinde yapılan Cumhurbaşkanlığı seçimlerinin ardından 8-11 Kasım 1998 tarihleri arasında bölgeyi ziyaret eden Minsk Grubu Eşbaşkan Temsilcileri taraflara Yukarı Karabağ'ın statüsünü de kapsayacak şekilde bir barış planını iletmiştir.

AGİT Minsk Grubu Kasım 1998 tarihinde yaptığı teklifte; Yukarı Karabağ'a en üst düzeyde özerklik verilerek Azerbaycan ile konfederasyon kurulmasını teklif etmiştir. **Ortak Devlet** kavramına dayanan bu teklif, Ermenistan tarafından derhal kabul edilirken; Azerbaycan; **toprak bütünlüğü ve egemenliğini** garanti etmemesi ve bu girişimin ileride Yukarı Karabağ'a bağımsızlık yolu açabileceği düşüncesi ile reddetmiştir.

AGİT Minsk grubunun Yukarı Karabağ için ortaya koyduğu özerklik statüsü;

• Yukarı Karabağ'ın ayrı bir bayrağının olmasını,

• Halen var olan ordusunun devam etmesini,

• Pasaportlarda Yukarı Karabağ'ı simgeleyen ayrı bir işaret, sembol vb. bulunmasını,

• Yukarı Karabağ'ın Ermenistan ile fiili irtibatının devamını sağlayan bir koridor tesis edilmesini ve

• Ermenistan'a garantörlük hakkı tanınması gibi konuları içermekte idi.

2-3 Aralık 1998 tarihleri arasında AGİT Dışişleri Bakanlar Konseyi Oslo'da toplanmıştır. Bu toplantı sonucunda Azerbaycan'ın Eşbaşkan Temsilcilerinin taraflara sunduğu son öneriyi görüşmelere temel olarak kabul etmediği belirtilmiştir.

Son dönemde, soruna bir çözüm bulmak amacıyla iki ülke arasında Devlet Başkanları düzeyinde doğrudan görüşmeler yapılmaktadır. Bu amaçla, Aliyev ve Koçaryan BDT Zirvesi vesilesiyle Moskova da, NATO Zirvesi münasebetiyle Vaşington'da biraraya gelmişlerdir.

Temmuz ve Ağustos aylarında Koçaryan ile Aliyev arasında Cenevre'de görüşmelere devam edilmiştir. Eylül 1999'da iki Cumhurbaşkanı Baltıklar-Karadeniz işbirliği Konferansı vesilesiyle Yalta'da, 11 Ekim 1999 tarihinde Azerbaycan-Ermenistan sınırında bir kasabada, 18 Kasım 1999 tarihinde AGİT Zirvesi vesilesiyle İstanbul'da biraraya gelmişlerdir.

2000-2001 yıllarında da Cumhurbaşkanları arasında 20'ye yakın sayıda yapılan görüşmelere paralel olarak iki ülke Savunma ve Dışişleri Bakanları arasında da görüşmeler sürmüştür. Ancak bunların hiçbirinden olumlu bir sonuç çıkmamıştır.

Azerbaycan ve Ermenistan arasındaki görüşmeler:

Sorunun çözümü amacıyla önce bölge ülkeleri barış girişimlerinde bulunmuş, ancak başarı sağlanamamıştır. Çatışmaların artma ihtimali ve Kafkasya'da bağımsızlıklarını kazanan üç ülkenin de AGİK'e üye olması dolayısıyla sorun Avrupa Güvenlik işbirliği Teşkilatı (AGİT)'nm gündemine girmiştir. Soruna barışçı bir çözüm bulunması amacıyla AGİT çerçevesinde Helsinki Bakanlar Konseyi'nin 24 Mart 1992 tarihli Kararıyla 11 üyeli Minsk Grubu kurulmuştur. Türkiye de bu grubun üyesidir.

Yukarı Karabağ sorunu, Ermenistan'ın, uluslar arası hukukun sınırların kuvvet yoluyla değiştirilmezliği ve toprak bütünlüğüne saygı ilkelerini ihlalinden kaynaklanan ve bütün uluslararası toplumu ilgilendiren bir sorundur. Uluslararası toplumun beklentisi Ermenistan'ın uluslar arası hukukun ihlaline neden olan bu tutumundan vazgeçmesidir. Esasen bu durum AGİT Lizbon Zirvesinde (Aralık 1996) de dile getirilmiştir.

AGİT Lizbon Zirvesinde Yukarı Karabağ sorununun çözümüne ilişkin esasları belirten Başkanlık açıklaması 53 ülke tarafından desteklenirken, Ermenistan kararı reddeden tek ülke olarak yalnız kalmıştır.

Başkanlık açıklamasında çözüme ilişkin esaslar Azerbaycan ve Ermenistan'ın toprak bütünlüğüne saygı, Yukarı Karabağ'ın statüsü nün Yukarı Karabağ'a Azerbaycan içinde en yüksek kendi kendini yönetim hakkı verilmesini sağlayacak bir andlaşma çerçevesinde çözümlenmesi ve Yukarı Karabağ'a ve sakinlerine güvenlik garantileri verilmesi olarak belirlenmiş ve bu ilkelerin bütün Minsk Grubu üyeleri tarafından desteklendiği vurgulanmıştır. Ter-Petrosyan ile Aliyev'in 1997 yılı sonlarında Yukarı Karabağ sorununun çözümü hususunda uygulanacak iki aşamalı plan üzerin de mutabakata varmaları Ermenistan içinde huzursuzluk yaratmış ve iç siyasi çalkantı Ter-Petrosyan'ın görevinden ayrılmasına kadar varmıştır.

Koçaryan'ın iktidara gelmesiyle birlikte Azerbaycan-Ermenistan ilişkilerinde yeni bir gerginlik ortamı ortaya çıkmıştır. Yeni Ermenistan yönetimi Yukarı Karabağ ihtilafının çözümü yönünde iki aşamalı planı reddetmiş ve öncelikli olarak statü sorununun çözümlenmesi gerektiğini öne sürerek, paket çözümü destek leyeceğini belirtmiştir. Ermenistan ve Yukarı Karabağ Ermenilerinin bu tutumu Minsk Grubu Eş başkanlarının bölgede barışın tesisi yönünde atmakta oldukları adımların önünde önemli bir engel teşkil etmiştir.

Her iki ülke Devlet Başkanları 10-11 Eylül 1999 günü beşinci kez **"Baltık-Karadeniz İş Birliği Yalta Konferansında** buluşup;

Ateşkes rejiminin güçlendirilmesi ve, Yukarı Karabağ'ın statüsüne ilişkin görüşmeler yapmışlardır. Konuya ilişkin Azerbaycan basınında; Ağdam, Fizuli, Cebrail, Gubadlı, Zengilen ve Kelbecer'in Ermeni işgalinden çıkarak Azerbaycan'a iade edilmesi, buna karşılık; Susa ve Laçin'in de dahil olduğu Yukarı Karabağ'a Ermenistan'ı tatmin edecek bir statünün verilmesinin öngörüldüğü belirtilmiştir.

Barış görüşmelerinin içeriğinin gizli tutulması ve sadece Devlet Başkanları düzeyinde sınırlı kalmayarak bakanlar seviyesinde de teknik detaylarda devam ettirilmesi ve tarafların karşılıklı tavizlerden söz etmeye başlamaları gibi nedenlerden ötürü, barış sürecinin halihazırda olumlu olarak sonuçlandırılması yönünde iyimser bir hava oluştuğu gözlenmektedir.

Her iki ülke devlet başkanları bugüne kadar **"Ateşkes Rejiminin Güçlendirilmesi"** ve **"Karabağ'ın Statüsü"ne** ilişkin konular hakkında çeşitli görüşmeler yapmışlar; ancak somut bir sonuca ulaşamamışlardır.

Nisan 1999'da Vasington'da yapılan NATO Zirvesi'nden sonra Azeri-Ermeni ikili üst düzey görüşmelerinde önemli bir artış olmuştur. Türk-Ermeni ilişkilerinin de geliştirilmesi açısından;

ABD'nin olumlu girişimlerde bulunduğu görülmektedir. ABD'nin girişimiyle Kafkaslarda güvenlik konularına yönelik Türk-ABD Ortak Çalışma Grubu kurulması gibi faaliyetler yeni bir dönemin başladığını göstermektedir. Bu gelişmelerden istifade ile, Türkiye de Ermenistan ile ilişkilerini düzeltme imkanları aramalıdır. Ermeni Diasporasının kazanılması, Türk-Ermeni ilişkilerinin geliştirilme sine önemli katkılar sağlayacaktır.

Kafkas İstikrar Paktı Girişimi:

İstanbul'da toplanan AGİT Zirvesi esnasında, Azerbaycan Cumhur başkanı Haydar Aliyev ve Cumhurbaşkanı Süleyman Demirel, Güney Kafkasya'da, Balkanlar'daki Güneydoğu Avrupa istikrar Paktı'na benzer bir "Güvenlik Paktı"nın hayata geçirilmesini önermiştir[24]. Ermenistan Cumhurbaşkanı Robert Koçaryan da bu çağrıya katılmıştır. AGİT Zirvesi'ndeki konuşmalarda Gürcistan ve Ermenistan liderleri, Güney Kafkasya'da bir güvenlik paktı oluşturulmasının gerekliliğini vurgulamışlardır[25].

Benzer teklifler AGİT Zirvesi öncesinde Ermenistan Cumhurbaşkanı Koçaryan'ın yaptığı gibi RF Devlet Başkanı Putin ve Gürcistan Devlet Başkanı Şevardnadze tarafından da değişik zemin ve kapsamlarda olmak üzere dile getirilmiştir[26]. Bu tekliflerin her biri bölgede istikrarın sağlanması için bazı tedbirlerin alınmasına yönelik ortak bir girişim yapılmasını kapsamakla beraber katılımcı ülkelere göre yapılanmanın farklı düşünüldüğü değerlendirilmekt edir. Basında yer alan haberlere göre İstanbul AGİT Zirvesinde Azerbaycan tarafından öne sürülen pakt, Ermenistan, Azerbaycan, Gürcistan, Türkiye, RF ve ABD'yi içine almaktadır.

---

[24] Bill Clinton, Eski ABD Başkanı, 03 Mart 2000 tarihinde eski Cumhurbaşkanı Süleyman Demirel'e gönderdiği metnin Türkçeye çevirisi.

[25] Süleyman Demirel, Türkiye, Kafkasya, Balkanlar ve Ortadoğu, Sh. 13, Harp Akademileri Basımevi, Mart 2000.

[26] T.C.AGİT Daimi Temsilciliği, 22 Kasım 2000.

İstanbul Zirvesi'nde Koçaryan, Ermenistan'ın şimdiye kadar izlediği dış politikasından ayrılarak, Aliyev'in AGİT Zirvesi'nde önerdiği ve herhangi bir askeri varlığın (RF birlikleri gibi) Güney Kafkasya'nın dışında bırakılmasını öngören paktı desteklediğini açıklamıştır. Koçaryan'ın bu açıklamaları, Ermenistan Hükümeti tarafından desteklenmemiştir.

Ermenistan Dışişleri Bakanı (DİB) Vartan Oskanyan ise 14 Aralık 1999 günü yaptığı açıklamalarda **"Ermenistan'ın bugüne kadar ABD ve RF arasında dengeli bir politika izlediğini"** belirttikten sonra, **"Ancak RF ve ABD ilişkileri gerginleştikçe, bu denge politikasını terk ederek iki süper güçten birinin yanında yer almak zorunda kalacaklarını'** ifade etmiştir. Oskanyan aynı zamanda, bir **"Bölgesel Güvenlik Sistemi"** arzuladıklarını belirtmiş ve bu konuyu hem Türkiye hem de Gürcistan ve Azerbaycan ile görüşmek istediklerini duyurmuştur.

Cumhurbaşkanı Demirel'in önerdiği "Kafkasya işbirliği Paktı" için ilk girişimler 1995 yılında başlamıştır. Gürcistan Cumhurbaşkanı Eduard Şevardnadze, ülkesindeki iç karışıklığın sona ermesinin ardından bir açıklama yaparak bölge ülkelerinin bir araya gelmelerini sağlamaya çalışmıştır. Bu girişim RF'nun devreye girmesi ve girişimin sulandırılması sonucu başarıya ulaşamamıştır.

İkinci girişim ABD tarafından 1997 yılında yapılmıştır. ABD DİB. Albright, bölge ülkelerinin DİB'larını bir araya getirerek, Kafkaslar için ortak bir hareket sağlamak istemiş, ancak siyasi ortamın müsait olmaması nedeniyle bu plan gerçekleşememiştir.

Üçüncü ve son girişim ise Türkiye-Gürcistan ve Azerbaycan'ın birlikte geliştirdikleri ve Koçaryan tarafından da desteklenen pakt önerisiyle yapılmıştır.

Bölgenin önemli bir sorunu olan Y.Karabağ konusunda, 25 Ocak 2000'de Moskova'da BDT Zirvesinde bir araya gelen Aliyev ve Koçaryan, daha sonra da 27 Ocak 2000'de Davos Zirvesi'nde bir araya gelerek görüşmelere devam etmiştir. Ancak tüm bu girişimlerden sonra bugüne kadar olumlu bir gelişme sağlanama dığı gibi Ağustos 2001'de ABD'deki zirveden de bir sonuç elde edilememiştir. Paktın ABD, İngiltere, Fransa ve RF gibi ülkelerin destek vermeleri durumunda Ermenistan'ın da Yukarı Karabağ sorununun çözümünde daha uzlaşmacı olacağı düşünülmektedir.

Demirel ve Aliyev tarafından AGİT Zirvesi'nde dile getirilen pakt, Güneydoğu Avrupa İstikrar Paktı'na (GDA) benzer bir yapıyı öngörmektedir. Bilindiği gibi GDA İstikrar Paktı, AB dönem başkanı olan Almanya tarafından 08 Nisan 1999 tarihinde önerilmiştir. AB ve AGİT'i ön plana çıkaracak şekilde oluşturulan paktın ana gayesi, AB öncülüğünde ve AGİT gözetiminde bölgede barış, refah, istikrar ve demokrasinin geliştirilmesidir[27].

Ülke ve kuruluşlar, GDA İstikrar Paktı'na katılımcı, kolaylaştırıcı ve gözlemci olarak üç kategoride iştirak etmektedirler. İstikrar Paktı kapsamındaki faaliyetlerin genel koordinasyonunu, AB tarafından atanan ve AGİT tarafından onaylanan "Özel Koordinatör" sağlamaktadır. Dışişleri Bakanları seviyesinde bir bölge masası oluşturulmuştur. Buna bağlı olarak siyasi, ekonomik ve güvenlik olmak üzere üç çalışma masası görev yapmaktadır[28].

GDA İstikrar Paktı daha ziyade siyasi ve ekonomik yönleri ağır basan bir oluşumdur. Bu oluşum kapsamında tesis edilecek güvenlik çalışma grubu organize suçlar, terörizm, çevre kirliliği, göç, adalet ve iç işleri görev sahasına giren faaliyet sahalarında görev yapacaktır.

Cumhurbaşkanı Süleyman Demirel tarafından önerilen paktın, Balkanlar'da Avrupa Birliği'nin "Güneydoğu Avrupa İstikrar Paktı'na benzer şekilde oluşturulabileceği düşünülmekte idi.

---

[27] Zalmay Khalilzad, lan O.Lesser, F.Stephen Larrabe.Türk Batı ilişkilerinin Geleceği, Sn.31, Avrasya Stratejik Araştırmalar Merkezi Yayınları, Ankara 2001.

[28] A.g.e. Sh.31.

Kurulması önerilen pakt, AB içinde olabileceği gibi AGİT bünyesinde de oluşturulabilir. Nitekim AGİT Sonuç Bildirgesi'nde yer alan "Güvenlik İşbirliği Platformu"nda AGİT'in alt bölgesel çalışma gruplarının desteklendiği belirtilmiştir. Burada bazı araç ve mekanizmaların kullanımı ile işbirliğinin daha da geliştirilebileceği vurgulanmaktadır. Bunlar;

• Düzenli iletişim ve toplantılar düzenlenmesi,

•Sürekli diyalog ortamının muhafazası, •Artırılmış şeffaflık ve pratik işbirliği,

•Karşılıklı irtibat subayları gönderilmesi veya temas noktalarının kurulması suretiyle pratik işbirliğinin sağlanması,

•Düzenlenecek toplantılarla karşılıklı temsil ve diğer irtibatlar şeklinde sıralanmaktadır.

Ayrıca kurulması önerilen paktın, Radikal İslamcı girişimlerin bölgeye yayılmaması ve Çeçenistan ile sınırlı kalmasını sağlayabile ceği; Türkiye'nin kuzeybatısında istikrarsız bir bölgenin oluşmasını ve tehdidin bölgeye yayılmasını önleyeceği değerlendirilmektedir.

İran, siyasi nüfuz ve enerji imkanları bakımından bölgede Türkiye için ciddi bir rakip olarak ortaya çıkmaktadır, İran'ın bölgedeki etkisinin azaltılması, Batı ile ilişkilerinin düzelmemesi, fakat Türkiye ile ilişkilerinin iyileştirilmesi suretiyle bölgede tecrit edilmesi sağlanmalıdır. İran'ın Batı ve özellikle ABD ile ilişkilerinin iyileştirilmesi Türkiye'yi ikinci plana itebilecektir. İran'ın bu paktın dışında tutulması, Türkiye'nin çıkarlarına uygun olmakla birlikte, "Asya'da İşbirliği ve Güven Artırıcı önlemler Konferansına (AİGAÖK) Türkiye, İran ve RF'nin tam üye; ABD'nin gözlemci olarak katılması nedeniyle böyle bir pakta da söz konusu ülkelerin katılımının aynı şekilde gerçekleşebileceği değerlendirilmektedir.

Cumhurbaşkanı Demirel'in teklifi 24-25 Ocak 2000 tarihleri arasında Moskova'da yapılan BDT zirvesinden hemen önce açıklanmıştır. Bu özellikle, Moskova toplantısında Putin'in BDT'yi sağlamlaştırmak için yaptığı baskılara direnme bakımından, BDT'den memnun olmayan ve GUUAM'ı kuran devletlere bir güvence niteliğini de taşımaktadır.

Bölgede güçlü olmayan yönetimlerin iş başında olması, bölge ülkelerinin iç karışıklıklar ve ekonomik sıkıntılar yüzünden zayıf olmaları nedeniyle, Güney Kafkasya ülkeleri Batı'ya ulaşamamakta, Kafkasya'nın stratejik derinliği RF'ye doğru kaymaktadır. Bölge ülkelerini batıya yaklaştırmak için AGİT'in bir araç olarak kullanılarak Batı'nın bölgeye getirilmesi gerekmektedir. Bunun içinde "Kafkas İstikrar Paktı'nın kurulması bir vesile olacaktır.

Paktın; AB ve AGİT çerçevesinde yapılması Türkiye'yi, Kafkasya'daki faaliyetlerinden rahatsız olan RF ile karşı karşıya getirmemesi bakımından da önem taşımaktadır.

Pakt, Kafkaslarda güvenlik, insan hakları ve ekonomik konularda bölge ülkeleri arasında işbirliğini geliştirerek barış ortamının sağlanmasına yönelik bir istişare formu şeklinde kurulabilecektir. Bu sayede mevcut gerginlikler durdurulabilecek veya hiç değilse kontrol altına alınabilecektir. Paktın, Güneydoğu Avrupa İstikrar Paktı'nda olduğu gibi AGİT çerçevesinde ve güven artırıcı önlemler rejimi şeklinde yapılanabileceği değerlendirilmektedir. Öneri Türkiye'den geldiğine göre, pakt ile ilgili ayrıntıların da Türkiye tarafından tamamlanması ve açıklanması gerektiği düşünülmek tedir.

Güney Kafkasya İstikrar Paktı'na, AGİT ülkelerine ilave olarak; OECD, NATO, AB, BAB, IMF, Dünya Bankası ve BM gibi kuruluşların temsilci olarak; Orta Asya ve diğer ülkelerin de gözlemci statüsü ile katılmalarının uygun olacağı değerlendiril mektedir.

Yapılanma içinde İstanbul Belgesi'nde yer alan platform anlayışına uygun olarak, AGİT tarafından atanacak bir koordinatör başkanlığında bir "Bölge Masası" kurularak buna bağlı siyasi, ekonomik ve güvenlik olmak üzere üç çalışma grubu oluşturulabileceği düşünülmektedir. Çalışma gruplarının;

• Organize suçları, terörizm, çevre kirliliği, organize suçlarla mücadele başta olmak üzere adalet, iç işleri ve göç konularında çalışmalar yapabileceği,

• Bölgeye yönelik şeffaflık ve güven artırıcı önlemler konularında diyalog ortamını muhafaza ederek ilgili birimlerden sürekli bilgi alış verişinde bulunabileceği,

• Düzenli iletişim ve toplantılar düzenleyebileceği,

• Karşılıklı irtibat subaylarının gönderilmesi veya temas noktalarının kurulması suretiyle pratik işbirliğini sağlayabileceği,

• Düzenli bilgi değişiminin sağlanması için toplantılar düzenleyebileceği,

• AGİT ve diğer organizasyonlar tarafından sağlanacak desteğin belirlenmesi konularında çalışmalar yapabileceği,

• Müşterek proje, eğitim ve operasyonların geliştirilmesi konularındaki faaliyetleri yönetebileceği değerlendirilmektedir.

BEŞİNCİ BÖLÜM

TARAFLARIN BEKLENTİLERİ

Ermenistan'ın Beklentileri:

Ermenistan; Dağlık Karabağ'ın nüfusu itibariyle Ermeni toprağı olduğunu iddia etmekte ve burayı Azerbaycan'ın bir parçası sayan hiçbir uluslar arası öneriyi kabul etmeyeceğini belirtmektedir. Ancak; Türkiye ve Azerbaycan ile bir savaştan çekinerek Karabağ'ın bağımsızlığını tanımamıştır. Bununla birlikte Ermenistan, Kura nehrine kadar uzanan büyük Ermenistan hayalinin ilk aşaması olarak gördüğü bu milli hedefine ulaşmak amacıyla; yukarı Karabağ sorununa uluslar arası bir boyut kazandırmak, konunun BM çerçevesinde ele alınması gerektiğini savunmak ve AGİT kararlarına karşı çıkmak suretiyle, ilk etapta Yukarı Karabağ'ın bağımsız bir devlet olarak tanınması sonucunu doğuracak olan şelf determinas yon konusunu dünya kamuoyuna kabul ettirmeye, sonraki safhada yapılacak bir referandumla da Yukarı Karabağ'ın Ermenistan ile birleşmesini sağlamaya yönelik bir siyaset izlemektedir.

Bugün için Ermenistan bulunduğu bölgede kendini tecrit edilmiş hissetmektedir. Türkiye, Gürcistan, Azerbaycan ile çevrilidir. Sınır arının ötesinde radikal İslam tehdidi vardır. Bir yandan ABD'ye yaklaşırken, bir yandan RF'nun Kafkasya'ya yönelik politikalarında araç olmaktadır. Deniz sınırı yoktur. Güvenli kara ve demiryolu yoktur. Yukarı Karabağ sorunu nedeniyle Türkiye Ermenistan'a ambargo uygulamaktadır.

Ermenistan, ülkemizin doğu bölgelerini de içeren büyük Ermenistan hayali peşinde koşmakta, sözde Ermeni soykırımı iddiası ve Ermeni lobisi aracılığıyla Türkiye aleyhinde bir karalama kampanyası yürütmekte, Türkiye'nin batı ile bütünleşmesini engel lemek yolunda her türlü çabayı göstermekte, PKK terör örgütünü artan bir şekilde desteklemekte, Yukarı Karabağ ile Azerbaycan konusundaki uzlaşmaz tutumunu sürdürmektedir.

Siyasi, askeri ve ekonomik yönlerden RF'ye büyük oranda bağımlı olan bu ülke, İran, Suriye ve Yunanistan ile de yakın ilişkiler içerisindedir. 1996'da Yunanistan ile askeri işbirliği anlaşması imzalayarak, Türkiye etrafında bir Ortodoks çemberi oluşturma tertibine katılmıştır. Ermenistan'ın, Türkiye coğrafyasına bağımlılığını ortadan kaldırmak için Gürcistan ile ilişkilerini geliş tirme gayretinde olduğu da görülmektedir.

Türkiye, bu güne kadar Ermenistan'a uyguladığı ekonomik ambargo ile istenen sonuçlara ulaşamamış olup, Ermenistan'ın ihtiyaçlarını bazı zorluklara rağmen Gürcistan ve İran üzerinden temin ettiği görülmektedir. Ayrıca Türkiye, mevcut uygulama sebebiyle, ekonomik anlamda Ermenistan üzerinde bir güç tesis edememekte ve bu alanı RF, Yunanistan, İran, Almanya ve Fransa gibi devletler kullanmaktadır.

Bu nedenle Türkiye'nin Ermenistan ile ilişkilerinin kontrollü olarak iyileştirilmesinin, ülkemizin Kafkasya politikasını geliştirmesi açısından önemli bir açılım olacağı ve doğuya açılmasındaki bir engelin ortadan kalkabileceği değerlendirilmektedir. Böyle bir durumda, Kafkasya da Rusların son kalesi de çökecek ve Rus askeri varlığı bir sorun olmaktan çıkabilecektir.

Ermenistan dış politikasının, büyük ölçüde Ermeni diasporası (ABD'de bulunan Ermeni Lobisi) tarafından yönlendirildiği bilin mektedir. Bu nedenle Türkiye-Ermenistan ilişkilerinin düzeltil mesinde, ABD'nin önemli katkıları olabileceği düşünülmektedir. Bu noktadan hareketle, Ermenistan'ın Türkiye aleyhine yürüttüğü her türlü faaliyete son vermesi ön şartıyla, öncelikle Azerbaycan-Ermenistan arasındaki anlaşmazlıkların, iki tarafın vereceği tavizler le çözümü yoluna gidilmesi ilk adımı oluşturabilir.

Ortaya konacak çözüm önerileri hususunda ABD'nin Ermenistan'ı ikna etmesi ve Ermeni lobisinin Türkiye aleyhindeki menfi faaliyetlerini önlemeye çalışması, Türkiye'nin ise Azerbaycan'ı Ermenistan ile makul bir zeminde anlaşmaya razı etme konusunda arabuluculuk görevini üstlenmesi önem arz etmektedir. Bu noktada

ABD tarafına "Siz Azerbaycan'a uyguladığınız 907 numaralı ambargoyu kaldırın, biz de Ermenistan sınır kapısını açarak bu ülkeye uyguladığımız ekonomik ambargoyu hafifletelim ve/veya kaldıralım" önerisi getirilebilir. Ermenistan ile ilişkilere başlamak için, hem bir gerekçe olması, hem de Azerbaycan'ın küstürülme mesi ve Türk Cumhuriyetleri nezdinde ülkemizin itibarının muhafaza edilmesi bakımından, ABD'den, Ermenistan'ın Türkiye ile iyi ilişkiler tesis etme yönünde bir açıklama yapması sağlanabilir.

Azerbaycan'ın Beklentileri:

Gerek Ermenistan, gerekse Azerbaycan; milli güç unsurları nedeniyle küçük ülkelerdir. Ekonomileri kötü durumdadır. Ermenistan, gelecekte Azerbaycan'ın petrol geliriyle gelişip, güçlenmesinden çekinmekte, Yukarı Karabağ'da varlığını teminat altına alıp, bu bölgede ticari imkanlar yaratma çabasındadır. Her iki ülke politik açıdan belirsizliklerle doludur. Ermenistan Cumhurbaş kanı Robert Kocharian ülkenin en güçlü adamı değildir. Her iki ülke silahlı kuvvetleri zayıftır. Yeni bir savaş için hazırlık durumları yeterli değildir. Azeri ordusu Türkiye tarafından desteklenmeye çalışırken, Ermenistan BDT kapsamında RF'dan 1 milyar USD.lık askeri malzeme temin etmiştir.

Azerbaycan; Yukarı Karabağ'da Ermeni nüfusunun oluşmasının tarihinin yalnızca 150 yıllık olduğunu, Çarlık Rusya'sının bu topluluğu İran'dan göç etmeye cesaretlendirdiğinden beri bu bölgede Ermenilerin yaşadıklarının ileri sürmekte; Sovyetlerin zoruyla da Karabağ'a özerklik verdiklerini ifade etmektedirler. Azerbaycan, Rusya Federasyonu'nun Yukarı Karabağ'ı Azerbaycan toprağı olarak tanımasını arzu etmektedir[29].

Azerbaycan, Ermenilerin KARABAĞ üzerinde hak iddia etmelerine karşı, 1920'lerde Azerbaycan toprağı iken Ermenistan'a verilen

---

[29] Sinan OĞAN, Hasan KANBOLAT, Stratejik Analiz, Sh.36, Cilt 1 Sayı 10, Avrasya Stratejik Araştırmalar Merkezi Yayınları, Ankara Şubat 2001

Zangezur üzerinde hak iddia etmektedir. Azerbaycan, bölgeyi Ermenistan'ın ilhak etmesini hileli yolla sağlamaya çalışan Dağlık Karabağ Cumhuriyetini yasa dışı ilan etmekte ve Ermenistan'ın bu cumhuriyeti tanımasını savaş sebebi saymaktadır.

Azerbaycan, Karabağ sorunun iç sorunu olduğunu, savaş nedeniyle Ermenistan ile arasında bir sorun haline getirildiğini ifade etmekte ve Karabağ'daki Ermenileri kendi vatandaşı saymaktadır. Karabağ üzerinden egemenliğini azaltacağından dolayı uluslar arası barış gücüne karşıdır ve 1975 tarihli Helsinki Bildirisi'ne atıfta bulunarak "tanınmış sınırların değiştirilemeyeceğini" savunmaktadır.

ABD'nin Beklentileri:

ABD, SSCB'nin dağılmasından sonra, Kafkasya'da yaşanan ve bölgenin güvenliğini tehdit eden istikrarsızlık, Orta Asya Cumhuriyetlerinin siyasal ve ekonomik olarak batı dünyasına kazandırılarak, RF ve/veya Çin etkisine girmelerinin önlenmesi ile Hazar petrollerinin dünya pazarlarına aktarılması gibi esasen kendi ulusal çıkarları gereği bölgeye özel bir önem vermeye başlamıştır.

Soğuk savaş sonrası Avrupa'da yaşanan barış ve ittifaklar ile Avrupa Güvenlik ve Savunma Kimliği-Ortak Dış ve Güvenlik Politikası gibi girişimlerin de etkisiyle, ABD dikkatini ağırlıklı olarak Avrasya ve Orta Asya'ya çevirmiştir. Nitekim ABD eski Dışişleri Bakanı Albright, 1998 yılında yaptığı bir konuşmada, ABD'nin menfaatlerinin Türk Boğazları-Süveyş Kanalı-Bengal Körfezi ve Hazar Denizi ile çevrili bölgede olduğunu açıklamıştır.

ABD'nin Kafkasya ve Orta Asya'daki menfaatleri

Stratejik Engellemeyi[30] kırmak, RF'yi Avrupa'dan sonra Orta Doğu ve Kafkasya'dan da çıkarmak ve bölgede yeniden nüfuz kurmasını önlemek, bu bağlamda bölgede kurulan yeni devletlerin egemenlik

---

[30] Stratejik Engelleme; Batının Avrasya ve Orta Asya'ya girmesini engellemeye yönelik Iran, RF ve Çin arasındaki işbirliğidir.

ve bağımsızlıklarını desteklemek, bu ülkelere batı modeli demok ratik rejimleri yerleştirmek

-Kitle imha silahlarının arz ettiği tehdidi azaltmak ve ABD ile müttefiklerine yapılacak bir saldırıyı önlemek,

-ABD şirketlerinin bölgedeki çıkarlarını korumak ve bunlara yeni iş sahaları açmak,

-Gelecekte Orta Doğu petrollerine olacak bağımlılığı azaltmak maksadıyla, Kafkasya ve Orta Asya petrol ve doğal gazının emniyetle batı dünyasına akışını sağlamak,

-Dünya hakimiyetini devam ettirmek için, stratejik öneme sahip bu coğrafyada etkinliğini devam ettirerek ekonomik fayda sağlamaktadır.

ABD, Kafkasya, Orta Asya ve Orta Doğu'daki stratejik çıkarlarını petrol kaynakları ile bu kaynakların bulunduğu ülkelerin güvenliğini sağlamaya ve bir anlamda da İsrail'in bölgedeki varlığını pekiştirici faaliyetlere endekslemiş durumdadır. ABD, öteden beri Kafkaslar ve Orta Asya bölgelerinde de etkinliğini artırma gayreti içerisinde olup bölge ülkelerine Türkiye üzerinden açılım yapabileceğine inanmaktadır.

ABD, içinde bulunulan aşamada bölgeye ilişkin menfaatleri RF'nun Kafkasya'dan tecrit edilmesi, petrol ve doğal gaz kaynakların uluslar arası sistemin kontrolünde emniyetle batı terminal noktalarına ulaştırılması, Kafkasya'da istikrar ve bu bölgede çıkarları korunan bir Ermenistan Devleti oluşması olarak söylenebilir.

ABD'nin bu dönemde Azerbaycan ile daha yakın bir ilişki içinde olmak istediğinin işaretleri mevcuttur. ABD, Azeri petrollerinde yüzde 36 ile en yüksek paya sahip bulunmaktadır. ABD'nin Ermenistan'la ticaret ilişkilerini yeniden başlatana kadar Azerbaycan üzerine koymuş olduğu yardımların durdurulmasıyla ilgili haksız ambargonun kaldırılması için çalışılmaktadır. ABD; Rusya ve Fransa ile beraber Azeri-Ermeni ihtilafı üzerinde çalışan AGİT Minsk Grubunun eşbaşkanlığını almış bulunmaktadır. ABD'nin YK sorunundaki tutumu Ermenistan tezlerine yakın bulunmaktadır[31].

Görüldüğü üzere; ABD tarafından Ermenistan'ın korunması ve çıkarlarının öne çıkarılması dışında Türkiye ve ABD'nin bölgeye ilişkin çıkarları çakışmaktadır.

ABD'nin Ermenistan'a destek için de olsa, Kafkasya'ya doğrudan müdahil olmasının, bölge dengeleri açısından önemli olduğu düşünülmektedir. ABD tarafından hızlandırılan Ermeni-Azeri görüşmelerinin; böyle bir anlaşmaya mani olması ihtimal dahilinde olan RF göz önüne alındığında, kabul edilebilir bir çözüme ulaşılmasının amaçlandığı görülmektedir.

Avrasya'ya yönelik politikaların üretilmesi ve uygulanmasında Türkiye, ABD için bilinmeyen bir ortamda yol gösterecek bir rehber, kilitli kapıları açacak bir anahtardır. ABD ise Türkiye için, Kafkasya ve Orta Asya politikalarının uygulanmasını kolaylaştıran bir süper güçtür.

Bu destek, bir süreden beri telaffuz edilmekle birlikte tam olarak hayata geçirilememiş olan Stratejik işbirliği veya Geliştirilmiş işbirliği politikalarına da yardımcı olacak ve Türkiye'nin ABD ile birlikte bölgede inisiyatif almasına imkan sağlayacaktır.

Güneydoğu Avrupa Çok Uluslu Barış Gücü, Karadeniz Çok Uluslu Görev Grubu, İsrail ve Ürdün ilişkileri ile BİO Eğitim Merkezi gibi projelerin çok kısa bir sürede hayata geçirilmesi, Türkiye'nin bu konulardaki becerisini ve bölgemizdeki saygınlığını göstermekten öte, politika üretme ve uygulamadaki yeteneğini de ortaya

---

[31] Kafkasya Politikamız ve Bölge ülkeleri ile ilişkilerimiz, Nezihi

koymuştur. Bu durumun, Türkiye ile Orta Doğu ve Balkanlarda müşterek hareket eden ABD'yi Kafkasya ve Orta Asya'da da aynı uygulamaya yönelttiği değerlendirilmektedir.

RF'nin Beklentileri:

Kafkaslar bölgesi, gerek jeo-stratejik konumu ve bölgenin etnik çeşitliliğinin yarattığı tarihsel husumetler, gerekse çevre ülkelerin kendi çıkarları doğrultusunda bölgede hegemonya kurma çabaları dolayısıyla, bölge ve dünya barışı açısından hassas bir bölgedir.

Bölgedeki sorunların parametrelerinin bir ucunda etnik çatışmalar ve Çarlık Rusyası ve Sovyetler Birliği dönemi boyunca bilinçli olarak yürütülen "Böl-Parçala-Hükmet" stratejisinden kaynaklanan toprak sorunları varsa, diğer uçunda da bölgenin 21. Yüzyıl için en önemli enerji kaynaklarının paylaşımı meselesi vardır.

YK sorununun çözümüne asıl engel RF'den gelmektedir. RF, ihtilafa Ermenilere daha müzahir olarak yaklaşmakta, legal ve illegal silah yardımında bulunmakta ve Azeri tarafı üzerine, eski Rus üslerinin yeniden açılması hususunda baskılar yöneltmektedir. Bu genel tablo içinde RF, yaşadığı ekonomik güçlükler ve istikrarsızlıklara rağmen, eski SSCB'nin etkinliğini kazanmaya ve yeniden bölge üzerinde hegemonya kurmaya yönelik kararlılığını sürdürmektedir.

Bu bağlamda, eski SSCB ülkelerini "Yakın Çevre" olarak nitelen diren **RF'nin, yakın çevre politikasıyla,**

* -Yeni bağımsız ülkeler üzerindeki etkinliğini sürdürmeye ve pekiştirmeye,

* -Bu ülkelerdeki askeri varlığını hukuki bir zemine oturtmaya,

---

ÇAKAR, Kasım 2000, Cumhurbaşkanlığı.

• -Kendisine olan ekonomik ve askeri bağımlılığı devam ettirmeye,

• -Bu ülkelerin batı sermayesi ve teknolojisi ile, değerlen dirilme aşamasına gelmiş olan doğal kaynaklarından mümkün olan en büyük payı almaya çalıştığı bilinmektedir.

RF'nin belirtilen "Yakın Çevre" politikası, Kafkaslarda meydana gelen gelişmelerin altında yatan gerçeklerin değerlendirilebilmesine ışık tutmaktadır.

Ermenistan'ın Bağımsız Devletler Topluluğu Ortak Savunma Sisteminden çıkması, RF'nin Güney Kafkasya'daki etkisinin fiilen sona erdiği anlamına gelecektir.

RF'nin, yapmış olduğu ikili güvenlik ve askeri anlaşmalarla, Gürcistan ve Ermenistan'da, barış gücü, sınır koruma birlikleri ve muharip kuvvetleri ihtiva edecek şekilde toplam 1000 zırhlı muhabere aracı, 210 tank ve 20-25.000 personelden oluşan kuvvet yapısı, Türkiye'nin güvenliği yönünden endişeler yaratmaktadır.

Toprakları üzerinde RF birlikleri bulunmayan BDT üyesi tek ülke özelliğine sahip Azerbaycan, aynı zamanda Türkiye'nin Kafkaslar ve OATC'lerine yönelik politikalarının başarısı için kilit ülke durumundadır.

Buna karşılık, Azerbaycan'da kendi çıkarlarını gözeten bir yönetimi göreve getirme arayışları içinde olan RF ise, burada da diğer bölge ülkelerinde olduğu gibi Rus birliklerinin konuşlandırılması, Azeri petrolleri üzerindeki payının artırılması ve çıkarılacak petrolün uluslar arası piyasalara ulaştırılmasında söz sahibi olunması yönündeki çabalarını sürdürmektedir.

RF, yapmış olduğu ikili güvenlik ve askeri anlaşmalarla, Gürcistan ve Ermenistan'da, barış gücü, sınır koruma birlikleri ve muharip kuvvetler bulundurmakta, Ermenistan'a silah sevkıyatına devam etmekte ve buna ilave olarak Azerbaycan'ı RF'ye müzahir hale getirme yönünde çaba sarf etmektedir. Ayrıca AKKA kanat tavanlarından tamamen kurtulmak maksadıyla girişimlerde bulunmaktadır.

RF, Hazar petrollerini dünya pazarlarına ulaştıracak güzergah konusunda Türkiye'yi devre dışı bırakmaya yönelik olarak, Balkanlar ve Basra körfezi alternatiflerini de ortaya atarak Türkiye'ye karşı bölge ülkelerini yanına almaya çalışmaktadır. Hazar petrollerinin ana hat olarak Novorossisk'e akmasını istemekte ve Bakü-Ceyhan hattını, RF'nin bölgedeki nüfuzu ve ekonomik bakımdan bir tehdit olarak görmektedir.

RF, bu emelleri doğrultusunda, Yukarı Karabağ uyuşmazlığında çoğunlukla Ermeni yanlısı politikalarla Azerbaycan üzerindeki baskısını artırmaya çalışmaktadır.

Y.Karabağ sorunu ve halen Azerbaycan'ın % 20'sinden fazlasının Ermeni işgali altında bulunması ve 1.5 milyona yakın Azeri'nin kendi topraklarında mülteci durumuna düşmesi, bölge barışını menfi yönde etkileyen en önemli husus olması yanında; Türkiye'nin bölge ülkeleri ile geliştirmeye çalıştığı siyasi ve ekonomik ilişkileri de menfi yönde etkilemektedir.RF'nun halen içinde bulunduğu ekonomik, siyasi ve sosyal problemlere ilave olarak Çeçenistan batağına saplanmış bulunması ve bu nedenle de dünya kamuoyunun eleştirilerine hedef olması, silahlı kuvvetlerinin devlet politikasını uygulayabilir etkili bir güç olma vasfını kaybetmiş bulunması, RF tarafının konuya eskisi kadar müdahil olamamasına yol açmaktadır.

İran'ın Beklentileri :

İran, Orta Asya Cumhuriyetlerinde nüfuz alanını genişletmeye yönelik yoğun gayretler içerisindedir. Bu çerçevede özellikle Azerbaycan ve Kazakistan petrolleri ve Türkmenistan doğal gazının İran üzerinden körfez yoluyla dış dünyaya pazarlanması konusun da girişimlerde bulunmaktadır.

İran, Azerbaycan'a karşı Rusya ve Ermenistan ile iyi ilişkiler içindedir. Karabağ sorununun çözümünde samimi olmayan bir politika sergilemekte olan İran, Azerbaycan'ın güçlenmesini, ülkesindeki 20 milyon Azeri kökenli nüfus nedeniyle kendi çıkarlarına aykırı gördüğünden, Ermenistan'ı desteklemektedir.

Bu arada İran'ın şimdiye kadar PKK terör örgütüne verdiği destek de unutulmamalıdır. Azerbaycan da, Hazar petrolleri için kurulan uluslar arası konsorsiyuma İran'ın etkin katılımını reddetmiş bulunmaktadır. Bu arada, İran tarafından Azerbaycan'a yönelik Şii propagandası ve radikal dini hareketler dikkat çekmektedir. Azerbaycan ile din alanındaki iş birliği, özellikle ülkenin Şiî yapısını kendi yörüngesine çekmek için kullanmak isteyen İran faktörü göz önüne alınmak suretiyle yürütülmelidir.

Türkiye'nin Beklentileri:

Bağımsız, ekonomik ve siyasi istikrara sahip ve kendi aralarında barış ve işbirliği içinde yaşayan ve Batı değerlerini benimsemiş Kafkasya ve Orta Asya devletlerinin varlığı ve bu ülkelere bu yönde sağlanacak siyasi ve ekonomik destek, Türkiye'nin bölgeye yönelik politikasının temel unsurlarını oluşturmaktadır. Bu bölge ile varolan tarihi ve kültürel bağlarımız ilişkilerimizin özel bir boyutunu oluşturmaktadır.

Azerbaycan, Türk dış politikasında özel ve öncelikli bir yere sahiptir. Türkiye, Azerbaycan'ın bağımsızlığını pekiştirme, demok rasisini güçlendirme ve reform sürecine katkıda bulunmaya ve bu ülkenin kalkınma çabalarına verdiği desteği sürdürmeye kararlıdır. İki ülke arasında derin ve kuvvetli bağlardan kaynaklanan geleneksel bir dostluk mevcut bulunmaktadır, ilişkilerin temelinde iki ülkenin kardeşliği başta olmak üzere, birbirlerinin bağımsızlıklarına saygı, iç işlerine karışmama, her düzeyde dayanışma ve ortak çıkarlar gibi ilkeler bulunmaktadır. Mevcut zengin tabiî kaynakları nedeniyle Azerbaycan'ın yakında dünya sahnesinde lâyık olduğu konuma geleceğine inanılmaktadır.

Azerbaycan, sahip olduğu doğal enerji kaynaklarının dünyaya ulaştırılmasında Doğu-Batı koridorundan yana tercihini kullanmak tadır. İstanbul'daki AGİT[32] Zirvesi sırasında imzalanan Bakû-Tiflis-Ceyhan Petrol Boru Hattı ve Hazar Geçişli Doğal Gaz Boru Hattı Anlaşmaları, Türkiye ile Azerbaycan arasında petrol ve doğal gaz alanındaki iş birliğini daha da artıran gelişmeler olmuştur. Azerî petrollerinin işletilmesi için kurulan konsorsiyumda Türkiye %6.75'lik bir paya sahiptir.

Azerbaycan ilgili ilişkilerimizde en önemli alanlardan birini ticaret ve ekonomi teşkil etmektedir. Türkiye'nin Azerbaycan'daki yatırımları 1 milyar $'ı aşmıştır.

Türk mallarının Azerbaycan ve Orta Asya'da kısa ve orta vadede rekabeti sürdürebilmesi için Kars-Batum-Tiflis-Bakû demir yolu hattının öncelikle işler hâle getirilmesi önem arzetmektedir.

Ermenistan'ın Azerbaycan toprağı olan Karabağ'ı işgal etmesinin yarattığı gerginlik devam etmekte olup; Türkiye, bu anlaşmazlıkta Azerbaycan yanında yer alarak taraf durumuna gelmiştir. Türkiye'nin Ermenistan ile ilişkilerini geliştirmesi ve Rusya Federasyonu (RF)'nin Güney Kafkasya'dan tecrit edilmesi milli menfaatidir. Ancak, bu yapılırken Türk dünyasının menfaatlerinin kollanması ve Ermenilerle bir yakınlaşmanın yaratabileceği hassasiyet ve kırgınlığın dikkate alınması hayati önem arz etmektedir. Ayrıca Türkiye'nin RF'yi karşısına alarak Kafkasya ve Orta Asya'ya yönelik politikalarda başarı kazanması beklenmemek tedir. Bu kapsamda;

- ABD'nin de müdahil olmasının sağlanması ile Ermenistan'ın RF nüfuz alanından çıkarılması, bu sayede manevra alanının sınırlandırılması,

---

[32] Kasım 1999 AGİT İstanbul Zirvesi.

• Ermenistan'ın her sahada manevra kabiliyetinin sınırlandırılması, İran ile ilişkileri bozularak ekonomik bakımdan Türkiye'ye bağımlı hale getirilmesi,

• Ermenistan ile iyi ilişkiler tesisi ile Türkiye'nin Ermenistan ve Kafkasya bölgesi üzerindeki nüfuzunun artırılması, Kafkasya'nın istikrarlı ve Türkiye'ye açık bir bölge haline getirilmesi,

• Nahçıvan'ın Azerbaycan ile bütünleşmesini sağlayacak koşulların oluşturulması,

• Türkiye'nin, Türk Dünyası ile irtibatının sağlanması için halen Ermeni işgali altında bulunan Yukarı Karabağ güneyindeki toprakların Azerbaycan'a geri verilmesi gerekmektedir.

Türkiye ile tarihten gelen sorunları olan, ABD ve Batı'nın sempati duyduğu, Diaspora'nın destek ve yönlendirmesi ile yönetilen Ermenistan ile Türkiye'nin ilişkilerinin geliştirilmesi milli menfaatler açısından büyük önem arz etmektedir. Aksi durumda Kuzey doğunun da yeni bir İsrail veya yeni bir Kıbrıs benzeri sorunla karşı karşıya kalınması beklenmektedir.

Türkiye bugüne kadar Ermenistan'a uyguladığı ekonomik ambargo ile istenen sonuca ulaşamamıştır. Mevcut durumda Türkiye'nin Ermenistan'a uyguladığı ambargo, Türkiye'nin aleyhine durum yaratmaktadır. Zira Ermenistan ihtiyaç duyduğu malzemeyi İran ve Gürcistan üzerinden temin etmektedir.

Nisan 1999'da Vaington'da yapılan NATO Zirvesi'nden sonra Azeri-Ermeni ikili üst düzey görüşmelerinde önemli bir artış olmuştur. Türk-Ermeni ilişkilerinin de geliştirilmesi açısından; ABD'nin olumlu girişimlerde bulunduğu görülmektedir. ABD'nin girişimiyle Kafkaslarda güvenlik konularına yönelik

Türk-ABD Ortak Çalışma Grubu kurulması gibi faaliyetler yeni bir dönemin başladığını göstermektedir. Bu gelişmelerden istifade ile, Türkiye de Ermenistan ile ilişkilerini düzeltme imkanları

aramalıdır. Ermeni Diasporası'nın kazanılması, Türk-Ermeni ilişki
lerinin geliştirilmesine önemli katkılar sağlayacaktır

Ermenistan'ın daima Türkiye'ye ekonomik olarak bağımlı olması
sağlanmalıdır. Sunulacak çözüm önerilerinde Ermenistan'ın
ekonomik açıdan ihtiyaç duyduğu, Diaspora'nın red edemeyeceği
ve Azerbaycan'ın da karşı çıkamayacağı hususların yer almasının
Türkiye'nin beklentilerinin gerçekleşmesine yardımcı olacağı
düşünülmektedir.

RF'nin Kafkaslardaki etkisinin kaybolması Ermenistan'ın, ABD'nin
güdümüne girmesine yol açabilecektir. Ermenistan'ın ABD ile
yakınlaşması, Kafkaslarda İsrail benzeri bir görev üstlenmesi
sonucunu doğurabilecektir. Bu nedenle Ermenistan'ın RF ile
ilişkilerini tamamen kesmesinin, Türkiye'nin çıkarlarının aleyhine
bir durum yaratacağı düşünülmektedir.

Azerbaycan ile Ermenistan ilişkilerinin düzelmesi, Azerbaycan'ın
Türkiye'ye olan bağımlılığını azaltacaktır. Bu nedenle uygulanacak
politikalarda bu husus göz önünde bulundurulmalıdır.

Yukarı Karabağ sorununun çözüme kavuşturulması hiç şüphesiz
ülkemizin Kafkasya'ya yönelik politikasına da yeni olanaklar
sağlayacaktır. Özellikle Ermenistan ile ilişkilerimiz Azerbaycan'ın
ipoteğinden kurtarılabilecek, petrol boru hatları projelerimizin
gerçekleştirilmesi ve finansmanı için yeni imkanlar doğabilecek ve
mevcut sorunun mevcudiyetinden fayda sağlayan İran'ın Kafkasya
bölgesindeki etki alanı sınırlandırılabilecektir.

Yeni süreçte; ABD'nin de girişimiyle Ermeni ve Azeri Devlet
Başkanlarının öncelikle anlaşabilecekleri ve iç politikada tepki
çekmeyecek konular olarak;

- İnsani yardım konuları,

- Güven artırıcı önlemler,

• Mültecilerin yurtlarına geri dönebilmesi yeniden yerleştirme, inşaat harcamaları,

• Harp esirlerinin değişimi,

• Ortaya çıkabilecek fırsatlardan istifadeye yönelik konularda çalıştıkları görülmektedir,

Görüşmelerin başarısı ve devamı için;

• Her iki taraf kamuoyuna bu gelişmelerin kendi liderleri tarafından anlatılması,

• Kamuoylarının, iki ülke arasında ulaşılan yumuşamanın kendi yararlarına olduğu yolunda ikna edilmeleri,

• Türkiye'nin Ermenistan'a yönelik bazı girişimlerinin de (Kapıların açılması gibi) desteklendiği ve bunların Azerbaycan'ın ve Azeri halkının iyiliği için yapıldığının bizzat Aliyev tarafından açıklanması önem arz etmektedir.

ALTINCI BÖLÜM

Y UKARI KARABAĞ SORUNU ÇÖZÜMÜNÜN

TÜRKİYE'NİN BÖLGEDEKİ MİLLİ MENFAATLERİ VE MİLLİ HEDEFLERİ AÇISINDAN DEĞERLENDİRİLMESİ

Tarihteki ilk bağımsız Türk Cumhuriyetini kuran ve 72 yıl sonra 30 Ağustos 1991 tarihinde tekrar bu bağımsızlığını ilan eden Azerbaycan Türkleri ve Azerbaycan bugün çok ciddi sorunlarla karşı karşıya bulunmaktadır. Bu sorunların başında da Yukarı Karabağ gelmektedir. Sahip olduğu konum itibariyle, sadece bölgedeki ülkelerin değil, bölge dışı ülkelerin de ihtiraslarının çarpıştığı Azerbaycan'ın Yukarı Karabağ sorunu bütün Türk dünyasının geleceğini etkileyebilecek niteliktedir.

Karabağ'da Azerbaycan'ın sürdürdüğü mücadele sadece Ermenistan'a ve Ermenilere karşı değil, onların arkasındaki Rusya Federasyonu, İran ve Batılı ülkelere karşı verilmektedir. Söz konusu uluslar arası bu politikayı tarihsel bir olayın ışığı altında vurgula makta fayda vardır.

İngiltere Dışişleri Bakanı Lord Curzon, San Remo Konferansında şunları söylüyordu : "Yeni bir Panislamizm veya Panturanizm akımı ortaya çıkabilir. Bu ihtimali düşünene Londra Konferansı dünya barışının devamı bakımından Anadolu Türkleri ile daha doğudakiler arasında, Hristiyan bir toplumdan oluşan bir set çekmenin şayanı arzu olduğunu düşünmüştür; bu da Ermeni Devleti olacaktır..." Dolayısıyla Türk Dünyasına karşı müca dele eden her devlet bu politika içinde yer almaktadır.

Türkiye'nin Bölgeye Yönelik Milli Menfaatleri:

Kafkaslar, bağımsız Türk Cumhuriyetleri ile Türkiye arasında jeostratejik bir geçit, hatta köprü durumundadır. Batı bölgeye daha çok ekonomik olarak yaklaşmakta; Türkiye ise tarihsel, sosyal ve kültürel bağlarla bağlı bulunduğu Kafkaslar bölgesine duygusal olduğu kadar, ülkenin doğuya açılan penceresi olarak bakmakta ve bölgeyi coğrafi, etnik, kültürel ve dini kimlik açısından kendisine yakın; ekonomik işbirliği imkanları ve zengin doğal kaynakları bakımından önemli bir ilgi alanı olarak görmekte ve bölge ülkeleri ile ilişkilere büyük önem vermektedir.

Bölgeyi nüfuz sahası olarak gören RF ile mevcut siyasi, idari, sosyo-kültürel ve ekonomik bütün sorunlarına rağmen; askeri gücü, siyasi emelleri, zengin doğal kaynaklarla beslenen ekonomisi ve kültürel yapısı ile Türkiye için potansiyel bir tehdit oluşturmaktadır.

SSCB'nin dağılmasından sonra yeni Türk Cumhuriyetlerinin kurul ması ve Kafkasya'da iç çatışmaların yaşanması ile Türkiye'nin Kafkaslar ve Orta Asya'ya yönelik milli menfaatleri ve hedefleri yeni bir şekil almıştır. Bunları şu şekilde sıralamak mümkündür;

• **Kafkasya'ya, Türkiye ile RF arasında tampon bir bölge statüsü kazandırılması.**

• **RF'nin bölge üzerindeki nüfuzunun azaltılması ve Ermenistan'ın Türkiye aleyhindeki manevra kabiliyetini sınırlayıcı politikaların izlenmesi.**

• **Azerbaycan'ın tam bağımsız, Yukarı Karabağ dahil tüm sorunlarını çözümlemiş ve Nahcıvan ile iletişimini sağlamış bir Türk devleti haline gelmesi.**

• **Petrol ve doğal gaz boru hatlarının Türkiye üzerinden en uygun koşullarda, kesintisiz akışının sağlanması.**

• **Kafkasya ve Orta Asya Türk Cumhuriyetleri ile sosyo-kültürel ve ekonomik ilişkilerin geliştirilerek Türkiye'nin bölgede etkin bir güç haline gelmesi.**

• **Öncelikle Gürcistan, Ermenistan ve diğer Kafkasya toplulukları ile dostluk sürecinin ve barışın tesis edilmesi.**

Yukarı Karabağ Sorununun Muhtemel Bir Çözümünün Türkiye'nin Milli Menfaatleri Açısından Değerlendirilmesi :

Türkiye'nin uzun vadeli çıkarı, Orta Asya'ya açılan kapısı niteliği ndeki Kafkasya'da tüm ülkelerle iyi ilişkiler içinde olmak ve böylece bölgede istikrarın tekrar tesis edilmesine katkı sağlamaktır. Kafkasya'da kalıcı barış ve istikrarın tesisi Türkiye'nin dışpolitika öncelikleri arasındadır. Bu anlayışla Türkiye; Azerbaycan ve Gürcistan'la birlikte Ermenistan'ı ayırım gözetmeksizin aynı tarihte tanımıştır. Türkiye'nin Orta Asya'ya kesintisiz açılabilmesi, Kafkas larda barış ve istikrarın tesisine bağlıdır.

Türkiye'nin Kafkasya'ya yönelik politikasının temel hedeflerini, bölge ülkeleri arasında bağımsızlığı, toprak bütünlüğüne ve iç işlerine karışmama ilkesine saygılı, eşitlik ve iyi komşuluk esas larına dayanan dostane ilişkiler kurulması ve bu dostça ilişkilerin ortak çıkarlara hizmet eden çok taraflı bir işbirliğine dönüştürülmesi teşkil etmektedir.

Kafkasya'nın başta etnik dokusu olmak üzere siyasal, sosyal ve kültürel yapısı incelendiğinde, bu politikanın bölge gerçeklerine de uygun düştüğü gözlenmektedir.

Tarihi tecrübeler, bölge ülkeleri arasında güçlenen ilişkilerin, gide rek çok taraflı bir işbirliğine de imkan tanıdığını; böylelikle gelişen ilişki ve işbirliği çerçevelerinin, ilgili ülkeler arasında mevcut veya muhtemel sorunların çözülmelerini, ya da hiç değilse arka plana itilerek zaman içinde eritilmelerini mümkün kıldığını kanıtlamıştır.

Sadece işbirliği ve karşılıklı bağımlılığın artırılması ve ortak menfaat lerin doğru teşhis edilip, çağdaş bir refah düzeyine doğru elbirliğiyle hareket edilmesi, mevcut sorunların ortadan kaldırılmasın sağlaya bilecektir. Türkiye bölgedeki ihtilafların giderilmesi konusunda başlangıçtan itibaren her türlü çabayı göstermektedir. Burada önemli olan, ihtilafların ve düşmanlıkların ebedi olmayacağının iyi anlaşılmasıdır

Kafkasya'da Azerbaycan ile Ermenistan arasında yaşanan ihtilaflar, Türkiye'yi doğrudan ilgilendirmektedir Çünkü Kafkasya, Türkiye'nin Orta Asya'ya geçiş yoludur. Bu yol bugün yaşanmakta olan ihtilaflar nedeniyle kapalı durumdadır. Yaşanan her krizde doğabilecek nüfus hareketleri, akrabalık bağları nedeniyle Türkiye'yi bir cazibe noktası haline getirmekte ve potansiyel bir tehlike arzetmektedir.

Azerbaycan-Ermenistan ihtilafı geniş bir perspektifte değerlendiril diğinde, Türkiye'nin Ermenistan ile kurabileceği ilişkiler açısından handikaplar doğurmaktadır. Türkiye önyargısız bir şekilde Ermenistan ile ilişkilerini geliştirmek arzusundadır. Ancak, Ermenistan'ın "sözde soykırım" politikasına angaje olması ve Azeri topraklarındaki işgalini sürdürmesi, bu konuda yapabileceğimiz açılımların oldukça sınırlı kalmasına neden olmaktadır.

Gerek Karadeniz Ekonomik İşbirliği çerçevesinde, gerek Kafkasya boyutunda ülkeler arasındaki işbirliğinin, ticaretin, mal, insan ve sermaya hareketlerinin bölgede ortak refaha ulaşılmasında ve barış ve istikrarın yerleştirilmesinde önemli rolü olacaktır. Bunun gerçekleştirilebilmesi, öncelikle uluslar arası hukuk ve meşruiyet dışı hareketlere son verilmesi ile mümkündür.

Kafkasya'da uluslar arası hukukun ve meşruiyetin tesis edilememiş olması, Rusya'nın bu bölgeye yönelik hegamonik eğilimlerini sürdürmesine de neden olmaktadır. Bu bölge Avrupa'nın bir parçasıdır. Dolayısıyla, bu bölgenin güvenliğinin sağlanması ve Kafkasya'da barışın, Rusya'dan önce Avrupa'nın ortak bir sorunu olması gerekir. Bu arada İran'ın bölge üzerindeki ağırlığı ve coğrafyasının kendisine sağladığı avantajlar da bölgenin hassas stratejik konumunun daha iyi anlaşılması için gözönünde tutulması gereken bir unsurdur.

Türkiye'nin Orta Asya Cumhuriyetleri ile bir doğu-batı ekseni oluşturma gayretlerine karşılık Rusya- İran-Ermenistan'nın bir kuzey-güney koridoru oluşturma gayretleri göze çarpmaktadır.

Türkiye, bölgenin istikrarı açısından RF-İran-Ermenistan ve Iran-Ermenistan-Yunanistan gibi eksenlerin oluşmasını olumlu kabul etmemektedir. Türkiye'nin Kafkaslarla ilgilenmesinin eskiyi ihya amacıyla irtibatlandırılması hem yersiz, hem de gerçek dışıdır. Türkiye'nin bu bölge ile ilgilenmesi, etrafındaki barış ve istikrar arayışlarının bir sonucudur.

Bölge ülkelerinin geniş insan ve doğal kaynaklarıyla birlikte dünya ekonomisiyle bütünleşme sürecinin tamamlanması, bu bölgenin bir an önce barış ve huzura kavuşmasıyla ve bölge halklarının birbir leriyle karşılıklı işbirliğine girmeleriyle mümkün olabilecektir.

Kafkasya'da barış ve istikrar, bu çok uluslu, çok kültürlü, çok dinli bölgede farklı uygarlıkların çatışma yerine işbirliği içinde birlikte yaşayabilmelerinin gerçekleşmesi açısından gerekli görülmektedir.

Hazar enerji projeleri, Avrupa Koridoru, İpek Yolu'nun canlan dırılması vb. Projelerin hayata geçirilebilmesi için, Kafkas ya'da istikrarın tesisi öncelikli koşuldur. Kafkasya'nın barış ve istikrara kavuşması ve bu bölgede ortak refaha ulaşılması, başta Rusya olmak üzere tüm bölge ülkelerinin menfaatinedir. NATO, üç güney Kafkasya ülkesinin ittifak ile daha sıkı bağlar geliştirmesin den yana bulunmaktadır.

Azeri-Ermeni ihtilafı, Kafkaslar'daki duyarlı dengeleri tehdit eden niteliğini korumaktadır. Yukarı Karabağ sorununun çözüme kavuşturulmadan sürüp gitmesinin ilgili bütün ülkeler üzerinde yansımaları olmaktadır. Azeri-Ermeni sorunu halledilmedikçe, bu coğrafyada kalıcı ve adil bir barıştan söz edilemeyeceği açıktır. Türkiye, Kafkaslarda herkesin haklarının korunduğu bir barıştan yana bulunmaktadır.

YK Ermenilerinin ekonomik durumu kötüdür. Bölgenin dış dünya ile yegane irtibatı Laçin Koridoru üzerinden Ermenistan iledir. Bu yolun finansmanı da ABD'de yaşayan iki milyonluk Ermeni Diasporası tarafından gerçekleştirilmiştir.

YK sorununa henüz bir çözüm getirilememiş olması, bölgede barış, istikrar, güvenlik ve işbirliğinin önündeki en büyük engeldir[33]. Sorunun uluslar arası meşruiyet zemininde adil ve kalıcı bir çözüme kavuşturulması, artan refah ve işbirliği imkanlarından bölgede yaşayan bütün halkların pay sahibi olmasının yolunu açacak yegane anahtardır. Bu da ancak tarihten husumet yerine işbirliği çıkarmak ve yeni bir geleceğin inşaasını başlatmak suretiyle mümkün olabilir. YK sorunu esas olarak Azerbaycan ile Ermenistan arasında bir ihtilaf olmakla beraber, niteliği itibarıyla başta Türkiye olmak üzere üçüncü ülkelere de yansımaları bulunmaktadır.

---

[33] Nezihi ÇAKAR, 21 inci Yüzyıl Başlarında Türkiye'nin ve Dünya'nın Vizyonu, T.C. Cumhurbaşkanlığı, Sh.5-11, Ankara 1999

KARABAĞ SORUNUNUN'DA TÜRKİYE

Türkiye'nin dünü ve bu gününü ilgilendiren Dağlık Karabağ sorunu Türk dış politikasının tecrübelerinin test edildiği önemli bir alan olmuştur. Dağlık Karabağ sorunu Azerbaycan ve Ermenistan arasında 1988 Şubatında başlayıp 1994 Haziranına kadar süren kanlı olaylar ve bu olayların devamında gelişen süreçte bölge, ekonomik ve sosyal sorunları da beraberinde getirdiği ve demografik dengeleri altüst eden 20. yüzyılın en acı mülteci manzaralarına sahne olmuştur. Dağlık Karabağ sınırlarını da aşan olaylar bölgeyle coğrafi bağının yanı sıra tarihi ve etnik yapısı nedeniyle Türkiye'yi de yakından ilgilendirmiştir.

Başta Özal ve Demirel olmak üzere Türk dış politikasını yönlen direnlerin Dağ lık Karabağ sorununa ilişkin tutumları birbirleri ile çelişen çok değişken bir yapı arzetmiştir. Haklı bildikleri konularda ABD ve Rusya gibi küresel güçlerin hilafına hareket etmemeye özel itina gösterenTürk siyasetçiler, konuyu uluslararası zemine çekmenin yanında, başlatılan diplomatik savaşta ise, soykırım iddialarıyla Türklere karşı bilenmiş olan Ermenileri durdurmayı başaramamıştır. Politik istikrarsızlık ve ekono mik darboğaz, Sovyetlerden sonra bölgede Türkiye'ye karşı beslenen ümitleri de kırmıştır. Türkiye'nin gücü nispetinde de etkili olamaması Rusya'nın yakın çevresinde yeniden alternatif olmasını sağlamıştır.

Türkiye ister Osmanlı imparatorluğu zamanında olsun ister Cumhuriyet döneminde olsun Güney Kafkasya için her zaman Rusya'yla rekabet halindeydi. Ama Sovyetler Birliği döneminde hiçbir konuda Rusya'yla arasını açmak istemeyen Türkiye önceleri bu konuya "bir devlet içinde iki etnik halkın çatışması" şeklinde bakmış ve Dağlık Karabağ sorununun Sovyetler Birliğinin iç sorunu olduğunu ve sadece Sovyetler Birliğinin içinde çözülmesi gerektiğini söyleyerek olaylara "bekle ve gör" politika sıyla yaklaşmıştır.

Bu politika kendisini Karabağ savaşının başlarında Türkiye'nin olaylara karışmama sıyla net bir şekilde göstermiştir. Ama Sovyetler Birliği dağıldıktan sonra, bölgesel ve küresel güçlerin Ermenistan'ın arkasına geçtiğini ve bu güçlerin yardımıyla yalnız kalan Azerbay cana karşı katliamlar ve soykırım yapıldığını gören Türkiye gelenek sel politikasını bir rafa koyup Azerbaycan tarafında yerini aldı.

1993'te Ermenistan'la sınırı kapatarak Azerbaycan'a karşı hassasiye tini dünyaya gösteren Türkiye, 1994'te hava yolunu kapatarak Ermenistan'la tüm ilişkileri kesti. Böylece Ermenistan'ın nefes alabileceği delikler birer birer kapandı. Bu andan itiba ren Ermenistan hem ekonomik hem siyasi alanda çökmeye başladı. Artık Dağlık Karabağ sorunu Türkiye'nin ana gündem maddelerinden biri olup, dış politikasını belirleyici temel ilkelerden bir tanesidir. Türkiye her defasında Ermenilerle her hangi bir konuda anlaşma sağlanması imkânını Dağlık Karabağ sorunun çözümüne bağlı olduğunu tüm dünyaya ısrarla duyurmuştur.

Ama son dönemlerde yaşananlar, özelliklede "Ermeni Açılımı" adı altında normal leşme sürecine başlanılması Azerbaycan'la Türkiye arasındaki ilişkileri zedelemiştir. İşgalden sonra kapalı olan hava kargo taşımacılığı AKP hükümeti döneminde tekrar açılmış ve Türkiye'nin normalleşme sürecine sıcak baktığına mesaj olarak Türkiye deki Ermenilere mahsus eski kiliseler yeniden inşa edilmiş ve bazıları da restore edilmiştir.

Süreç o seviyeye kadar gelmişti ki artık medya ve halk sınırların açılacağına kesin gözüyle bakıyordu. Hatta tarihte bir ilke imza atarak ilk kez bir Türk cumhurbaşkanı Ermenistan'a resmi ziyarette bulundu. Adına "futbol diplomasisi" dediğimiz bu olay Azerbaycan'ı iyice çileden çıkardı ve Nisan ayında İstabulda yapılan Medeniyetler İttifakı toplantısına Azerbaycan Cumhurbaşkanı İlham Aliyev katılmadı.

Azerbaycan'ın kırıldığını gören Türkiye Cumhuriyeti Başbakanı Erdoğan Azerbaycan'a giderek Azerbaycan Milli Meclisinde vekil lerin önünde "Dağlık Karabağ sorunu çözülmeden Ermenistan'la sınırları açmamız müzakere konusu bile olamaz" demesi Azerbaycan'ın içine su serpmiş oldu. Ama 6 ay sonra İsviçre Cenevre Üniversitesi'nde Türkiye ve Ermenistan dışişleri bakanlarınca imzalanan protokoller Azerbaycan'ın aklında yine soru işaretlerinin oluşmasına neden olmuş oldu. İşte o an artık her bir Azerbaycanlının aklında "acaba"yla başlayan o soru vardı: "Acaba Türkiye bize rağmen sınırları açar mı?".

Ve tarihte bir ilk daha yaşandı. Bu kez ilk kez bir Ermeni cumhurbaşkanı Türkiye'ye geldi ve futbol diplomasinin ikinci yarısı başlamış oldu. Üstelik Bursa'da Türkiye - Ermenistan maçında "Sarkisyan'ın statta Azerbaycan bayrağı görmek istememesi" ve Azerbaycan bayrağının stada girişinin yasaklanması ve çöpe atılması Azerbaycan hükümetinin Türkiye'ye bayrak notası gönder mesine neden olmuştu.

Peki, Türkiye cephesinde bunlar yaşanırken, Türkiye Azerbaycan'ın kızacağını bile bile bu adımları atarken Ermenistan ne yapıyordu? Her zamanki şeyi "yüzüne gülümseyip arkadan kuyusunu kazıyordu". Sözde "Ermeni soykırımı"yla ilgili yeni iddialar ortaya atıyor ve her defasında Türkiyeyi suçluyordu. Türkiye ise böyle devam ederse normalleşmeden bahsetmek yanlış olur düşüncesiyle başta Cumhur başkanı Gül ve Başbakan Erdoğan olmakla diğer yetkililer süreçle ilgili açıklamalarda bulundu : "Dağlık Karabağ sorunu çözülmeden biz o protokolleri meclisten geçirmeyeceğiz."

Yani tüm bu yaşananlar bir hiç oldu. 10 yıldır sürüncemede kalan, sınırların açılması konusu tekrar rafa kaldırıldı ve herşey tekrar başa döndü. Ne Ermenistan'a gidip İstiklal Marşı'nın ıslıklanmasına katlanmaya değerdi ne de Türkiye'ye davet edilen bir Ermeni liderin isteğini geri çeviremeyip Azerbaycan bayrağının çöpe atılmasına göz yummaya... Tüm bunlara rağmen Azerbaycan Türk leri kırgın mı gardaşlarına?

Bakü'de 14 Ekim 2009'da oynanan Azerbaycan-Rusya milli maçında stadın Türkiye bayraklarıyla donatılmasına karşılık aynı gün Bursa'da oynanan Türkiye Ermenistan maçına Azerbaycan bayrakları alınmadığı için kırgın değil, aksine Bursa Atatürk Stadı'nda Azerbaycan bayraklarının çöpe atılmasına karşılık Eurovision'da şampiyon olunca sahneye Türkiye bayrağıyla çıkan Azerbaycanlı kardeşlerimiz Türkiye'nin vurdumduymazlığına inat hala **"TEK MİLLET İKİ DEVLET"** sloganına inanıyor.

Türk Siyasetinin 20 Ocak Bakü Katliamı'na Bakışı

20 Ocak 1990 sürecinde Cumhurbaşkanı Turgut Özal'ın tavrı, birçok kesim tarafından sert şekilde eleştirmiştir. Azerbaycan'da yaşananları kast ederek "Azerbaycanlılar, Anadolu'daki Türk halklarından daha çok İran'daki Azerilere yakındır. Onlar Şii, biz Sünniyiz" sözleri Özal'ın olaylara mezhep üzerinden baktığını göster mesi nedeniyle sert şekilde eleştirilmiştir.

Özal'a Azerbaycan Halk Cephesi Lideri Ebulfez Elçibey de "Sayın Cumhurbaşkanı yanılıyor. Biz Şii de olsak önce Türküz" diyerek cevap vermiştir. Hürriyet Haber Ajansı Erzurum Bürosu'na teleksle geçtiği notta şöyle demiştir; "Biz laik milletiz. Dinci değiliz, din ayrı millet ayrıdır. Şii olduk; ama biz Türküz. Bizim Türkiye'den beklentimiz, Ermeniler karşısında verdiğimiz haklı mücadelemizi desteklemesidir."

Özal'ın mezhep üzerinden Azerbaycan'a yaklaşımı mutlaka ki, kendi söylemleriyle birlikte değerlendirildiğinde de tutarsızlık sergilemektedir. Türkiye'nin 90'lı yıllarda Orta Asya cumhuriyet lerine yönelik politikalar oluşturulurken sıkça dile getirilen "Adriyatik'ten Çin Seddi'ne kadar Türk Dünyası" idealiyle de bağdaşmamaktadır.

Mezhep üzerinden yapılan bir değerlendirmeyle, SSCB'nin tepkisini çekmemek adına dünyada tarihsel, dilsel ve kültürel anlamda en yakın ülke olan Azerbaycan, bu şekilde ötekileştirilmeye çalışılmış, Türkiye kendisini olayların dışında konum landırmak istemiştir. İki kutuplu Soğuk Savaş döneminde, Batı ittifakında yer alan Türkiye Doğu Bloku'nun işlerine karışmamayı tercih ettiğini çeşitli vasıtalar la belirtmiştir.

Özal'ın açıklamaları ilk başta iki ülke kamuoyunda da tepkiler toplamış sonraki süreçlerde Turgut Özal, Azerbaycan'ın lehine açıklamalarda bulunarak süreci toparlama gayretinde bulunmuştur. Türkiye, Dağlık Karabağ Savaşı'nda Azerbaycan a diplomatik olarak her alanda destek veren ve bu konudaki tutumunu bozmayan bir ülke olmuştur. Namık Kemal Zeybek'in belirttiğine göre Özal kendisi daha sonraları kendisine bu konuyla ilgili "Ben o sözü boş bulunup söyledim. Karşımda Ermeni gazeteciler vardı. Bizim basında yer alacağını ve Azerbaycan'da duyulacağını düşüne medim" demiştir.

Dönemin gazetelerine bakıldığında, Tan, Milliyet, Cumhuriyet, Günaydın, Milliyet gibi gazetelerin manşetlerine Azerbaycan'da yaşanan olaylar ve Türkiye'nin buna karşı olan tutumu konulu manşetlere rastlanmaktadır. 25 Ocak 1990 tarihli Günaydın gazete sinin ilk sayfasından "Ankara'da Azeri Sancısı" olarak verilen haberde "Türk dış politikasında olumlu bir değişiklik olmayacağı, Bakü bağımsızlık ilan etse bile Türkiye'nin Sovyetler Birliği'nde olumlu bir yaklaşım olmadığı sürece Azerbaycan'ı tanıma konusunda çekimser kalacağı belirtiliyor."ifadeleri yer almıştır.

Sivil toplum kuruluşlarından gelen açıklamalar da dönemin Dışiş
leri Bakanlığı'nın ilgisini göstermesi bakımından açıklayıcıdır.
Ankara'daki basın toplantısında Azerbaycan Kültür Derneği
Başkanı Fevzi Aküzüm, kendilerine ulaşan bilgileri Dışişleri
Bakanlığına ulaştırmak güçlük çektiklerini 20 Ocak'ın gece yarısın
dan beri yetkili bir kişi bulamadıklarını söylemiştir.

Özal'ın ABD'den mezhep üzerinden yaptığı açıklama sonucu
ANAP'lılar yaptığı açıklamalarda tepkileri yumuşatmaya çalışmış
tır. Öte yandan Milliyetçi Çalışma Partisi (MÇP) Genel Başkanı
Alparslan Türkeş, Kırşehir'de partisinin 71 il ve ilçe örgütü temsil
cileri ile belediye başkanları ve MKYK üyelerinin katıldığı
genişletilmiş istişare toplantısında "Azeri sorunu Türkiye'nin
sorunudur. Türkiye tavrını açıkça ortaya koymalıdır" demistir.

Yeşiller ve Islahatçı Demokrasi Partisi de yaşananları eleştirmiştir.
Demokratik Sol Parti (DSP) Genel Başkanı Bülent Ecevit de desteği
ni İstanbul Azerbaycan Türkleri Dostluk Dayanışma Derneği'ni
arayarak belirtmiştir.

**Türk Toplumunun 20 Ocak'a Bakışı: Azerbaycan'a Destek
Gösterileri**

Siyasi bağlamdaki durağanlığın aksine, Azerbaycan'da yaşanan 20
Ocak Katliamı Türk toplumunu harekete geçirmiş ve birçok eylem
in düzenlemesine zemin hazırlamıştır. Azerbaycan'a destek eylem
leri, Doğu'dan Batı'ya Türkiye'nin birçok ilinde organize edilmiş,
Sovyet rejimi bu insanlık dışı hadiselerden dolayı kınanmıştır.

İstanbul'da Sovyetler'in Azerbaycan'da yaptıklarını kınamak adına
birçok gösteri yapılmıştır. Yaklaşık 10 bin kişilik grup, Taksim
Meydanı'ndan Galatasaray'a yürüyerek Sovyetler Birliği'nin
Azerbaycan'da gerçekleştirdiği askeri harekatı kınamıştır. Yine
benzer şekilde, Ankara'da ve İstanbul Bakırköy, Beyazıt gibi çeşitli
yerlerde de gösteriler tertip edilmiştir. İstanbul'daki gösterileri

tertip eden Milliyetçi Hareket Partisi Iğdır Milletvekili Sinan Oğan'ın ifadelerine göre, Ankara'da düzenlenecek 20 Ocak Katliamı'nın protesto mitingi öncesi Muammer Aksoy'un öldürülmesinin zamanlamasının son günlerin tabiriyle "manidar" olduğunu belirterek asıl büyük mitingin bu sebepten ötürü ertelendiğini belirtmiştir.

Azerbaycan Türklerinin yoğun olarak yaşadığı Kars'ta ve o zaman Kars'ın bir ilçesi olan Iğdır'da da 20 Ocak Bakü Katliamı protesto edilmiştir. Iğdır'da Sovyetlerin müdahalesi sonucu hayatını kaybeden Azerbaycan Türkleri için cenaze namazı kılınmıştır. Iğdır'da düzenlenen gösterilere yaklaşık 3 bin kişi katılmış, Iğdır'ın Aralık ilçesinde ise üç günlük yas ilan edilmiştir.

Değerlendirme

Azerbaycan tarihine bakıldığında Türk dünyası adına üzücü birçok katliamla karşılaşılmaktadır. Bunlardan başlıcaları; 31 Mart 1918, 20 Ocak 1990 ve 26 Şubat 1992 tarihleridir. 31 Mart 1918 tarihinde, Bakü'de Bolşevikler ve Taşnak taraftarlarınca Bakü'de 12 bin masum Türk katledilmiş, saldırılar daha sonra Lankeran, Guba, Şamahı, Gence gibi illere de yayılmış, Türklere yönelik işkenceler ve zulüm Eylül 1918'de Nuri Paşa komutasındaki Kafkas İslam Ordusu'nun Azerbaycan topraklarına girişine kadar devam etmiştir. 26 Şubat 1992'de Yukarı Karabağ bölgesinde 613 kişi işkenceler sonucu hayatını kaybetmiş, soykırımın müsebbipleri hala uluslararası yargı önüne çıkartılmamıştır.

20 Ocak 1990 ise Azerbaycan'ın bağımsızlığının temellerinin atıldığı bir tarih olmakla beraber, katliamda hayatlarını kaybedenler bağımsızlığın büyük mücadeleler sonucu kazanıldığının kanıtı olmuştur. Son yıllarda Hocalı Soykırımı ile ilgili farkındalık dünya çapında artmaktadır. 20 Ocak Katliamı ise maalesef Türkiye'de fazla bilinmemektedir. Buradan hareketle Türk dünyasına ilginin artırıl ması gerekmektedir.

Türkiye'nin birçok yerinden düzenlenen Azerbaycan'a destek mitinglerinde binlerce kişi bir araya gelmiş ve Ermeniler ile Sovyet yönetiminin ortaklaşa Azerbaycan Türklerine karşı giriştiği insanlık dışı katliamlar protesto edilmiştir. Buradan yola çıkılarak "iki devlet tek millet" düsturu SSCB rejimi söz konusuyken bile tezahür ettiği söylenebilir. Özal'ın "destek turu" olarak yorumlanabilecek Amerika Birleşik Devletleri ziyaretinde mezhep üzerinden yaptığı açıklamalar maalesef olumlu bir katkı yapmamıştır. Ne var ki, daha sonra Azerbaycan bağımsızlık ilanından sonra ilk olarak Türkiye tarafından tanınmış ve bu durum giderilmeyecek bir hasara yol açma mıştır.

İki kutuplu dünya düzeninin bitişi ve SSCB faktörünün ortadan kalkmasından sonra Türkiye-Azerbaycan ilişkilerinde de bir rahatlama yaşanmıştır. Nitekim, Türkiye Azerbaycan'ın bağımsız lığını tanıyan ilk devlet olmuş, ilişkiler her geçen daha da üst düzey seviyeye ulaşmıştır. Tüm bunların yanında belirtilmesi gereken en önemli husus şudur; Azerbaycan uzun bir dönem Sovyet işgalinde kalsa da Türkiye'den uzak kalmamıştır. Türkiye ile Azerbaycan arasındaki ilişkiler günümüzde siyaset üstü bir konuma ulaşmıştır. Sanılanın aksine, Azerbaycan ve Türkiye toplumu arasındaki dayanışma ve diyalog süreci dış faktörlere verilen tepkilere bağlı olarak değil, uzun yılların oluşturduğu kardeşlik zemininde yürümektedir.

Bunun en net ispatlarından birisi de; 20 Ocak 1990'dan sonraki gösteriler olmuştur. Sosyal medya kanallarının ve teknolojinin bugünkü kadar gelişmediği de düşünüldüğünde 90'ların başında 70 yıl SSCB hakimiyeti altında kalan ve Türkiye ile iletişim imkanları sınırlı olan Azerbaycan için çeşitli provokasyonlara rağmen Türkiye'de büyük bir kitlenin hareket geçtiği görülmüştür.

Günümüzde, Azerbaycan'a destek gösterilerinin en büyüğü olarak 2012 yılında Taksim Meydanı'nda düzenlenen miting görülmüştür. Hocalı Soykırımı'nın 20. yıldönümü olan 26 Şubat 2012 tarihinde

İstanbul Taksim Meydanı'nda bir milyona yakın Türk vatandaşı toplanmış ve Hocalı'da Ermeniler tarafından Azerbaycan Türkleri ne yapılan soykırım telin edilmiştir.

Bu mitingde bu kadar büyük bir kalabalığın bir araya gelmesini, bazı kimseler aynı yıl Fransız meclisinde gündeme getirilen sözde Ermeni soykırımının inkarının reddinin cezalandırılmasına ilişkin yasa tasarısına tepki olarak yorumlasa da Türkiye'de, SSCB rejimi varken bile Azerbaycan'a duyarlılığın son derece yüksek olduğu bilinmektedir. Bunun en net kanıtı olarak da İstanbul'daki 20 Ocak Katliamını protesto gösterileridir. Protestolar, Türkiye'de Azerbaycan'a karşı sempatinin uzun yıllardır devam eden Sovyet rejimine rağmen kaybolmadığını da gözler önüne sermiştir.

Bu protestolar aynı zamanda Türkiye'deki Azerbaycan sevgisinin Sovyetlerin baskıcı rejiminin getirdiği ayrılığa rağmen tıpkı Azerbaycan'daki Türkiye sevgisi gibi bitmediği göstermiş ve bağımsızlık sonra Azerbaycan ile ilişkilerin çerçevesin belirlenirken "tek millet" faktörünün bir kenara koyulamayacağının da ipuçlarını vermiştir. Bakü'de 20 Ocak şehitlerinin kabirlerinin bulunduğu Şehidler Hiyabanı'nın hemen yanında 1918'deki Bakü'yü işgalden kurtaran Nuri Paşa Komutası'ndaki Kafkas İslam Ordusu için yapılmış Türk Şehitliği'nin bulunması iki ülkenin kardeşliğinin anıtlaşmış bir hali anlamına gelmekle birlikte tarihi birliktelik ve kardeşliğin sembolik olarak son derece önemli bir semboldür.

Türk Basınında Dağlık Karabağ sorunu, Medyanın soruna yaklaşımı (1992- 1993)

Tuükiye'nin o zamanki etkili "Zaman", "Hürriyet", "Milliyet", "Cumhuriyet", "Yeni Yüzyıl", "Sabah", "Turkish Daily News" ve diğer basın organlarında Ermenistan- Azerbaycan Dağlık Karabağ sorunu ve bu sorunla ilgili Türkiye'nin bu tutumu konularında özel araştırmalar yapılmıştır. "Milliyet" gazetesinde verilen bilgilerde sorunla ilgili Ankara'nın attığı resmi adım lar yanısıra ve hükümetin de tavrının eleştirildiği hususlar dikkati çekmekte idi.

"Hürriyet" ve "Cumhuriyet" gazetelerinde sorunla ilgili düzenli yazılar verilmiştir. Bu yazılar da nesnelliği ve probleme yetkin gazeteci yaklaşımı ile dikkati çekmiştir. Aynı zamanda "Turkish Daily News" gazetesinin sorunla ilgili asıl gerçekleri ingilizce dilli kitleye ulaştırılması bakımında da önemli olmuştur.

Türkiyede kamuoyu tarafından büyük ilgiyle okunan etkili "Hürriyet" gazetesi kendi sayfalarında Dağlık Karabağ sorunu hakkında objektif haberler yaymakla, geniş bir okuyucu kitlesinin bu meseleye dikkatini yöneltebilmiştir. Gazetenin 20 Mayıs 1992 tarihli sayısında Ecevetin hükümet'den Azerbaycan'a yardım talep etmesiyle ilgili yazıya yer verilmiş, ve, Nahçıvan'a olan Ermeni hamlelerine karşı Türkiye olarak susmamalıyız. Bunun sonu hem Azerbaycan, hem de Türkiye için kötü sonuçlar verebilir denmiş ve T. Özal'ın S. Demirel hükümetinin Karabağ sorununda yürüttüğü pasif siyasetinden rahatsız olunduğundan bahsedilmiştir.

Hürriyetin daha sonraki sayısında, 1992 yılının mayıs ayında Türkiye'nin girişimiyle NATO üyesi ülkelerinin kabul ettikleri memorandumda Karabağ ve Nahçıvan'nın sınırlarının zorla değiştirilmesinin kabul edilemez olduğunu belirten bir açıklama'yı görüyoruz.. Gazete bunu Türkiye'nin Ermenistan üzerinde diploma tik zaferlerinden biri olarak anlatıyor.

"Zaman" gazetesinin 7 Aralık 1992 'de çıkan sayısında "Türkiye Ermenistan'a Niye Yardım Ediyor?" makalesinde, Türkiye Ermenistan'ı işgalcılık siyasetinden caydır mak ve onları barışa sevk etmek icçn yapıyor." Diyor.

"Milliyet" gazetesinde, Ermenistan'nın işgalinde olan Nahçıvanla ilgili ilginç ve objektif yazılar verilmiştir. Gazete'de, Haydar Aliyev in Ermenilerin Nahçivan'ı kuşatması ile ilgili Türkiye'den yardım isteğini ve Türkiye'nin de Nahçivan üzerinde bulunan sorumlulu ğunu yeniden gündeme getirmiştir. Ankara'da S. Demirel hükümeti bir açıklama vermekten kaçınırken, siyasetçiler Moskova ve Kars anlaşmalarının Nahçıvan'ın statüsünün değişmesi halinde Türkiye ye askeri müdahale hakkı verdiğini bildirmiştir. Bu durumda S. Demirel, Nahçıvandaki olaylara gözlemci olarak bakmayacaklarını dünyaya açıkladıktan sonra ABD Başkanı George Bush'tan destek istemiştir.

Ermenistan'ın sürekli işgal eylemleri Türkiye basınında geniş ilgi odağı olmuştur. Verilen bilgilere göre, olayların gidişatını yakından izleyen Türkiye Şuşa'nın işgaline sert tepki vermiştir. Başbakan Süleyman Demirel Dağlık Karabağ'ın statüsünün değiştirilmesine Türkiye'nin onay vermeyeceğini tüm dünyaya ilan etmiştir.

"Milliyet" gazetesinin bir sayısında ise, bununla yetinmeyen Türkiye BM Güvenlik Konseyi'nden Dağlık Karabağ'daki son gelişmelerin önüne geçmek için önlem alınmasını talep etmiş ve bu amaçla Türkiye'nin BM Daimi Temsilcisi Mustafa Akşin GK'nin o zamanki başkanı Avustralya Büyükelçisi Peter Hoffnere mektup göndererek Dağlık Karabağ'daki son gelişmelerin BM yasalarının ihlal ettiğini bildirmiştir.

Söz konusu kaynağa göre, Dağlık Karabağ'da ateşin şiddetlenmesi ile ilgili olarak Türkiye yeni bir diplomatik girişime başlamıştır. Dışişleri Bakanı Hikmet Çetin Moskova'ya gitmiş ve Rusya Dışişleri Bakanı ile birlikte Ermenistan Azerbaycan sorununun barış yoluyla çözümü konusunda görüşmeler yapmış ve sonra H. Çetin Bakü'ye gelerek Ermenistan Cumhurbaşkanı Levon Ter Petrosyan ile telefonda konuşmuştur. Daha sonra aynı gün Başbakan S. Demirel, Başbakan Yardımcısı Erdal İnönü, Dışişleri Bakanı Hikmet Çetin ve ABD'de Ankara Büyükelçisi Richard Barkley, Azerbaycanda yapılacak barışın koşullarını görüşerek taslak Dağlık Karabağ'ın barış planını hazırlanmıştır. Bu plana göre;

Dağlık Karabağ'da Ermenilerin geri çekilmesi ile derhal ateşkes uygulanmalı; Azerbaycan ve Ermenistan'ın toprak bütünlüğü garanti altına alınmalı, her iki ülke birbirinin iç işlerine karışmamayı kabul etmeli ve Türkiye, Rusya, ABD ve Fransa başta olmak üzere, Minsk konferansına katılan ülkeler anlaşmayı garanti etmeliydi.

Ancak Ermenistan'ın 1993 yılının 31 Mart ayından itibaren Azerbaycan topraklarını işgali sürdürmesi hem proje halinde olan Türk planını, hem de Türk- Rus ortak girişim faaliyetlerinin başarılı olmasını engelledi.

Milliyet"in 3 Nisan 1993 tarihli sayısında, Ermenilerin Kelbecer'i işgal etmesinden sonra Türkiye Dışişleri Bakanı ABD'nin Dışişleri Bakanı Vorren Christopher ile Rusya Dışişleri Bakanı Andrey Kozırev'e telefon açarak Türkiye'nin, Ermeni saldırısından rahatsız olduğunu söylediği yazılmış. Diğer taraftan, gazetenin 5 gün sonra yayınlanan haberinde, ise Azerbaycan Cumhurbaşkanı Ebülfez Elçibey'in Başbakan Süleyman Demirel'e bir mektup göndererek tecavüzün önlenmesi için uluslararası arenada Türkiye'nin nüfu zunu, elindeki tüm imkanları kullanmasını talep etmiştir.

Gazetenin 6 ve 8 Nisan 1993 tarihli sayılarında yayınlanan diğer ilginç bilgilere göre, Dağlık Karabağ sorunu ile ilgili Cenevre'de Türkiye, ABD, Rusya, Azerbaycan ve Ermenistan heyetleri arasında yapılan gayri resmi görüşmede Ermenilerin son tecavüzü ilgili karar alınamamıştır. Bunun nedeni Rus ve Ermeni heyetlerinin bu top lantılardan hemen sonra dağlık karabağ Ermenilerine söz hakkı verebilecek Minsk grubuna gitmek istemeleriydi.

Çok geçmeden Türkiye Karabağdaki son durumla ilgili olarak BM GK-ni olağanüstü toplantıya çağırdı. 6 Nisan 1993'de BM GK toplandı. Açıklamada işgal güçlerinin derhal geri çekilmesi isteni yordu. Bu arada, Türkiye bu açıklamadan memnun kalma dığını, Azerbaycan'ın herhangi bir güç tarafından işgaline asla izin verilmeyeceğini BM Daimi Temsilcisi Mustafa Akşin'in vasıtasıyla bildirmiştir.

Ermenilerin Zegilan'a saldırısından sonra Türkiye Ermenistan'a en üst düzeyde baskı yapmaya başladı. Türkiye Milli Güvenlik Konseyi Başkanı, S. Demirel'in başkanlığında Ermenistan'ın işgal ettiği Azerbaycan topraklarından derhal geri çekilmesi için sert bir ultimatum gönderdi. Ermeni saldırısının önlenmesi için tüm faaliyetlerini uluslararası müdahale üzerinde kurarak bir daha BM Güvenlik Konseyi ve Minsk Grubu ile yoğun temaslara girişti.

"Cumhuriyet" gazetesinin 8 Nisan 1993 tarihli sayısında "Ankara değerlendiriyor" başlıklı yazısında Ermenistan'ın tecavüzüne karşı TBMM Milletvekillerinin Dağlık Karabağ ile ilgili yaptığı tartışma lardan ve Mecliste çeşitli parti milletvekillerinin konuşma yaparak hepsinin kesin bir dille Ermenistan'a yardımın durdurulmasını ve Azerbaycan'a yapılacak yardımın önemini belirtiyor.

"Zaman" gazetesinin bir sonraki sayılarında birinde tekrar Karabağ sorunundan bahsediliyor. Türkiye Cumhurbaşkanı Turgut Özal'ın Azerbaycan'a ziyaretinden ve sorunla ilgili Ermənistan'a karşı sert tutumundan bahsediliyor. Kelbecer'in işgalin den sonra "Zaman" gazetesi Cumhurbaşkanı T. Özal'ın görüşlerine yer vererek, Ermeniler her taraftan koridor açtılar. Artık ortada Karabağ meselesi değil, "Büyük Ermenistan" hayali var. Olaylar o noktaya gelmiştir ki, biz Türkiye olarak Kıbrıs harekatında olduğu gibi kendi gücümüzü göstermeliyiz. "Zaman" gazetesinin diğer bir sayısında "Demirel: Ermeniler bizim sabrımızı taşırmasın Ermeniler bilmeliler ki, Türkiye yalnız Türkiyelinin değil, bütün dünya Türkünün vatanıdır. Hiç kimse Türkün karşısında dayanamaz.

Türkiye tarihten gelen ve etnik kökene dayalı olarak Azerbaycan'la dost ilişkileri vardır. Bu olayda hiç şüphesiz Türkiye'nin işgale tepkisi uluslararası kamuoyunda büyük olmuştur. Dönemin Başbakanı olan Demirel bu işgaller karşısındaki tepkisini çeşitli şekillerde ortaya koymuştur. Türk Hükümeti 3 Nisan'da aldığı bir kararla Ermenistan'a giden insani ve diğer tip yardımların sınırlarından transit geçişini durdurmuştur. Sonra da Doğu Anado lu'daki 3. ordu alarma geçirilerek Ermeni sınırına çekilmiştir. Bu sırada da Türkiye Ermenileri diplomatik olarak çok sert bir şekilde uyarmıştır.

Türkiye'nin tepkilerinin sertliği ve uyarılarının ciddiyetinden hareketle denebilir ki, bu dönemde Dağlık Karabağ uyuşmazlığı tam anlamıyla "uluslararasılaşma" tehdidi arz etmeye başlamış ve bölgesel bir uyuşmazlık haline gelme sinyalleri vermiştir. Türkiye'nin NATO delegasyonu başkanı 6 Nisan'da Brüksel'de yaptığı açıklamada, ülkesinin bu uyuşmazlığa yönelik uyguladığı 'tarafsızlık politikasını' gözden geçire ceği uyarısında bulunmuştur

Türkiye'nin bu dönemki tutumunu değerlendirirken, Cumhurbaş kanı Turgut Özal ile askeri güç kullanmayı istemeyen Başbakan Süleyman Demirel arasındaki görüş farkları dikkate alınmalıdır. Özal'ın sert tepkilerine rağmen Demirel'in barışçı yaklaşımı o sırada Ermeni politikacılarda Türkiye'nin niyetlerine yönelik bir çelişki doğmuştur. O dönemde Cumhurbaşkanı Özal Azerbaycan'la savaşa girme yönünde söylemlerde bulunurken, Başbakan Demirel ise diplomatik yollarla Azerbaycan'a yardım edilmesi gerektiğini söylü yordu. Yine dönemin muhalefet liderlerinden Alparslan Türkeş soruna çözüm için önemli bir katkıda bulunmaya çalışmıştır.

Türkeş taraflara 6 maddelik bir paket sundu:

1. *Azerbaycan ve Ermenistan arasında hemen ateşkes sağlanması,*
2. *Ermeni askerlerinin Azeri topraklarından çekilmesi,*
3. *Her iki tarafın bugünkü sınırlar içinde birbirini tanıması ve diplomatik ilişki tesisi,*
4. *İç işlerine karışmadan ve toprak talebi olmaksızın temas,*
5. *Laçin koridorunun açılması, gözlemci heyetinin güvencesi ve denetiminde bulunması,*
6. *Karabağ sorununun ya daha sonraya ya da Minsk toplantısına bırakılarak meselenin ateşkes sonrası daha geniş zamanda ele alınması.*

İpek yolu kurulmasını tavsiye etmiştir. İpek Yolu'nun ihyası anlamına gelen bu otoyol, Kafkasya'yı boydan boya kat edecek ve Ermenistan'dan geçecekti. Otoyola bir demiryolu da eşlik edecek, aynı hatta bir doğalgaz ve petrol boru hattı da yer alacaktı.

"Müşterek gerçekleştirilecek bu proje başka işbirliklerine kapı açar. Sınırlar açılır, yurttaşlarımız serbestçe birbirine gidip gelir, ticaret yaparlar. Bu durum bölgeye de huzur ve refah getirir" dedi.

Türkeş, bu görüşmede bir iyi niyet jesti olarak esirlerin karşılıklı serbest bırakılmasını sağlamayı umuyor, hatta derhal Erivan'a gidip hem Ermenistan'ı ziyaret etmeyi, hem de Azeri esirleri aldıktan sonra aynı uçakla Bakü'ye geçmeyi planlıyordu.

Petrosyan, "Biz önşartsız ateşkesi kabul ederiz, ancak şunu anlayın ki benim şartlarım ve kamuoyu önündeki durumum Elçibey'inkinden daha zordur" diye konuştu .

Ermenistan bu öneriye çok sıcak yaklaşırken; dönemin Azerbaycan Devlet Başkanı Elçibey Karabağ'ı savaşla geri alma söylemlerine devam ettiği için bu çabada sonuçsuz kalmıştır.

Dağlık Karabağ sorunu şu anda Azerbaycan ve Ermenistan'ın yanı sıra Amerika Birleşik Devletleri ve Rusya gibi süper güçlerin ve sorunun çözümü için görevlen dirilen Minsk Grubunun üyesi olan Fransa'nın, hem Azerbaycan'a hem de Ermenistan'a komşu olan iki ülkenin İran ve Türkiye'nin gündeminde bulunan bir konu.

Peki, Dağlık Karabağ Sorunu nedir? Niye bu kadar önemli? Neden sadece iki ülkenin sorunu gibi gözüken Dağlık Karabağ sorunu yukarıda isimlerini saydığımız ülkelerin gündemini sürekli meşgul ediyor? Ve asıl mesele bu konuda Türkiye'nin rolü nedir?

İlk sorunun cevabı olarak tarihe göz atmakta fayda vardır.

Dağlık Karabağ sorunu oldukça uzun bir tarihi geçmişe sahiptir. Dağlık Karabağ, Karabağ bölgesinin küçük bir bölümünü kapsıyor ve Ermenistan'ın üzerinde hak iddia ettiği topraklardır. Ermenilere göre bu topraklarda zaten hep vardılar ama Azeriler sonradan geldiler bu bölgelere. Peki, gerçekten böyle miydi?

Aslında bunun böyle olmadığı pek çok belge ile ispat edilmiştir. "Kafkasya Arkeografi Kurulu Aktları" adlı toplu belgelerden, Rusya İmparatorluğunun Güney Kafkasya'yı istilasına kadar Azerbaycan hanlıklarında oturan Hıristiyan Ermeniler bu yerlerin nüfusunun çok az bir kısmını oluşturuyorlardı.

Örneğin, Karabağ Hanlığı'nda oturan 12 bin aileden 2.500'ü, Şamahi Hanlığı'nda oturan 24 bin aileden 1.500'ü, Şeki Hanlığı topraklarında oturan 15.000 aileden ise sadece üçte biri Ermeniler den oluşmaktaydı. Yani Ermenilerin "bu topraklarda hep biz vardık" dedikleri dönemlerde aslında bu bölgelerdeki sayıları yok denecek kadar azdı. Toplam nüfuzu 51.000 aile olan üç bölgedeki ermeni sayısı 9.000 civarındaydı. Ama bu 9.000 nüfus 1828'den sonra artmaya başladı.

1826'da Rus-İran savaşı tekrar başlamış ve 1828'de İran'ın yenilgi siyle sonuçlanmıştır. Savaş sonrasında imzalanan Türmençay anlaşması tam anlamıyla Azerbaycan'ın kaderini değişmiştir. Bu anlaşmayla Azerbaycan toprakları ikiye bölünmüş ve anlaşmanın en önemli maddesi olan sonuncu 15. Madde Azerbaycan'ın bugün kü kaderini çizmiştir. Türkmençay anlaşmasının 15. maddesi şu şekildedir:" İran'dan "mağdur" olan Ermeni aileleri Azerbaycan'a göç ettirilmelidir."

Daha sonra 1828-1829 Rus-Osmanlı savaşının bitişinde imzalanan Edirne anlaşma sına göre ise Osmanlı İmparatorluğu'ndan Ermeni ailelerinin Azerbaycan'a göçüne izin verilmiştir. Anlaşmalar yürür lüğe girdikten sonra İran'dan 8 binden fazla Ermeni ailesi (40.000 kişi), Osmanlı İmparatorluğundan 14 bin Ermeni ailesi (84.600 kişi) Azerbaycan'a göç ettirilerek, özellikle Erivan, Nahçıvan ve Karabağ hanlıklarının topraklarında iskân edilmişlerdi.

Hala Azerbaycan Devlet Arşivinde bulunan rapor her şeyi açık şekilde ispatlıyor. 24 Aralık 1829 tarihinde komutan G.Lazarevin General İ.Paskeviç'e sunduğu bu detaylı rapor "üç buçuk ay içinde 8.000'den fazla Ermeni ailesinin (40 bin kişi) Araz nehrini geçerek, Rusya'nın yeni işgal ettiği Erivan, Nahçıvan ve Karabağ toprak larında iskân edilmesini" onaylıyordu ve 1828 yılından önce 9.000 olan ermeni nüfusu bir yıl içinde 124.600 kişi birden artarak 1829 yılında 133.600 kişiye ulaşmıştır.

Ama bu bilgiler sadece Azerbaycan kaynaklarınca doğrulanmıyor; dönemin Rusya İmparatoru I. Nikolay Ermenilerin Rusya'ya yaptıkları üstün hizmetten dolayı onla rın isteklerini göz önünde bulundurarak Karabağ'ı ve Nahcıvan'ı da içinde barındıran Azerbaycan'ın batı bölgesinde 21 mart 1828 tarihinde "Ermeni Vilayeti" kurulması emrini vermiştir.

1829 yılının Nisan ayından itibaren yeni "Ermeni Vilayet'nin kurulması için çalışmalar başlatıldı. Paskeviç'in emri ile bu çalışmaları yöneten sivil müşavir İ. Şopen çalışma sırasında "Rusya İmparatorluğuna katıldığı Sırada Ermeni Vilayetinin Durumu" adlı bir kitap hazırlar. Bu kitabın Ermeni kaynaklarına dayanarak yazıl masına ve yazarın özel bir gayretle bu yerlerin eski Ermeni toprakları olmasını kanıtlamak istemesine rağmen kitaptaki yer isimleri, nüfus sayısı ve başka bilgiler bu topraklarda Rus işgalinden önce Azerbaycanlıların yaşadığını kanıtlamaktadır.

Kafkasya'da Rusya'nın himayesi altında ayakta duran Ermeniler dün karşılarında kendilerini kul olarak gördükleri komşularına karşı toprak iddialarına başlar, Osmanlı İmparatorluğu'nun Doğu bölgeleri ve Güney Kafkasya'nın Azerbaycan Türklerinin otur dukları topraklarda "Büyük Ermenistan" kurma hayallerini gerçek leştirmek için girişimlerde bulunurlar. "Büyük Ermenistan" dedikleri bölgeler Güney Kafkasya'nın tamamı, Anadolu'nun büyük bir bölümü ve İran'ın Azerbaycanlı nüfusunun çok olduğu kuzey topraklarını kapsıyordu.

1900'lü yıllardan başlayarak toprak iddiaları artmış ve Türk-Ermeni düşmanlığı başlamıştır. 1915'te I Dünya Savaşı sırasında Rus ve Fransız birlikleri içinde yer alan Ermeniler Türklere karşı soykırımlar yapmıştır. Ama günümüzde bu olay tam tersi olarak yorumlanıyor ve Türkiye'ye karşı koz olarak kullanılmaya çalışılıyor. Hatta ABD bu sözde soykırım olaylarını tasarı şeklinde meclisinde oylamaya koymuş ve tasarı kabul edilmişti.

Oysa ABD 40. Başkanı Ronald Reagan'ın danışmanı Bruce Fein açıklamasında Ronald Reagan'ın başkanlık döneminde Beyaz Saray'ın 1981'de bir araştırma yaptırdığını ve Ermenilerin Rus ve Fransızlarla beraber 2.000.000 Osmanlıyı katlettiğini ama ölen Ermeni sayısının ise sadece 500.000 olduğunu belirtmişti. Bu araştır malara bakılırsa kimin kime soykırım yaptığını açık şekilde görebili riz. Ermeniler Rusların yardımıyla Azerbaycanlılara karşı da katliamlara başlamış ve 31 Mart 1918 tarihinde bu katliamlar doruk noktasına ulaşmıştır.

31 Mart 1918'de Azerbaycan'ın başta Bakü olmak üzere 8 ayrı ilinde ve bugün bile bir tane Azerbaycanlının kalmadığı Ermenistan'da (Batı Azerbaycan'da) akıl almaz soykırımlar yapılmıştır. Aslında şu anda bile Azerbaycan arşivinde bulunan yüzlerce dosyadaki binlerce belge Ermeni – Rus birliklerinin Azerbaycan'da yaptıkları soykırımı bütün yönleriyle ortaya koyuyor.

Nihayetinde 1918 28 Mayıs tarihinde Azerbaycan Halk Cumhuriyeti kuruldu. Ama hemen akabinde komünist yönetimine yeni geçmiş Sovyet Rusyası, nüfusunun 30% ermeni ve 70% Azerbaycanlı olan İrevan bölgesini, devleti olmayan Ermenilere bahşiş olarak verdi. Böylece tarihte ilk defa Azerbaycan topraklarında Ermeni devleti kurulmuş oldu. Sonradan ise işgallerin ardı durmak bilmedi. Önce Erivan çevresindeki topraklar işgalin kurbanı oldu.

En sonda ise 1945 yılında Nahçıvanla Azerbaycan'ı bağlayan Zengezur mahallinin Ermenistan'a verilmesiyle hem Nahçıvanla

Azerbaycanın kara bağlantısı kesilmiş oldu hemde tarihi Batı Azerbaycan bölgesi tamamen işgal edildi. Ermenilerin en büyük hedeflerinden biri hiç şüphesiz Nahçıvan topraklarını Ermenistan'a birleştirmekti.

Fakat 16 Mart 1920 ve 13 Ekim 1921 tarihlerinde Sovyet Rusyasıyla TBMM arasında imzalanan Moskova ve Kars antlaşmalarının 5. Maddeleri Ermenilerin bu isteklerini kursağında bırakmıştır. Söz konusu maddelerde şöyle denilmektedir:

"Türkiye Hükûmeti ile Ermenistan ve Azerbaycan Şuralar Hükümetleri bu muahedenamenin üç numaralı melfufunda tasrih edilen hudutlar dâhilinde olmak üzere Nahcivan mıntıkasının Azerbaycan himayesinde muhtar bir arazi teşkil etmesi hususunda müttehidülfikirdirler" ve *"Nahçıvan'ın statüsünü belirlemek amacıyla yapılacak her türlü antlaşmaya Türkiye taraf olarak katılacak ve Türkiye'nin kabul etmediği bir statü Nahcivan'a uygulanamayacaktır."*

Ama Ermeniler Nahcıvan'ın acısını bu sefer Azerbaycan'ın iç bölge lerindeki toprak lara göz dikerek çıkarmak niyetindeydi, özellikle de Dağlık Karabağ bölgesine yönelik toprak iddiasında bulundular. "Ağabey"i Rusyadan yardım alarak 1989 yılında Karabağ bölgesini işgal etmek için savaşa başladı. Daha çiçeği burnunda bağımsız Azerbaycan hem iç hem de dış çatışmalara karşı tek başına fazla direnemedi ve 1994 imzalanan Bişkek ateşkes anlaşmasıyla Azerbay can savaşın bilançosunu çok ağır bir şekilde ödedi.

Azerbaycana geride topraklarının %20'sini kapsayan Dağlık Karabağ bölgesinin kaybı, yüz bini aşan ölü sayısı ve 1.000.000 yurdundan zorla göç ettirilmiş insan bıraktı. Ermenistan'ın bir türlü kabul etmediği bu işgale Birleşmiş Milletler 4 kararıyla (822, 853, 874, 884 sayılı kararlar) karşı çıkmıştır. Oylama zamanı 39 ülke leyhine 7 ülke aleyhine ve 100 ülke ise kararsız oyu kullanmıştır. Karara karşı oy kullanan devletler Ermenistan, Rusya, ABD, Fransa, Hindistan, Angola ve Vanuatu olmuştur.

Oysaki şu 7 devlet arasındakı 3 devlet Rusya, ABD ve Fransa 20 yıldır Karabağ sorununun çözülmesiyle ilgili görevlendirilen AGİT Minsk grupunun üyeleridir. BM kabul ettiği kararlarda şu maddeler yer alıyor:

1.BM Genel Asamblesi, Azerbaycan'ın bağımsızlığına saygı duyuyor ve uluslar arası kanunlarca tanınan sınırları çerçevesinde toprak bütünlüğünü tanımaktadır.

2. BM Genel Asamblesi, işgal edilen topraklarda bulunan Ermenistan silahlı kuvvetlerinin derhal, tamamen ve kayıtsız şartsız çıkarılmasını talep etmektedir.

3.BM Genel Asamblesi, topraklarından sürülen halkın dönme ve tazminat alma haklarını tanımaktadır.

4.BM Genel Asamblesi, Dağlık Karabağ'ın Ermeni ve Azeri topluluklarının Azerbaycan egemenliği altında güvenlik sağlanması ve kendinin yönetme şartlarının oluşturulmasını desteklemektedir.

Aslında Dağlık Karabağın işgaline son verilmesi Ermenistan'ın yanı sıra Rusya ve İran'ın da işine gelmemektedir. Rusya eski güçünü tekrar kazanmak için elindeki tek kozu olan Güney Kafkasya ve Orta Asya ülkelerini ne pahasına olursa-olsun kaybet memek zorundadır. Orta Asya'daki birçok liderlerin ta başından hala hükümette kalması bir anlamda Rusyanın işine geliyor. Çünki o liderler eski Sovyet yöneticileri nden olup Rusya'ya bağlı politika yürütmektedirler. O yüzden Rusya Orta Asya'da pekte zorlanacağa benzemiyor. Ama Güney Kafkasyanın Orta asyaya benzemediğini Rusya daha iyi bildiği için Azerbaycan, Ermenistan ve Gürcistan üçgenini bir şekilde elinde tutmak zorunda. Bu bölgeyi de toprak politikasıyla yürütmekte kararlı gibi gözüküyor.

Bölge ülkelerinden Ermenistan zaten ta başından beri Ruslarla birlikte hareket ediyor ve Rusya'yı gözardı etmesi imkânsız görünüyor. Gürcistan Rusyadan kopmak için şansını denedi ama kendini savaşın içinde buldu ve savaş bitiminde iki bölgesini kaybetti. Azerbaycan'ı elinde tutması içinse tek şansı Dağlık Karabağ sorununu maksimum seviyede uzatması.

Çünki Azerbaycan Rusyanın istemediği bir şeyi yapacak olursa, Dağlık Karabağın da sonunun Güney Osetya ve Abhazya gibi olmasından korkuyor. Toprağını temelli kaybetme korkusuyla yaşayan Azerbaycan'ın Rusyadan tamamen kopması imkânsız gibi gözüküyor. Fransaya gelince, Ermeni lobbisinin en aktif ve güçlü olduğu ülkelerden birisi Fransa. O yüzden ABD gibi Fransa da seçimlerde bu lobiden büyük ölçüde oylar alan hükümet onları kıracak ve üzecek hareketlerde bulunmayı asla göze alamaz. O yüzden Fransa Dağlık Karabağ sorununda pasif tavrını sürdürmek te kararlı.

Asıl Mesele Türkiye'nin Tavrı

Türkiye, kültürel bağlarla bağlı bulunduğu Kafkaslar bölgesine duygusal olduğu kadar, ülkenin doğuya açılan penceresi olarak bakmakta ve bölgeyi coğrafi, etnik, kültürel ve dini kimlik açısından kendisine yakın; ekonomik işbirliği imkanları ve zengin doğal kaynakları bakımından önemli bir ilgi alanı olarak görmekte ve bölge ülkeleri ile ilişkilere büyük önem vermektedir.

Bölgeyi nüfuz sahası olarak gören RF ile mevcut siyasi, idari, sosyo-kültürel ve ekonomik bütün sorunlarına rağmen; askeri gücü, siyasi emelleri, zengin doğal kaynaklarla beslenen ekonomisi ve kültürel yapısı ile Türkiye için potansiyel bir tehdit oluşturmaktadır.

SSCB'nin dağılmasından sonra yeni Türk Cumhuriyetlerinin kurulması ve Kafkasya'da iç çatışmaların yaşanması ile Türkiye'nin Kafkaslar ve Orta Asya'ya yönelik milli menfaatleri ve hedefleri yeni bir şekil almıştır. Bunları şu şekilde sıralamak mümkündür;

• **Kafkasya'ya, Türkiye ile RF arasında tampon bir bölge statüsü kazandırılması.**

• **RF'nin bölge üzerindeki nüfuzunun azaltılması ve Ermenistan'ın Türkiye aleyhindeki manevra kabiliyetini sınırlayıcı politikaların izlenmesi.**

• **Azerbaycan'ın tam bağımsız, Yukarı Karabağ dahil tüm sorunlarını çözümlemiş ve Nahcıvan ile iletişimini sağlamış bir Türk devleti haline gelmesi.**

• **Petrol ve doğal gaz boru hatlarının Türkiye üzerinden en uygun koşullarda, kesintisiz akışının sağlanması.**

• **Kafkasya ve Orta Asya Türk Cumhuriyetleri ile sosyokültürel ve ekonomik ilişkilerin geliştirilerek Türkiye'nin bölgede etkin bir güç haline gelmesi.**

• **Öncelikle Gürcistan, Ermenistan ve diğer Kafkasya toplulukları ile dostluk sürecinin ve barışın tesis edilmesi.**

Yukarı Karabağ Sorununun Muhtemel Bir Çözümünün Türkiye'nin Milli Menfaatleri Açısından Değerlendirilmesi :

Türkiye'nin uzun vadeli çıkarı, Orta Asya'ya açılan kapısı niteliğindeki Kafkasya'da tüm ülkelerle iyi ilişkiler içinde olmak ve böylece bölgede istikrarın tekrar tesis edilmesine katkı sağlamaktır. Kafkasya'da kalıcı barış ve istikrarın tesisi Türkiye'nin dış politika öncelikleri arasındadır. Bu anlayışla Türkiye; Azerbaycan ve Gürcistan'la birlikte Ermenistan'ı ayırım gözetmeksizin aynı tarihte tanımıştır. Türkiye'nin Orta Asya'ya kesintisiz açılabilmesi, Kafkaslarda barış ve istikrarın tesisine bağlıdır.

Türkiye'nin Kafkasya'ya yönelik politikasının temel hedeflerini; bölge ülkeleri arasın da bağımsızlığı, toprak bütünlüğüne ve iç işlerine karışmama ilkesine saygılı, eşitlik ve iyi komşuluk esas larına dayanan dostane ilişkiler kurulması ve bu dostça ilişkilerin ortak çıkarlara hizmet eden çok taraflı bir işbirliğine dönüştürülmesi teşkil etmektedir. Kafkasya'nın başta etnik dokusu olmak üzere siyasal, sosyal ve kültürel yapısı incelendiğinde, bu politikanın bölge gerçeklerine de uygun düştüğü gözlen mektedir.

Tarihi tecrübeler, bölge ülkeleri arasında güçlenen ilişkilerin, giderek çok taraflı bir işbirliğine de imkan tanıdığını; böylelikle gelişen ilişki ve işbirliği çerçevelerinin, ilgili ülkeler arasında mevcut veya muhtemel sorunların çözülmelerini, ya da hiç değilse arka plana itilerek zaman içinde eritilmelerini mümkün kıldığını kanıt lamıştır.

Sadece işbirliği ve karşılıklı bağımlılığın artırılması ve ortak menfaatlerin doğru teşhis edilip, çağdaş bir refah düzeyine doğru elbirliğiyle hareket edilmesi, mevcut sorunların ortadan kaldırılmasını sağlayabilecektir.

Türkiye bölgedeki ihtilafların giderilmesi konusunda başlangıçtan itibaren her türlü çabayı göstermektedir. Burada önemli olan, ihtilaf ların ve düşmanlıkların ebedi olmayacağının iyi anlaşılmasıdır.

Kafkasya'da Azerbaycan ile Ermenistan arasında yaşanan ihtilaflar, Türkiye'yi doğrudan ilgilendirmektedir Çünkü Kafkasya, Türkiye nin Orta Asya'ya geçiş yoludur. Bu yol bugün yaşanmakta olan ihtilaflar nedeniyle kapalı durumdadır. Yaşanan her krizde doğabilecek nüfus hareketleri, akrabalık bağları nedeniyle Türkiye'yi bir cazibe noktası haline getirmekte ve potansiyel bir tehlike arzetmektedir.

Azerbaycan-Ermenistan ihtilafı geniş bir perspektifte değerlendiril diğinde, Türkiyenin Ermenistan ile kurabileceği ilişkiler açısından handikaplar doğurmaktadır. Türkiye önyargısız bir şekilde Ermenis tan ile ilişkilerini geliştirmek arzusundadır. Ancak, Ermenistan'ın "sözde soykırım" politikasına angaje olması ve Azeri toprakla rındaki işgalini sürdürmesi, bu konuda yapabileceğimiz açılımların oldukça sınırlı kalmasına neden olmaktadır.

Gerek Karadeniz Ekonomik İşbirliği çerçevesinde, gerek Kafkasya boyutunda ülkeler arasındaki işbirliğinin, ticaretin, mal, insan ve sermaya hareketlerinin bölgede ortak refaha ulaşılmasında ve barış ve istikrarın yerleştirilmesinde önemli rolü olacaktır. Bunun gerçekleştirilebilmesi, öncelikle uluslar arası hukuk ve meşruiyet dışı hareketlere son verilmesi ile mümkündür.

Kafkasya'da uluslararası hukukun ve meşruiyetin tesis edilememiş olması, Rusyanın bu bölgeye yönelik hegamonik eğilimlerini sürdür mesine de neden olmaktadır.

Bu bölge Avrupa'nın bir parçasıdır. Dolayısıyla, bu bölgenin güvenliğinin sağlanması ve Kafkasya'da barışın, Rusya'dan önce Avrupa'nın ortak bir sorunu olması gerekir. Bu arada İran'ın bölge üzerindeki ağırlığı ve coğrafyasının kendisine sağladığı avantajlar da bölgenin hassas stratejik konumunun daha iyi anlaşılması için gözönünde tutulması gereken bir unsurdur.

Türkiye'nin Orta Asya Cumhuriyetleri ile bir doğu-batı ekseni oluşturma gayretleri ne karşılık Rusya-İran-Ermenistan'nın bir kuzey-güney koridoru oluşturma gayret leri göze çarpmaktadır. Türkiye, bölgenin istikrarı açısından RF-İran-Ermenistan ve Iran-Ermenistan-Yunanistan gibi eksenlerin oluşmasını olumlu kabul etmemektedir. Türkiye'nin Kafkaslarla ilgilenmesinin eskiyi ihya amacıyla irtibatlan dırılması hem yersiz, hem de gerçek dışıdır. Türkiye'nin bu bölge ile ilgilenmesi, etrafındaki barış ve istikrar arayışlarının bir sonucudur.

Bölge ülkelerinin geniş insan ve doğal kaynaklarıyla birlikte dünya ekonomisiyle bütünleşme sürecinin tamamlanması, bu bölgenin bir an önce barış ve huzura kavuş masıyla ve bölge halklarının birbir leriyle karşılıklı işbirliğine girmeleriyle mümkün olabilecektir. Kafkasya'da barış ve istikrar, bu çok uluslu, çok kültürlü, çok dinli bölgede farklı uygarlıkların çatışma yerine işbirliği içinde birlikte yaşayabilmelerinin gerçekleşmesi açısından gerekli görülmektedir.

Hazar enerji projeleri, Avrupa Koridoru, İpek Yolu'nun canlan dırılması vb. Projelerin hayata geçirilebilmesi için, Kafkasya'da istikrarın tesisi öncelikli koşuldur. Kafkasya'nın barış ve istikrara kavuşması ve bu bölgede ortak refaha ulaşılması, başta Rusya olmak üzere tüm bölge ülkelerinin menfaatinedir. NATO, üç güney Kafkasya ülkesinin ittifak ile daha sıkı bağlar geliştirmesin den yana bulunmaktadır.

Azeri-Ermeni ihtilafı, Kafkaslar'daki duyarlı dengeleri tehdit eden niteliğini korumak tadır. Yukarı Karabağ sorununun çözüme kavuşturulmadan sürüp gitmesinin ilgili bütün ülkeler üzerinde yansımaları olmaktadır. Azeri-Ermeni sorunu halledilmedikçe, bu coğrafyada kalıcı ve adil bir barıştan söz edilemeyeceği açıktır. Türkiye, Kafkaslarda herkesin haklarının korunduğu bir barıştan yana bulunmaktadır.

Yukarı Karabağ Ermenilerinin ekonomik durumu kötüdür. Bölgenin dış dünya ile yegane irtibatı Laçin Koridoru üzerinden Ermenistan iledir. Bu yolun finansmanı da ABD'de yaşayan iki milyonluk Ermeni Diasporası tarafından gerçekleştirilmiştir.

Yukarı Karabağ sorununa henüz bir çözüm getirilememiş olması, bölgede barış, istikrar, güvenlik ve işbirliğinin önündeki en büyük engeldir. Sorunun uluslar arası meşruiyet zemininde adil ve kalıcı bir çözüme kavuşturulması, artan refah ve işbirliği imkanlarından bölgede yaşayan bütün halkların pay sahibi olmasının yolunu açacak yegane anahtardır. Bu da ancak tarihten husumet yerine işbirliği çıkarmak ve yeni bir geleceğin inşaasını başlatmak suretiyle mümkün olabilir. Yukarı Karabağ sorunu esas olarak Azerbaycan ile Ermenistan arasında bir ihtilaf olmakla beraber, niteliği itibarıyla başta Türkiye olmak üzere üçüncü ülkelere de yansımaları bulunmaktadır.

Kaynaklar;

*Natig Samedov Qafqaz Üniversitesi Öğrencisi TASAM Stajyeri
Azerbaycan Arşivleri
Kars Antlaşması 13 ekim 1921 ve Moskova Antlaşması 16 Mart 1921
"AZERBAYCAN – ERMENİSTAN İLİŞKİLERİNDE RUSYA VE İRAN FAKTÖRÜ
Türkmençay antlaşması XV maddesi : Rusya – İran 21 Şubat 1828
S.Kemal Ermetin, "Türk Soykırımı" –. Töre Yayın Grupu. I baskı Ocak 2001
Yeşildirek İstanbul.
http://www.kokturkler.net/Arastirma/47/AZERBAYCAN-DOSYASI1.html
http://www.belgeler.com/blg/t4e/daglik-barabag-sorunu-ve-uluslararasi-orgutler-nagorno
karabakh-problem-and-international-organisations
Birleşmiş Milletler 822, 853, 874, 884 sayılı kararları – 1993 Nisan-Kasım Ayları
Conflict In The Soviet Union: Black January in Azerbaidzhan, Human Rights Watch, 1991,
s. 35.Svante Cornell, Azerbaijan Since Independence, M.E. Sharpe, New York, 2011, s.
48.Kasım Hacıyev, Karabağ'ın Maddi ve Manevi Kültürü, Karabağ: Sorular ve Gerçekler,
s. 57
Hürriyet, 21 Ocak 1990.
Namık Kemal Zeybek, Özal'dan Erdoğan'a, Radikal, 10 Kasım 2007.
Günaydın, 25 Ocak 1990.
Cumhuriyet, 21 Ocak 1990.
Cumhuriyet, 21 Ocak 1990.
Milliyet, 22 Ocak 1990.
AGAYAN, Ç. P., Rol Rossii v İstoriçeskih Sudbah Armyanskogo Naroda (k 150 Letiyu
Prisoyedineniya Vostoçnoy Armenii k Rossii). Moskova 1978.
ALİYEV, Ali, Elince Yaddaşı. Bakı 2004.
ARMAOĞLU, Fahir, 20. Yüzyıl Siyasi Tarihi (1914-1990), Ankara 1991.
ASLANLI, Araz, "Ermenistan'ın Azerbaycan Topraklarını İşgali Sorununun Hukuki
Boyutu: Azerbaycan'ın Meşru Müdafaa Hakkı Devam Ediyor mu?", Ermeni Araştırmaları
Dergisi, Sayı: 9, Ankara 2003.
AVETİSYAN, Rafael, Armeniya v Strukture Sovremennıx Mejdunarodnıx Otnoşeniy
Kavkazskogo Regiona, Sankt-Peterburg 2011, Tema Dissertatçii i Avtoreferata po VAK
23.00.04, http://www.dissercat.com/content/armeniya-v-strukture-sovremennykh-
mezhdunarodnykh-otnoshenii-kavkazskogo-regiona.
AYDOĞAN, Metin, Bitmeyen Oyun: Türkiye'yi Bekleyen Tehlikeler, İstanbul 2003.
BLANDY, C. W., Azerbaijan: Is War Over Nagorny Karabakh a Realistic
Option?, Advanced Research and Assessment Group, Caucasus Series 08/17. Defence
Academy of the United Kingdom 2008.
BRZEZİNSKİ, Zbiqniew, Büyük Satranç Tahtası: Amerika'nın Önceliyi ve Bunun
Jeostratejik Gerekleri.İstanbul 1998.
BRZEZİNSKİ, Zbiqniew, Stratejik Vizyon: Amerika ve Küresel Güç Buhranı, İstanbul
2012.
CABBARLI, Hatem, "Ermenistan-Rusya İlişkileri veya Rusya'nın Bir Eyaleti "Bağımsız
Ermenistan"", Ermeni Araştırmaları Dergisi, ASAM Yayınları, Ankara 2004.
CHİTADZE, Nika, "Gürcistan-Rusya Savaşının Ardından Güney Kafkasya'da
Güvenlik", Türk Dış Politikası. Uluslararası III. Türk Dış Poltikası Sempozyumu
Tebliğleri, Uluslararası Stratejik Araştırmalar Kurumu (USAK) Yayınları, Ankara 2009.
CORNELL, Svante, "Small Nations and Great Powers, A Study of Ethnopolitical Conflict
In The Caucasus", Ricmond, Surrey, Curzon 2001.

ÇAKMAK, Haydar, "Avrupa Güvenliği ve Türkiye", Türk Dış Politikası, Uluslararası III Türk Dış Politikası Sempozyumu Tebliğleri, USAK Yayınları, Ankara 2009.

ÇAŞIN, Mesut, "İran Silahlı Kuvvetleri", Avrasya Dosyası, Cilt: 2, Sayı: 1, Ankara, 1995.

ÇİMEN, Ali, Göğebakan, Göknur, Tarihi Değiştiren Savaşlar, İstanbul 2009.

DAVUTOĞLU, Ahmet, Stratejik Derinlik: Türkiye'nin Uluslararası Konumu. İstanbul 2010.

DEKMEJİAN, R. H., Soviet-Turkish Relations and Politics in the Armenia SSR, Soviet Studies, vol. 19, No: 4, April, 1968

DUGİN, Aleksandr, Rus Jeopolitiği Avrasyacı Yaklaşım, İstanbul 2004.

ELNUR, Aslanov, Devletin Düşmanları Barede, Yahut Prezidentin Konuşmasında Dair Sözardı, http://www.gun.az/tribune/56526.print

FRİEDMAN, George, Gelecek 10 Yıl. İstanbul 2011.

FUKUYAMA, Frensis, Konets İstorii i Posledniy Çelovek. Moskva 2004.

GÜL, Nazmi-Gökçen Ekici, "Azerbaycan ve Türkiye ile Bitmeyen Kan Davası Ekseninde Ermenistan'ın Dış Politikası", Avrasya Dosyası, Uluslararası İlişkiler ve Stratejik Araştırmalar Dergisi, Azerbaycan Özel,Cilt: 7, Sayı: 1, Ankara 2001.

GÜL, Nazmi-Gökçen Ekici, "Ortak Tehdit Algılamaları Ve Stratejik İttifaklığa Doğru İlerleyen İran-Ermenistan İlişkileri", Stratejik Analiz, Cilt: 2, Sayı: 22, İstanbul 2002.

HABİBBEYLİ, Erestü, Sivilizasyonların Kesişmesinde Türk Dünyası, Bakı 2011.

HASANOV, Ali, Çağdaş Uluslararası İlişkiler ve Azerbaycan'ın Dış Politikası, Bakü, 2005.

HİLLENBRAND, Kerol, Krestovıye Poxodı. Vzglyad s Vostoka: Musulmanskaya Perspektiva, Moskva 2008.

HOLTOM, Paul, "Trends in International Arms Transfers 2011", SIPRI, March 2012, http://books.spri.org/files/FS/SIPRIFS1203.pdf, (Erişim Tarihi: 13.09.2012), http://www.dissercat.com/content/problema-uregulirovaniya-konflikta-v-nagornom-karabakhe-i-rol-mezhdunarodnykh-organizatsii.

HUNTİNGTON, Samuel P., Medeniyetler Çatışması ve Dünya Düzeninin Yeniden Kurulması, İstanbul 2005.

İBRAHİMLİ, Haleddin, Değişen Avrasya'da Kafkasya. ASAM Yayınları, Ankara 2001.

İBRAHİMOV, Rövşen, "Dağlık Karabağ Sorununun Uluslararası Hukuk Açısından Değerlendirilmesi", Karabağ: Bildiklerimiz ve Bilmediklerimiz, Kafkaz Üniversitesi Beynelhalk Münakaşaları Araştırma Merkezi, No: 002, Bakü 2010.

İSMAYILOV, Elnur, "Türkiye-Ermenistan Münasebetleri Kontekstinde Dağlık Karabağ Münakaşası", Karabağ: Bildiklerimiz ve Bilmediklerimiz, Kafkaz Üniversitesi Beynelhalk Münakaşaları Araştırma Merkezi, No: 002, Bakü 2010.

JAROSİEWİCZ, Aleksandra, Krzysztof Strachota, "Nagorno-Karabakh-conflict unfreezing" Center for Eastern Studies, p.6, http://www.osw.waw.pl/en/publikacje/osw-commentary/2011-10-26/nagornokarabakh-conflict-unfreezing, (Erişim Tarihi: 18.09.2012).

KANTARCI, Şenol, "Tarihi Boyutuyla Ermeni Sorunu: Başlangıçtan Lozan'a", Ermeni Sorunu El Kitabı (genişletilmiş ikinci baskı), Ankara 2003.

KASIM, Kamer, "Origins and Consequences of the Karabakh Conflict", Basic Principle for the Settlement of the Conflicts on the Territories of the GUAM States, 15-16 April 2008.

KASIM, Kamer, "Türkiye'nin Kafkasya Politikası: Fırsatlar ve Güvenlik Problemleri" , Türk Dış Politikası Uluslararası III. Türk Dış Poltikası Sempozyumu Tebliğleri, Uluslararası Stratejik Araştırmalar Kurumu (USAK) Yayınları, Ankara 2009.

KAŞGARLI, Mehlika, "Haçlı Seferleri ve Ermeniler", Türk-Ermeni İlişkileri. 21. Yüzyıla Girerken Tarihe Dostca Nakış, Ankara 2000.

KAZİMİROV, Vladimir, Mir Karabahu. Posredniçestvo Rossii v Uregulirovanii Nagorno-Karabahskogo Konflikta, Mejdunarodnıye Otnoşeniya, Moskva 2009.
KENJETAEV, Marat, "Oboronnaya Promışlennost Respubliki Armeniya", http://cast.ru/russian/publish/1997/oct-dec/1.html.
KIRPIK, Güray, "Birinci Haçlı Seferinde ve Kurtuluş Savaşı'nda Türk-Ermeni-Fransız Münasebetlerinin Benzer Yönleri", Turkish Studies, International Periodical For the Languages, Literature and History of Turkish or Turkic, Volume 3/4 Summer 2008.
KOCAMAN, Ömer, "ABD ve İsrail Azerbaycan'dan Yardımmı Umuyorlar", http://www.turksam.org/tr/yazilar.asp?kat=5&yazi=788.
KOÇARYAN, Robert, "İskat Vıgodu v Sglajivanii Protivoretçiy", Mejdunarodnaya Jizn, No: 2 2003.
KUZİK, Boris, Yakovets, Yuriy, Tsivilizatsii: Teoriya, İstoriya, Dialog, Buduşyeye. İnstitut Ekonomiçeskih Strategiy, T. 1, Moskva 2006.
QASIMLI, Vüsal, Şiriyev, Zaur, Veliyeva, Zülfiye. İran-Ermenistan İlişkileri, Jeopolitik Gerçeklik Versus Siyasi İddialar. Bakü 2011.
QASIMOV, Musa, Azerbaycan'ın Xarici Siyaseti (Konsepsiya Meseleleri). Bakı 1997.
QULUZADE, Vefa, Geleceğin Ufukları. Bakı 1999.
LİPRANDİ, A. P. Kavkaz i Rossiya, Xarkov 1911.
MALIŞEVA, Dina, "Problemı Bezopasnosti na Kavkaze", http://www.ca-c.org/online /2001/journal_rus/cac-01/05.malishr.shtml.
MAZICI, Nurşen, Belgelerle Uluslararası Rekabette Ermeni Sorununun Kökeni (1878-1918), Gümüş Basımevi, İstanbul 1987.
MCDOWALL, David, "The Kurdish Question: A Historical Review", In The Kurds: A Contemporary Overview, ed. by Philip G. Kreyenbroek and Stefan Sperl, London 1992.
MUSTAFAYEV, Beşir, "Dağlık Karabağ Münakaşası ve Bu Konuda Azerbaycan'ın Dış Politikası İçin Bir Akademisyen Önerisi", Dağlık Karabağ Üzerine Analizler (Derleyenler: C. Kasımlı, İ. Arslan), Gündoğan Yayınları, İstanbul 2015.
MUSTAFAYEV, Beşir, "Dünya Siyasi Coğrafyasında Türkiye-Ermenistan Sınır Kapısı Tartışmaları Üzerine Akademik Görüşler", Kadim Dostluğun Yüz Yıllık Açmazında Türk-Ermeni İlişkileri Sempozyumu:Toplumsal Bellek, Önyargılar ve Gerçekler, Antalya 08-11 Nisan 2015.
MUSTAFAYEV, Nazım, "Gümrü Tarihinden Sayfalar" (Çev: Beşir Mustafayev), Atatürk Üniversitesi Türkiyat Araştırmaları Dergisi, Yıl 9, Sayı 20, Erzurum 2002.
MUSTAFAYEV, Beşir, "Karabağ'ın İşgal Süreci ve Bölgede Yaşanan Son Olaylar Çerçevesinde Çözüm Arayışları", Atatürk Üniversitesi Uluslararası Türkiyat Araştırmaları Enstitüsü Dergisi (TAED), Sayı. 49, Yıl. 19, Erzurum, Haziran 2013
MÜLLER, Harald, Kültürlerin Uzlaşması, Timaş Yayınları, İstanbul 2001.
NEHRU, Cevahirlel, Ümumdünya Tarihine Nezer, Genclik Yayınları, Bakı 1986.
NERSESYAN, M. G., İz İstorii Russko-Armyanskih Otnoşeniy, Erevan 1956.
Samuel P. Huntington, a. g. e., s. 306, 312-313.
Artem Vartanyan, "Problema Uregulirovaniya Konflikta v Nagornom Karabahe i Rol Mejdunarodnıh Organizatçiy", Tema Dissertatçii i Avtoreferata po VAK 23.00.04, Moskva 2011, http://www.dissercat.com/content/problema-uregulirovaniya-konflikta-v-nagornom-karabakhe-i-rol-mezhdunarodnykh-organizatsii.
 Bkz. Beşir Mustafayev, "Karabağ'ın İşgal Süreci ve Bölgede Yaşanan Son Olaylar Çerçevesinde Çözüm Arayışları", Atatürk Üniversitesi Uluslararası Türkiyat Araştırmaları Enstitüsü Dergisi (TAED), Sayı. 49, Yıl. 19, Erzurum, Haziran 2013, s. 281-294.

Gayane Novikova, "Implications of the Russian-Georgian War in the Nagorno-Karabakh
Conflict: Limited Maneuverability" Caucasus
Edition, http://caucasusedition.net/analysis/implications-of-the-russian-georgian-war-in-
the-nagorno-karabakh-conflict-limited-maneuerability, (Erişim Tarihi: 18.09.2012).
Aleksandra Jarosiewicz, Strachota, Krzysztof, "Nagorno-Karabakh-conflict
Unfreezing" Center for Eastern Studies, s. 6, http://www.osw.waw.pl/en/publikacje/osw-
commentary/2011-10-26/nagornokarabakh-conflict-unfreezing, (Erişim Tarihi:
18.09.2012).
C.W., Blandy, Azerbaijan: Is War Over Nagorny Karabakh a Realistic Option? Advanced
Research and Assessment Group. Caucasus series 08/17, Defence Academy of the United
Kingdom May 2008, s. 7.
George Friedman, Gelecek 10 Yıl, Pegasus Yayınları, İstanbul 2011, s. 169-170.
 George Friedman, a. g. e., s. 182.
 Zbiqniew Brzezinski, Stratejik Vizyon: Amerika ve Küresel Güç Buhranı, İstanbul 2012, s.
111.
http://www.enerjigunlugu.net/icerik/17908/doc-ismayil-azeriermeni-catismasi-tanapi-
etkiemez.html#.VwLQzA-w89n.twitter

Azerbaycan Respublikasının Herbi Doktrinası, Azerbaycan Respublikasının Milli Meclisi,
08 Haziran 2010, http://meclis.gov.az/?/az/law/183#comment
Beşir Mustafayev, "Dağlık Karabağ Münakaşası ve Bu Konuda Azerbaycan'ın Dış
Politikası İçin Bir Akademisyen Önerisi", Dağlık Karabağ Üzerine
Analizler (Derleyenler: C. Kasımlı, İ. Arslan), Gündoğan Yayınları, İstanbul 2015, s. 43.

KAÇKINLARIN (MÜLTECİLERİN) DURUMU

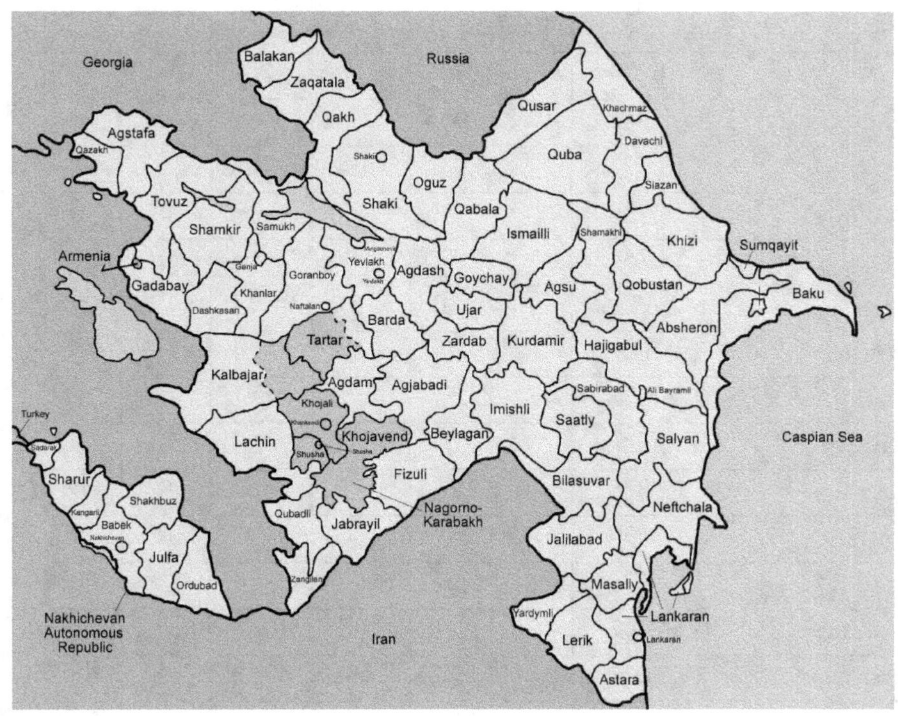

Tablo-1 de Karabağ Bölgesinden zorla göç ettirilen nüfusun milliyet dağılımı ve yerleştirildikleri bölgeler vardır. Tabloyu genel olarak değerlendirmek istersek ortaya şöyle bir sonuç çıkmaktadır; Azerbaycan genelinde toplam kaçkın sayısının 576.234 olduğu ve bunlardan Azerbaycan Türklerinin 570.466, Kürtlerin 4798, Anadolu Türklerinin 357, Rusların 516 ve diğer azınlıkların da 97 kişi olduğu görülmektedir.

İl ve ilçelere bakıldığında, çoğunluk Bakü (153.392), Bedre (49.446), Fuzuli (50.155), Sumgayıt (43.679), Akdam (20.609), Sabirabat (17.954), Laçin (16.986), Terter (15.065), İmişli (15.468) ve Yevlah (11.559) ilinde yoğunlaştığı anlaşılmaktadır. Aşağıdaki tabloda bu durum ayrıntılı olarak gösterilmektedir.

Tablo: 1: Mültecilerin (Kaçkınların) ve Mecburi Göçmenlerin Etnik Dağılımı

Yerleştirildiği il/ilçe	Toplam	Azerbaycan Türkleri	Kürtler	Türkler	Ruslar	Diğer
Azerbaycan	57,6234	570,466	4,798	357	516	97
Nahçıvan	945	945	0	0	0	0
Bakü	153,392	152,935	197	198	1	61
Binakadi	23,858	0	0	15	0	0
Azizbeyov	12,763	12,717	30	6	0	10
Hatayi	1,6356	16,300	0	44	0	12
Karadağ	9,328	9,264	41	14	0	9
Nerimanov	12,351	12,348	2	1	0	0
Nesimi	11,086	11,066	0	13	0	7
Nizami	12,878	12,765	72	30	0	11
Sabuncu	17,550	17,528	0	22	0	0
Sebail	7,274	7,242	17	11	1	3
Suraham	14,347	14,292	35	20	0	0
Yasamal	15,601	15,570	0	22	0	9
Alibayramlı	4,721	4,721	0	0	0	0
Gence	15,304	15,296	0	4	0	4
Mingeçevir	18,338	18,332	0	6	0	0
Sumgayıt	43,679	43,626	40	8	0	5
Naftalan	3,390	3,390	0	0	0	0
Abşeron	9,362	9,362	0	0	0	0
Ağcabedi	18,296	18,134	159	3	0	0
Akdam	20,609	20,593	0	16	0	0
Aktaş	3,367	3,290	77	0	0	0
Akstafa	1,320	1,302	8	10	0	0
Aksu	1,748	1,748	0	0	0	0
Astara	55	55	0	0	0	0

Balaken	250	250	0	0	0	0
Beylegan	16,295	16,117	113	40	25	0
Bedre	49,446	49,436	2	3	0	5
Bilesuvar	19,863	19,855	0	5	0	3
Celilabat	1,376	1,374	1	1	0	0

Tablo-2: Dağlık Karabağ Göçmenlerinin Sosyo-Ekonomik Sorun ları

Daşkesen	1390	1388	0	2	0	0
Deveci	345	345	0	0	0	0
Fuzuli	50155	50153	0	2	0	0
Gedebey	323	323	0	0	0	0
Goran boy	6208	6208	0	0	0	0
Gökçay	1995	1995	0	0	0	0
Hacılabul	1865	1864	0	1	0	0
Haçmaz	460	0	0	0	460	0
Hanlar	5697	5694	0	3	0	0
Hızı	485	485	0	0	0	0
İmişli	15468	15468	0	0	0	0
İsmailli	3355	3150	203	2	0	0
Kürdemir	2743	2720	17	3	0	3
Kak	1052	1052	0	0	0	0
Kazak	6689	6685	0	4	0	0
Kabele	1896	1745	146	5	0	0
Kobustan	473	458	15	0	0	0
Kuba	261	192	69	0	0	0
Kusar	23	22	0	0	1	0
Laçin	16986	13415	3571	0	0	0
Lerik	6	6	0	0	0	0

Lenkeran	509	509	0	0	0	0
Masallı	455	435	19	1	0	0
Neftçala	370	370	0	0	0	0
Oğuz	2744	2744	0	0	0	0
Saatli	13656	13610	36	0	0	10
Sabirabat	17853	17825	11	17	0	0
Salyan	1565	1565	0	0	0	0
Samuh	1760	1736	22	2	0	0
Siyezen	199	199	0	0	0	0
Şamahı	1267	1267	0	0	0	0
Şeki	5311	5251	60	0	0	0
Şemkir	1852	1852	0	0	0	0
Terter	15065	15061	0	3	0	1
Tavuz	18	18	0	0	0	0
Ucar	1022	1015	0	2	0	5
Yardımlı	10	10	0	0	0	0
Yevlah	11559	11511	32	16	0	0
Zakatala	368	339	0	0	29	0
Zerdab	1020	1020	0	0	0	0

Kaynak: Azerbaycan Cumhuriyeti, Devlet Göçmen Sorunları Genel Müdürlüğü

Mülteci ve Mecburi Göçmenlerin Sorunları

Dağlık Karabağ kaçkınları ve mecburi göçmenler birçok sorunlarla karşş karşıya bulunmaktadırlar. Bu sorunlar barınma, beslenme, işsizlik, eğitim ve güvenliğe kadar birçok alanda değişik şekillerde kendisini göstermektedir. Sorunların çözümünde kaçkın ve mecburi göçmenler arasında bir karşılaştırma yapıldığında kaçkınların sorun larının geçen yıllar içerisinde büyük oranda çözüldüğü ve mecburi göçmenlere oranla, sosyal ve ekonomik şartlar bakımından göreli olarak daha iyi şartlar içerisinde bulundukları söylenebilir. Şimdi aşağıda kaçkın içerisinde bulundukları söylenebilir.

Aşağıda kaçkın ve göçmenlerin yaşadıkları sorunlar ayrı başlıklar halinde irdelenecektir.

Barınma ve Kalıcı Konut Sorunları

Azerbaycan'da göçmenlerin karşılaştıkları en önemli sorunların başında bu insanların bir an önce kalıcı olarak barınacakları bir yere sahip olamamaları gelmektedir. Ancak sorun hakkında uluslararası kuruluşların ilgilerinin yetersizliğnden dolayı genel bir çözüm yolu bulunamamaktadır. Azerbaycan hükümeti de kendi ekonomik ve sosyal durumundaki yetersizlikler nedeniyle, gereken oranda çözüm yolları üretememektedir. Ayrıca göçmenler Azerbaycan toprakları içinde fazla yayılmış bir durumda olduklarından dolayı hizmetler sınırlı kalabilmektedir.

Mecburi göçmenler Azerbaycan genelinde daha çok 31 şehir ve bölgede yerleştirilmiştir. Azerbaycan yönetimi göçmenleri Bakü dışında diğer bölgelerde yerleştirme politikası gütse de bunda pek başarılı olamamıştır. Azerbaycan'ın 72 idari bölgesinden 57'sine yerleşen göçmenlerin tahminen %43'ü şehirlerde, 1/5'i ise sınır bölgelerinde kalmıştır. Şehre yerleşenler daha ziyade okul, yurt, çocuk yuvası, pansiyon gibi devlete ait sosyal binalarda yerleştiril mişlerdir. Sınır bölgelerindekiler ise sosyal binaların yanı sıra akraba ve tanıdıklarının yanlarına yerleşmişlerdir. Göçmen (kaçkın ve mecburi göçkün) yerleşim birimlerinin çoğunda temiz su, elektrik, kanalizasyon vs. gibi altyapı yatırımları yetersiz veya hiç mevcut değildir. Sigma Araştırma Merkezi'nin 1997 yılında yapmış olduğu bir çalışmada göçmenlerin sadece %7'sinin yaşadıkları yerlerin asga ri yaşam standardına uygun olduğu anlaşılmıştır (Oğan 2001: 441).

Dağlık Karabağ Göçmenlerinin Sosyo-Ekonomik Sorunları

Mülteci ve Mecburi Göçmenlerin Mevcut İskan Durumu

Toplam göçmenlerin yaklaşık 1/3'ü çeşitli şekillerde elde edilen evlerde yaşamaktadırlar. Evlerde yaşayan göçmenlerin ise yaklaşık %55,6'sı büyük şehirlerde bulunmaktadır. Ermenistan ve Orta Asya dan (Ahıskalılar) göç ettirilen 47 bin aileye (ki bu rakam toplam Kaçkın ailelerin %95,6'sını kapsar) kalacak ev sağlanmıştır Bu ailelerden yaklaşık 10 bin kaçkın ikinci defa göçmen durumuna düşmüştür.

Göçmenlerin iskan durumları sayısal olarak şu şekildedir:

-Çadırlarda 15.530 aileden ibaret 73.982 kişi,
-Gecekondularda 19.782 aileden ibaret 98.979 kişi,
-Devlete ait konutlarda, çocuk yuvalarında, okullarda ve yurtlarda 43.905 aileden ibaret 175.255 kişi,
-Tatil köyleri ve sanatoryumlarda 5.236 aileden ibaret 20.240 kişi,
-Akraba ve Tanıdık evlerde 38.926 aileden ibaret 156.420 kişi,
-Başkalarına ait olduğu halde göçmenler tarafından zapt edilmiş, evlerde 8.954 aileden ibaret 35.472 kişi, inşası yarım kalmış, binalarda 8.954 aileden ibaret 44.502 kişi,
-Çiftliklerde 7.555 aileden ibaret 32.721 kişi,
-Yük vagonlarında 2.076 aileden ibaret 8.859 kişi,
Yol kenarlarında ve toprakta kazılmış, mağaralarda 3.418 aileden ibaret 14.864 kişi (Hatemov 2005: 142).

Ayrıca Ermenistan kaçkınları ile Bakü'de yaşayan Ermenilerin karşlıklı olarak evlerini değişirmelerine (mübadele) resmen izin verilmiştir.

Göçmenler arasında çadırlarda, barakalarda, yük vagonlarında, yarım kalmış inşaatlarda, yol kenarlarında, mağaralarda yaşayan ailelerin durumları diğerlerine göre daha zordur. Özellikle kış aylarında buralarda barınmak çocuk ve yaşlılar için katlanılır gibi değildir. Elektriği, suyu ve kanalizasyonu olmayan bu gayri sıhhi yerlerde yaşayan çocukların sağlıklı olarak yetişip topluma katıl maları uzun bir süreç, gerektirecektir. Devlet şehit ailelerinin yerleştirilmesine öncelik vermesine rağmen bu konuda alınması gereken çok mesafe vardır ve çok sayıda aile uygun bir yere yerleşebilmek için sıra beklemektedir. Ayrıca okul, yurt ve çocuk yuvalarında üç- dört aile bir arada kalmaya mecbur olmaktadır (Yeşilot 2006: 87-88).

Gıda ve Beslenme Sorunları

Dünya gıda programının Ekim 2001'de yaptığı bir araştırmada göçmenlerin temel gıda ihtiyaçlarının ciddi bir biçimde azaldığı görülmüştür. Azerbaycan yetkilileri de beslenmenin nüfusun geri kalanına oranla önemli ölçüde kötü bir durumda olduğunu bildirmiştir. Zaten Azerbaycan halkının gelir seviyesinin düşük olduğu göz önüne alınacak olursa, göçmenlerin durumunun ne kadar zor olacağı daha iyi anlaşılabilir.

Yapılan araştırmalarda, kaçkın ve mecburi göçmen ailelerinin 2/3 ünün gıda yardımı almalarına rağmen gıda ve gıda dışı ihtiyaçları nın yetersiz kaldığı ortaya çıkmıştır. Ailelerin ancak %25'i kendi ihti yaçlarını bir şekilde karşılayabilmektedirler. Bugün mülteci ve mec buri göçmenlerin gelir kaynaklarının en önemli kısmını, (yardımlar, maaş, emekli aylığı, sosyal güvenlik yardımları) oluşturmaktadır.

Bunun dışında ikinci sırayı; kaçkın ve mecburi göçmen tarafından kurulan özel işyerleri, geçici işler ve çeşitli kurumlardan alınan küçük krediler almaktadır. Ancak bu kredi kurumları içerisinde bankalar bulunmamaktadır. Genellikle göçmenlerin gelir kaynakları arasında sivil toplum kuruluşlarınca ve bazı devletlerce yapılan insani yardımlar önemli bir yer tutmaktadır (Muradov 2003: 60)

Mülteci ve mecburi göçmenler Azerbaycan toplumu içerisinde yoksul kesimin en alt tabakasında bulunmaktadırlar. Toplumun bu kesimindeki mevcut yoksulluk Azerbaycan toplumunda da bazı sos yal problemlere sebep olmaktadır. Özellikle göçmen ailelerde genç nüfus arasında ciddi bir tehlike olarak ortaya çıkan bu durum klasik Azerbaycan ailesinin gelecek yapılanması üzerinde ciddi sorunlara yol açabilecek niteliktedir (Oğan 2001: 444).

Tablo 3: Mülteci ve Mecburi Göçmenlerin Geçim Durumu

Gruplar	İhtiyaç Derecesine Göre Kaçkın ve Mecburi Göçmen Grupları	Sayı	%
1.Şiddetle Acil İhtiyaç Duyanlar	Çadırlarda, tren vagonlarında ve inşaatta yaşayanlar	63.51O	7.9
2.Acil İhtiyaç Duyanlar	Toprak mağaralarda, yol kenarlarında ve köylerdeki sosyal binalarda yaşayanlar	104.406	12.9
3.Acil İhtiyaç Duyanlar	Baraka kasabalarda, Bakü ve Sumgayıt gibi büyük Şehirlerde sosyal binalarda yaşayanlar	131.017	16.3
4.Kısmenİhtiyaç Duyanlar	Özel Devlet ve diğer evlerde yaşayanlar	506.78O	62.9
AZERBAYCAN	Kaçkın Ve Mecburi Göçmenlerin Toplam Sayısı	805.713	100

Kaynak: (Hatemov 2005: 143).

İşsizlik Sorunları

Mülteci ve mecburi göçmenlerin geçim sorunları ile de doğrudan ilgili olan bu sorun, göçmenlerin zor yaşam koşullarında sıklıkla karşılaştıkları bir sorundur. Göçmenlerin %49,7'sini çalışabilir işgücüne sahip nüfus oluşturmaktadır ki, bu nüfus içerisinde işsiz lik çok yüksek boyutlardadır. Bu kesim arasında çalışabilir nüfusun ancak %33,9'u iş bulabilmiştir. Çalışabilir nüfusun büyük bir kesimi (%34,2) tarım sahasında, %6,6'sı eğitim, %5,4'ü sağlık ve %4,9'u ise inşaat sahasında çalışabilir nüfustur (Hatemov 2005: 145).

Çalışabilir nüfusun 1/3'ü ise vasıfsız işgücü statüsündedir. Sigma Araştırma Merkezi'nin 1997 yılında kaçkınlar ve mecburi göçmenler arasında yapmış olduğu bir kamuoyu yoklamasında göçmenlerin %92,5'inin en az bir yıldır iş aradıkları ortaya çıkmıştır. Zor yaşam şartları altında bulunan göçmenler için işsizlik en önemli sorunlar

arasındadır. Kamuoyu yoklamasına katılan göçmen ailelerin %7,3
ünün aile reisleri başka bir yerde çalıştıkları için ailesinden ayrı yaşa
maktadır (Hatemov 2005: 146).

Göçmenlerin büyük bir kısmı (%41) daha önce sadece tarım
sahasında çalışmışlardır, bu nedenle şehirlerde kendi yeteneklerine
göre iş bulabilmeleri son derece güç olmaktadır. Göçmenler
arasındaki işsizliğn yüksek seviyede olması onların bir kısmının
diğer yollara (yasa dışı) sapmalarına da sebep olmaktadır (Hatemov
2005: 146).

Eğitim Sorunları

SSCB döneminde eğitim konusunda problem yaşamayan Azerbay
can, bağımsızlıktan sonraki süreçte, ekonomik seviyenin düşük
olmasınında etkisiyle, birtakım sorunlarla karşılaşmaktaydı. Bu
sorun Dağlık Karabağdaki mültecilerin göçüyle birlikte daha zor bir
safhaya ulaşmıştır. Azerbaycan genelide eğitim durumunu
incelemek, Dağlık Karabağ mültecilerin eğitim sorununu anlama
mızda faydalı olacaktır. Göçmenlerin geri dönme süreleri uzadıkça
bunlar için yeni sorunlar da ortaya çıkmaktadır. Zira onlarca yıldır
göçmen durumunda yaşayan bu insanlar yaşamın doğal süreci
içerisinde, ölümler nedeniyle bir azalma olurken diğer yandan yeni
doğumlar sayesinde göçmen nüfusuna yeni üyeler de katılmaktadır.
Göçmen olarak doğan bu çocukların geçinme, barınma gibi diğer
sorunlarının yanı sıra eğitim sorunları da gündeme gelmektedir.

Resmi verilere göre Azerbaycan'da okur-yazar oranı %97-98'e
ulaşmaktadır. Ancak bu yüksek oranı göçmenlerin yaşadığı
bölgelerde sürdürebilmek çok zordur; zira bunun için mevcut
eğitim alt yapısı yetersiz kalmaktadır. Çünkü Azerbaycan
Türklerine ait olan 616 okul, 234 çocuk yuvası, 12 teknik lise, 5 lise,
1 üniversite ve 2 fakülte Ermenilerin işgal ettikleri bölgelerde
bulunmaktadır. Yaklaşık 130.000 öğrenci ve 20.000'e yakın öğretmen
göçmen duru-mundadır. Bu gün şehir ve rayonlarda (illerde)

yüksek okul, 17 teknik lise, 48 teknik ortaokul, 850 okul binası ve yatakhanesiyle 100'den çok çocuk yuvasına 7500 aile yani 50.000'den fazla göçmen yerleştirilmiştir. Bu da ülkenin eğitim sisteminde büyük problemler yaratmaktadır. Çocukların eğitim alması için 708 okul tahsis edilmiştir. Bu okullarda 86.000 öğrenci eğitim görmekte ve 12.420 kaçkın öğretmen çalışmaktadır. Okul çağına gelmemiş çocuklar için de 1900 çocuğun eğitim alabildiği 39 çocuk yuvası açılmış, ve buralarda çalışmak üzere göçenler arasından 1200 kişi eğitimci olarak görevlendirilmiştir (Yeşilot 2006: 89).

Çadır şehirlerde kurulan geçici okulların yanı sıra vagonlarda da sağlıksız ve yetersiz eğitim yapılmaya çalışılmaktadır. Ayrıca mevcut okullardaki su, elektrik, ısınma ve kanalizasyon sorunları çözülebilmiş değildir. Göçmenlerle yapılan görüşmelerde ailelerin geçinmenin neredeyse imkansız olduğu bir ortamda hayat sürerken çocuklarını okula gönderemedikleri gerçeği ifade edilmiştir. Çocukların okulların başlamasına rağmen %60'tan fazlasının ders araç gereçlerinin ve kitaplarının olmadığı tespit edilerek, yapılan yardımların yeterli olmadığı görülmektedir. Göçmen gençlerin bir kısmının okudukları okulun harcını vermekte zorlandıkları bilin mektedir. Ayrıca okula gitmesi gereken çocukların buldukları işlerde çalışarak ailelerinin geçimlerine yardımcı olmaya çalıştıkları gözlenmektedir (Yeşilot 2006: 89-90).

Azerbaycan yetkilileri bu sorunu çözmek için ülkede faaliyet gösteren yaklaşık 4.600 okuldan 707'sini göçmenlere ayırmıştır. Bu okullarda yaklaşık 100 bine yakın göçmen çocuğu eğitim ve öğretim görmektedir. Bu okulların bir kısmı çadır şehirlerinde bulunmak tadır. Mevcut okul ve bina sıkıntısı bu okullarda ikinci ve hatta üçüncü eğitimi zorunlu hale getirmiştir ve öğrencilerin %35'i ikinci ve üçüncü eğitimde okumaktadırlar.

Göçmenlerin eğitim sorunları sadece okul binalarından ibaret değildir. Bunun yanı sıra okul binalarının kanalizasyon, su ve

elektrik gibi altyapı yetersizlikleri, dersliklerin ve okul araç-gereç
lerinin eksikliği de önemli sorunlar arasındadır. Birçok bölgede okul
binası eksikliği yüzünden eğitim faaliyetleri çadır ve vagon okullar
da sürdürülmeye çalışılmaktadır. Diğer yandan büyük maddi ve
manevi baskılar altında ezilen göçmen çocukları çeşitli sebepler
yüzünden düzenli olarak okula gidememektedirler. Okul binası
sorununun ön plana çıkmasındaki en önemli sebeplerden birisi de
mevcut okulların göçmenlere tahsis edilmesidir. Toplam 52,900
göçmen okul binalarında yaşamaktadırlar. Göçmenler içerisindeki
eğitimcilerin ancak 20 bin kadarına iş bulunabilmiş geri kalan 5 bin
eğitimci ve 2,500 öğretmen işsiz durumdadır (Muradov 2003: 62).

Sağlık Sorunları

Çok sağlıksız şartlarda yaşayan göçmen çocukların büyük kısmı
kronik olarak rahatsızdır. Sık sık salgın hastalık tehlikesiyle karşı
karşıya kalınmaktadır. Suyu ve kanalizasyon şebekesi olmayan
yerlerde barınan bu çocuklar sık sık hasta olmaktadırlar. Ayrıca kış
aylarında üşüterek hasta olan çocukların sayısı da oldukça fazladır.
Hasta olan çocukların tedavileri yeterli sağlık personeli ve ilaç
olmadığı için yapılamamaktadır.

Yeterli şekilde beslenemeyen çocukların %35'inin başta anemiolmak
üzere birçok hastalığa yakalandığı görülmektedir. Temiz içme suyu
dahi bulunmayan bölgelerde yaşayan bu çocuklar her an ciddi
sağlık sorunlarıyla karşı karşıya kalmaktadırlar (Yeşilot 2006: 88).

Sağlık Bakanlığı ve çeşitli uluslar arası yardım kuruluşları (Türk
Kızılay da dahil) kurmuş oldukları "çadır şehirciklerinde" çadır
sağlık birimleri de oluşturmuş olmalarına rağmen bütün bunlar
yeterli olmamakta ve göçmenler ciddi sağlık sorunlarıyla karşı
karşıya bulunmaktadırlar. Kaçkın ve mecburi göçmenler arasında
var olan fiziki hastalıkların yanı sıra savaşın ve kötü yaşam
koşullarının getirdiği önemli oranda psikolojik rahatsızlıklar da
mevcuttur (Hatemov 2005: 147).

Yaşlarına göre göçmenlerde en fazla görülen rahatsızlıklar, Azerbaycan halkının tümü ile karşılaştırmalı olarak aşağıda veril mektedir. Tablodan anlaşılacağı gibi en önemli rahatsızlık yetersiz beslenmedir. Yetersiz beslenme ise bütün rahatsızlıkların kaynağı dır.

Tablo 4: Mültecilerin ve Mecburi Göçmenlerin Sağlık Durumu

HASTALIKLAR	GÖÇMEN DURUMU	ÜLKE ÇAPINDA
Beslenme Eksikliği	26,3	10,4
5 Yaş Altındaki Çocukların İshal Olması	23,4	15,2
6-59 Aylık Çocukların Beslenme Eksikliği	1,3	3
6-59 Aylık Çocukların Kronik Eksik Beslenmesi	30,5	21,5
Eksik Beslenen Yetişkinler	10,1	13,7
12-59 Aylık Çocukların Kansızlık Çekmeleri	46,1	43,3
Kansızlık Çeken Hamile Olmayan Kadınlar	40,7	35,5
Kansızlık Çeken Erkekler	34,4	25
1.Dereceden Guatr Hastası Olan Yetişkinler	23	9,8

Kaynak: (Ogan 2001: 446).

Göçmenler için bir diğer sorun da çocuk ölümlerinin ve özellikle de 50 yaşın üzerindeki insanlar arasındaki ölüm oranlarının artmasıdır. Göçmenlerin büyük bir kısmının önceki dönemde yaşamlarını sürdürdükleri yayla ve köy ortamından büyük şehir ve kasabalarda çok zor şartlar altında yaşamak durumunda kalmışlardır. Göçmen lerin hem çeşitli sosyal ve psikolojik baskılar altında olmaları ve hem de alışamadıkları bu yeni şartlar içerisinde özellikle de belirli

bir yaşın üzerinde olanları kısa süre içerisinde yaşamlarını kaybet
meye başlamışlardır (Oğan 2001: 447).

Can Güvenliği Sorunları

Geri planda kalmışlık, unutulmuşluk ve ihmal edilmişlik hissiyatı
içinde bulunan bu insanlar hem Bakü halkına hem de yerleştiril
dikleri bölgenin halkına karşı tavırlar almaya başlamışlarlardır.
Şüphesiz tek işle geçimini temin edemeyen, hala çok zor şartlar
altında yaşam mücadelesi veren kaçkın ve mecburi göçmenler
Azerbaycan'a sosyal-iktisadi yönden ek bir külfet getirmiştir.

Çok sayıda göçmenin yaşadığı şehir merkezlerinde istenmeyen bazı
olayların meydana gelmesi kaçınılmazdır. Kapıları kırılarak işgal
edilen evler, hırsızlık, dilencilik vb. gibi anomik rahatsızlıklarda
toplumsal olayların sayısında gözle görülen bir artış olmuştur.
Devlet bu konuda bazı güvenlik tedbirleri alarak insanların can ve
mal güvenliğini sağlamaya çalışmaktadır (Yeşilot 2001: 3).

Sovyetler birliği'nin dağılmasıyla birlikte bağımsızlıklarını kazanan
Orta Asya ülkeleri, bir yandan küreselleşen dünyanın sistemine
uyum sağlamaya çalışırken bir yandan da insani yaşam
standartlarını sağlamak ve bunu korumak gibi zorlu bir gayret
göstermek zorunda kalmışlardır. Orta Asya ülkelerinde sosyal
harcamalar bütçe içinde önemli bir yer tutmasına rağmen geçiş
halindeki diğer ülkeler ve BDT ülkelerine kıyasla oldukça düşüktür.
Orta Asya ülkelerinde sosyal güvenlik kapsamı dışında kalanlara
bir çeşit gelir yardımı yapılmakta ise de ihtiyaçlar
karşılanamamaktadır. Sosyal harcamaların yüksek seviyede
olmaması yaşam standartlarının ve sağlık hizmetlerinde kalitenin
düşmesine ve hizmet açığının ortaya çıkmasına yol açmıştır. İşsizli-
ğin çok fazla olması, negatif büyüme ve reel ücretlerdeki düşüşler
geçiş ekonomisine sahip ülkelerin yaşadığı istikrar sorunudur.
Ekonomideki kötü eğilimler devletin sosyal sisteme desteğini
azaltmıştır (Gel 2006: 74).

Azerbaycan'da Sosyal güvenlik ağı maliyeti oldukça yüksek olup, 1994 yılı istatistiklerine göre GSMH'nin %18'ini kapsamaktadır. Erkeklerde 16- 60, bayanlarda 16-55 yaş arası çalışama yaşı olarak kabul edilmiştir. Savunmasız gruplara verilmesi hedeflenen para yardımı için şu anki uygulamada belirlenen miktar, daha çok gelirli tüketiciye hitap etmektedir. Hedeflenen amaçlar doğrultusunda daha gerçekçi bir tüketim sepetinin dikkate alınması gerekmektedir. Sistem ile yaşlılar, sakatlar, çok çocuklu aileler ve işsizlerin korun ması hedeflenmiştir (Gel 2006: 74).

Azerbaycan Cumhuriyeti Devlet Sosyal Müdafaa Fonu 2003 yılı bütçesi; prim gelirinden 1.04 Trilyon Manat, devlet bütçesinden aktarılan miktar ise 768 milyar Manat olmak üzere toplam 1.8 trilyon Manat (367.480.000 Dolar)'dır. Bu fondan çalışanların hastalık izni, doğum izni, çocukların 3 yaşını tamamlayıncaya kadar anneye verilen izin, defin izni gibi sosyal güvenlik hakları mevcuttur. Bunların yanında yaşlılık, sakatlık, aile reisinin ölümü, defini hamilelik ve doğum, emek gücünü kısmen kaybetme, çalışanların sağlık ve bakımları, çocuklara 3 yaşına kadar bakım ücreti gibi sosyal nitelikli ücretler ödenmektedir (Gel 2006: 74).

Gerek insani ve milli, gerekse politik gerekçelerle, Dağlık Karabağ bölgesinden göçen mültecilerinin hepsine Azerbaycan Cumhuriyeti Azerbaycan vatandaşlığı statüsünü vermiştir. Buna rağmen sayının çok olmasından dolayı Dağlık Karabağ muütecileri diğer Azerbaycan vatandaşları kadar Sosyal Güvenlik Sisteminden faydalanamamaktadır. Azerbaycan devleti bu konuya yeni çözüm yolları aramaktadır.

Azerbaycan'ın Mülteci (Kaçkın) ve Mecburi Göçmen Politikası

Politik gözlemcilere göre; Azerbaycan'da aile, akraba, klan, bölgecilik, hemşerilik ilişkileri, siyasi görüşlerin ve demokrasinin önünde gelmektedir. Bu nedenle kurumsal ve siyasi kimliğin zayıf olduğu ve devlet geleneğinin yeterince gelişmediği gözlenmektedir.

Nitekim Haydar Aliyev'in Ermenistan kökenli Azerileri ("Garbi Azerbaycanlılar", "Yeraz", "Yerivan Azerbaycanlıları") bürokrasiye ve siyasete yerleştirdiği ve çevresinde bir güç oluşturduğu, ancak İlham Aliyev'in artık bu çevrenin desteğini tam olarak sağlayamadığı iddiaları bulunmaktadır. Söz konusu çevrenin, köy kökenli, muhafazakar, gelenekçi ve milliyetçi bir karakter taşıdığı, buna karşın İngilizce ve Azericeyi son on yılda öğrenen İlham Aliyev'in Azerbaycan'daki Rus dillilerin desteğine dayandığı ileri sürülmektedir.

Azerbaycan iktidarı içerisinde beş ayrı güç grubundan söz edilmektedir:

1-Devlet Başkanı İlham Aliyev Grubu; Rus dilli Azerbaycanlıların temsilcisi. Bunun yanında Nahçıvan ve Batı Azerbaycanlılara dayan maktadır.

2-Sağlık Bakanı Ali İhsanov Grubu (Batı Azerbaycanlılara dayan maktadır.

3-Gümrük Komitesi Başkanı Kemalettin Haydarov Grubu Nahçıvan lılar'a dayanmaktadır.

4-Ramiz Mehdiyev Grubu Nahçıvanlılara ve eski Komünist Parti bürokratlarına dayanmaktadır.

5-Ekonomi Kalkınma Bakanı Ferhat Aliyev Grubu Güney Azerbay canlılar'a ve Celalabadlılar'a dayanmaktadır.

(http://www.asam.org.tr/temp/temp125.pdf, 13 Temmuz 2007).

Halk arasında, Gamber ve Kerimli kadar etkili olmayan Resul Guliyev'in ise muhalefet partisi lideri olarak, Azerbaycan'a girmesi ne izin verilmemektedir. Batı Azerbaycanlılar ve Nahçıvanlılar tarafından desteklendiği, ancak iktidarın da aynı gruba dayanması nedeniyle Guliyev'in Bakü'ye dönmesine müsaade edilmediği iddia edilmektedir. Diğer yandan, Azerbaycan'ın yeni oluşmaya başlayan burjuvazisi ise devlet ve özel sektör deneyimi bulunan, Batı dünyasını bilen Guliyev'e olumlu bakmaktadır.

(http://www.asam.org.tr/temp/temp125.pdf, 13 Temmuz 2007).

Bu grupların birbiriyle çekişmesi ise ülkenin gerek iç politikası bakımından, gerekse dış politik ilişkileri bakımından güç kaybına neden olmaktadır. Bölge üzerinde stratejik ve ekonomik bakımdan planları olan Rusya ve Ermenistan bu bölünmüşlükten yararlanmak tadır. Hem yöneticiler hem halk arasındaki bu ayrışmalar, ülkede demokrasinin gelişmesini de engellemektedir. Ayrıca politik gruplaşmalar milli bir politika oluşturulmasını ve Azerbaycan'ın güçlü bir politika izlemesini zorlaştırmaktadır. Bu konunun önemini gösteren önemli olgulardan birisi, Azerbaycan'ın toprak bütünlüğü konusudur.

Azerbaycan'ın halen en önemli sorunlarından birisi toprak bütünlüğünün sağlanamamış, olmasıdır. Siyasi çekişmeler ülke topraklarının yüzde 20'sinin kaybedilmesine yol açmıştır. Azerbaycan halkı refah seviyesinin artmasından ne kadar memnunsa, işgal altındaki topraklar sorununun uzamasından da o kadar rahatsızdır. Halk arasında Azerbaycan Parlamentosu'nun, iktidarın ve muhalefetin bu konuya yeterince önem vermediği görüşü hakimdir. Bu nedenle, Azerbaycan'da demokrasinin yerleşmesinin, halkın savaş taleplerini, karar alıcı noktalara doğru taşıyacağı analizlerine rastlanmaktadır. Dağlık (Yukarı) Karabağ, işgal edildiğinden beri ilk defa Azerbaycan'ın siyasi gündemine taşınmaya başlamıştır. İlham Aliyev iktidarı devlet bütçesinin yüzde 30'unun işgal edilen topraklardan kaçan mültecilere (kaçkınlara) harcandığını ve 2005 yılı içerisinde Petrol Fonu'ndan 100 milyon Doların mültecilere kaçkınlara ev yapılması için ayrıldığını açıklamıştır. Muhalefet ise bu açıklamanın yalan beyan olduğunu iddia etmektedir *(http://www.asam.org.tr/, 13.7. 2007).*

Bu olumlu adımlara rağmen, Azerbaycan'da iktidar ve muhalefet arasında, Dağlık Karabağ mültecileri tam bir siyasi araç haline gelmiştir. İktidarın başında bulunan Devlet Başkanı İlham Aliyev, mülteciler üzerinden prim yapmaya çalışırken, özellikle seçim dönemlerinde mültecileri farklı şekillerde değerlendirmek arzusun dadır. Zira burada 250 bin seçmen vardır. Muhalefet ise, tıpkı iktidar gibi mülteciler üzerinden siyaset yapmaktadır. Mültecilere "geri dönme" sözü vermektedir. İktidar ve muhalefet siyasi çekişmeleri bir tarafa bırakamadıklarından dolayı, sorunun çözümü için somut adımlar atılamamaktadır. Bu durum ise hem halkın karşısında, hem de dış politikada Azerbaycan'ı zayıf bir durumda bırakmaktadır.

Azerbaycan Devleti, Ermenistan'dan çıkarılmış, olan 50.149 aile (243.682 kişi), Orta Asya'dan gelen 9463 aile (49.239 kişi), Ahıska Türkleri olmak üzere, yaşadığı bölgeler işgal edilen toplam 146.455 aile (611.293 kişi) mecburi göçmen durumundaki Azerbaycan vatandaşının problemleriyle karşı karşıyadır. Bu insanlar; 289.641 kişi erkek, 321.652 kişi kadın, 196.480 kişi 17 yaşına kadar olan çocuklar, 126.482 kişi öğrenci, 9.000 kişi yetim ve kimsesizlerden oluşmaktadır (Yeşilot 2006: 86).

Böylesine bir sosyal kriz tablosuyla karşı karşıya kalan Azerbaycan 1 milyona yakın göçmenin problemlerini çözmek üzere tedbirler almaya çalışmaktadır. Azerbaycan Devlet Başkanı'nın "işgal edilmiş bütün rayonlardan (illlerinden) kovulmuş, şimdi kaçkın ve göçmen durumunda yaşayan vatandaşların sorunları bizim için ve şahsen benim için bir numaralı sorundur" diyerek göçmenlere Azerbaycan Devleti'nin verdiği önemi belirtmiştir (Oğan 2001: 448).

Azerbaycan, göçmen sorunlarını 17 Eylül 1998 yılında kabul ettiği "Kaçkınların ve Mecburi Göçmenlerin Sorunlarının Halli Üzere Devlet Programı" ile bu konudaki politikasını "devlet programı" şeklinde hayata geçirmeye çalışmıştır. Bu programa göre aşağıdaki iki öneri sunulmaktadır:

1-Kaçkın ve mecburi göçmenler için, bir kısmı işgalden kurtarılmış rayonlarda (illerde) ve tarım koşullarının daha uygun olduğu ve diğer iş imkanları geniş olan rayonlarda yeni yerleşim yerleri plan lanmakta ve "göçmen kasabaları" yapılarak kaçkın ve mecburi göçmenlerin bu kasabalara yerleştirilmesi düşünülmektedir..

2-Ayrıca kaçkın ve mecburi göçmenlerin hali hazırda yaşadıkları yerlerde fiziksel ve sosyal altyapı sorunları çözülerek işyeri imkan larının açılması ve bu sayede kaçkın ve mecburi göçmenlerin durumlarında iyileştirmelerin yapılmasına çalışılmaktadır (Yeşilot 2006: 91).

Azerbaycan'da 2000 yılına kadar göçmenlerle ilgili uygulanan devlet politikası göçmenlerin isgal edilmiş bölgelere yakın yerlerde ve geçici barınaklarda yaşamlarını sürdürmeleri ve işgal edilmiş toprakların işgalden kurtarılmasının ardından kendi evlerine dönüş lerini kolayca sağlamak için yerleşik düzene izin verilmemiştir.

İşgalin uzun sürmeyeceği varsayımından hareket eden bu görüşün 2000'li yılllara gelindiğinde geçerliliğini artık daha fazla devam ettiremeyeceği anlaşılmıştır. Zira hem işgalin ne zaman sona ereceği hususunda ortada netleşmiş, bir tarih mevcut değildir. Ayrıca bu şekildeki iskan politikası ile göçmenler oldukça ağır şartlarda yaşamlarını sürdürmektedirler. Bu tarihten itibaren göçmenlerin yeni kurulacak belirli "Göçmen kasabalarında" yerleştirilmeleri planlanmaktadır (Oğan 2001: 448-449).

Mültecilere ve Mecburi Göçmenlere Yardım Eden Diğer Kuruluşlar

Göçmen sorunları ile ilgilenen yaklaşık 40 uluslararası "Sivil Toplum Kuruluşları" 1992–2000 yılları arasında Azerbaycan'da yaklaşık 350 milyon dolarlık bir harcama yapmışlardır. 1992 yılından itibaren aralarında Türkiye'nin de bulunduğu bazı ülkelerle beraber yerel ve uluslararası insani yardım kuruluşları Azerbaycan'daki göçmenlere yardım etmeye başlamışlardır (Muradov 2003: 67).

Ancak uluslararası yardımların kuruluşları ve devletlerin Azerbay can'a yeterince ve adil bir yardım yaptıklarını söylemek güçtür. The Washington Post 54 gazetesinde çıkan bir değerlendirme yazısında bu durum açıkça gözler önüne serilmiştir. ABD (ülkelerdeki demokratikleşme vs. gibi kriterlere göre) dış yardımlarını alan ülkeler sıralamasında GSYİH'ye (GDP) göre Ermenistan dünyada İsrail'den sonra ikinci sıradadır. Halbuki Güney Kafkasya'da nüfus açısından en kalabalık ve en fazla göçmen nüfusu barındıran ülke Azerbaycan'dır. Demokratikleşme açısından ise Azerbaycan ile Ermenistan arasında da ciddi bir farklılık bulunmamaktadır (Oğan 2001: 449).

Aşağıdaki "Güney Kafkasya Ülkelerine Yapılan ABD Dış Yardım ları" tablosundan da görüleceği üzere Azerbaycan topraklarının %20'sini işgal eden, yaklaşık 1 milyon insanı göçmen durumuna düşüren Ermenistan adeta ödüllendirilmiştir. Diğer yandan bütün bunların yanı sıra, Azerbaycana ABD Kongresinin 907 no'lu yaptı rım kararı çıkartılmıştır. Bu nedenle Azerbaycan'a verilen yardım sadece sembolik bir rakam olarak kalmıştır.

Bu kararın Ermeni lobisinin diplomatik ve politik etkisi ile alındığı genel kabul gören bir görüştür. Bu karar ile Azerbaycan adeta ceza landırılmıştır. Diğer taraftan uluslararası kurumlardan ve ülkeler den alınan yardımların bir kısmının göçmenlere ulaşmadığı ve pazarlarda satıldığı, paylaşımın adil yapılmadığı, bazı yerel yöne ticilerin göçmen nüfusunu bilerek fazla gösterip aradaki farkı kendisinin aldığı gibi iddialar Azerbaycan'ın gündeminden hiç eksik olmamaktadır. Hatta bu konuda çeşitli suçlamalarla bazı yöne ticilerin mahkumiyet aldıkları da bilinmektedir (Oğan 2001: 450).

Ülkeler	Nüfus	ABD Yardımı	Göçmen Nüfusu
Ermenistan	3.500.000	619 Milyon Dolar	Toplum içinde eritilmiştir.
Gürcistan	5.500.000	443 Milyon Dolar	300.000
Azerbaycan	7.500.000	92 Milyon Dolar	1 Milyon

Kaynak: (Oğan 2001: 450).

Ayrıca son yıllarda faaliyetlerini gözle görünür bir şekilde artıran "güya yardım teşkilatı" misyoner teşkilatları (Krişnacılar, Yahova şahitleri, Hristiyanlar, Vehhabiler vb.) Azerbaycan'da yoğun bir şekilde çalışmaktadırlar. Göçmenlerin özellikle gençlerin din değiştir meleri için içinde bulundukları zor şartları ve zaaflarını son derece iyi tespit ederek kullanan bu teşkilatlar, çoğu zaman başarılı da olmaktadırlar. Ümitsiz olan gençler kolaylıkla bu misyonerlerin etkisi altında kalmaktadırlar. Misyonerler gençlerin milli bilinç ve kimlikten yoksun olarak yetişmeleri için propaganda yapmaktadır lar.

Maddi yönden çok güçlü olan ve zengin kaynaklara sahip bu teşkilatların faaliyetleri devlet tarafından gereği gibi kontrol edilememektedir. Bazı gruplar ise yardım teşkilatı adıyla ülkeye girmekte ve kendi fikirlerini gençlere aşılamaktadır. Bu teşkilatlar halka açık ayinler yaparak her geçen gün katılımı artırmaktadırlar. Gençlere problemlerini ancak kendilerinin çözeceklerini söyleyen ve çok parlak bir gelecek vaat eden misyoner teşkilatları kontrol altına alınmazsa yakın gelecekte millet ve devlet hayatında bu problemin büyüyerek daha farklı bir boyut kazanması mümkündür (Yeşilot 2006: 90).

Diğer yandan Azerbaycan ile tarihi ve kültürel bağları nedeniyle, güçlü ilişkileri olan Türkiye'nin ilgisi çok önemli bir yere sahiptir. Bu doğrultuda yıllardır bölgeye Türk Devleti olarak hiç de azımsanmayacak yardımlar yapılmıştır. Bilhassa Azeri gençlerinin Türkiye'deki üniversitelerde eğitim almaları sağlanmış; çadır, giyecek, yiyecek vb. lojistik destek verilmiştir.

Özellikle Türk Silahlı Kuvvetlerinin, Azerbaycan Silahlı Kuvvetleri oluşturulurken başta eğitim desteği olmak üzere yaptığı faaliyetler çok önemlidir. Azerbaycan'daki göçmenlerin durumunun daha da kötüleşmemesi için gerek Türkiye'de ve Türk Cumhuriyetlerinde, gerekse Batılı ülkelerde gündeme getirilmesi ve yardımların azalma dan devam etmesi beklenmektedir. Özellikle doğrudan yardımlarla yetinilmemesi ve dünya kamuoyunun ve sivil toplum örgütlerinin doğru bir şekilde bilgilendirilmesi, en önemli beklentilerdir.

Sonuç ve Bazı Çözüm Önerileri

Sovyetler Birliği'nin dağılma sürecinde, Azerbaycan ve Ermenistan ın bağımsızlığını ilan etmesi ile birlikte gelişen olaylar uluslararası bir sorun haline gelmiştir. Günümüzde ise sadece barış sürecine girmiş olan Azeri-Ermeni sorunu yine önceliğini korumakta ve dünyanın çözümü zor sorunlarından biri olarak durmaktadır. Bazı devletlerin ve uluslararası örgütlerin tüm çabalarına rağmen çözülmemiş olan bu sorun aslında uluslararası sistemde mevcut olan belirsizliklerle de ilişkilidir. Eğer, bu sorunun çözümü için yapılan tüm girişimlerde uluslararası hukukun ilkeleri, bazı dini yakınlık gibi subjektif nedenlerden üstün tutulmuş olsaydı, çözüme daha yakın bir noktaya hatta kesin çözüm noktasına kavuşmuş olabilirdi.

Ne var ki, bazı subjektif gerekçelerle Rusya gibi devletlerin bölgede var olan çıkarları ve bu çıkarlarını korumak için uluslararası hukuk ilkelerinin çiğnenmesi dahil başvurduğu girişimler dikkate alınırsa, sorunun çok kısa zamanda çözüme kavuşmasını beklemek fazla iyimserlik olacaktır. Bütün bunlara bir de ülke içinde var olan ekonomik sıkıntılar ve geri kalmışlık gibi darboğazlar, ordunun durumu ile Azerbaycan'ın Ermeni lobileri tarafından oluşturulan uluslararası arenada sahip olduğu olumsuz imaj da hesaba katılırsa durum oldukça zor görünüyor.

Bu sorunun çözümünü üstlenmiş AGİT gibi örgütlerin ve bu örgüt çerçevesinde kurulmuş olan Minsk grubunun yapıları gereği bu konuda etkin faaliyet gösterememesi, sorunun çözümünün gecik mesine neden olmaktadır. En son Rusya ve AGİT'in girişimleriyle 1994 yılında Azerbaycan ile Ermenistan arasında bir ateşkes antlaş ması imzalanmış ancak; bundan sonra umut verici bir gelişme olmamıştır.

Sorunun çözümü Azerbaycan'ın ülke bütünlüğü, ekonomik ve sosyal gelişmesi ve dünya devletleri arasında bağımsız bir devlet olarak hak ettiği yeri tutması için hayati önem arz etmektedir. Etnik unsurlar bakımından zengin olan ve önemli jeopolitik ve doğal kaynakları nedeniyle bölgesel güçlerin gündeminde olan Azerbaycan, çok dikkatli ve güç dengelerini gözeterek hareket etmek zorundadır. Eğer bu sorunu sadece bir yükten kurtulmak amacıyla Ermenilerin istediği doğrultuda çözme yoluna giderse, bu politika Azerbaycan'ın daha başka sorunlarla karşı karşıya kalmasıyla sonuçlanabilir.

Bu gibi nedenlerden dolayı Azerbaycan, Dağlık Karabağ sorununu toprak bütünlüğü içinde ve uluslararası hukukun ilkelerine uygun olarak çözmeyi zorlamaktadır. Ancak Azerbaycan'ın önerdiği çözüm projelerini Ermenistan'ın kabul etmek istememesi; bununla birlikte bölgesel güçlerin ve uluslararası örgütlerin Ermenistan'ı bu tutumundan vazgeçirmek için de etki yapmamaları sorunun yakın zamanlarda çözülme olasılığını azaltmaktadır. Ermeniler böylece yapıcı olmayan tutumlarını sürdürmekte ve tam bağımsızlık iste mekte ısrar etmektedir. Sorunun devam etmesi bir milyona yakın mülteci ve zorunlu göçmeni bulunan ve ağır ekonomik şartlar altın da bulunan Azerbaycan'ın siyasi, ekonomik, sosyal ve psikolojik sorunlarını arttırmakta ve derinleştirmektedir.

Günümüzde uluslararası sisteminin temelini bir devletin toprak bütünlüğü ilkesi oluşturmaktadır. Bu ilke gereğince Azerbaycan'ın rızası olmadan Dağlık Karabağ'ın bağımsızlığının ya da Ermenistan la birleşmesinin hukuki geçerliliği olmayacaktır. Azerbaycan yöne timinin ise böyle bir duruma rıza göstermesi mümkün gözükme mektedir. Öte yandan, Azerbaycan Dağlık Karabağ'a ülke bütün lüğü çerçevesinde mümkün olan en yüksek özerkliği vermeye hazır olduğunu başından itibaren açıklamıştır.

Bu durumda, Dağlık Karabağ sorununa adil ve kalıcı çözüm yalnız uluslararası hukuk temelinde sağğanabilir. Bu çerçevede barışçı çözüm iki şekilde gerçekleşebilir:

Birincisi, Ermenistan yönetiminin öncelikle düşünsel değişim yaşamasıdır. Öncelikle Ermenistan yönetiminin Azerbaycan rıza göstermediği sürece sınır değişikliğinin mümkün olamayacağını ve güç kullanarak toprak kazanmanın kabul edilemez olduğunu kabul etmesi gerekir. Bunun sonucu olarak Ermenistan yönetiminin inatçı politikalardan vazgeçmesi gerekecektir. Ne var ki, Ermenistan yönetiminde böyle bir zihinsel değişim en azından şimdilik gözlen memektedir. Mevcut zihniyetin devam etmesi halinde ufukta her hangi bir barışçı ve adil çözüm gözükmemektedir.

İkinci olarak, hakkaniyete uygun, dengeli bir barışçı çözüme ancak Batılı ülkelerin ve uluslararası örgütlerin Ermenistan yönetimine baskı uygulamasıyla ulaşılabilir. Ermenistan uluslararası hukuku ihlal ederek Azerbaycan'a saldırmış ve topraklarının yüzde 20'sini işgal etmiştir. Aynı zamanda Ermenistan'ın politikası sonucunda yaklaşık bir milyon insan yurdunu terk etmek zorunda bırakılmıştır. Uygar dünyanın nazarında bu eylemin "insanlığa karşı suç" olarak değerlendirilmesi gerekir.

Öte yandan Ermenistan yönetimi bununla da kalmamakta, Cenevre Sözleşmesiyle yasaklanmış ve savaş suçu sayılmış olmasına rağmen kendi vatandaşlarını veya diasporadaki Ermeni sivil nüfusu işgal altındaki topraklara yerleştirmektedir. Bu manzara karşısında, Batılı ülkelerin Ermenistan konusunda duygusal bir zafiyetlerinin olduğu görülmektedir.

Ermenistan yönetiminin uluslararası hukuka ve evrensel değerlere karşı açtığı bu savaşta, Batılı ülkelerin baskı uygulamak bir yana, adeta Ermenistan'ı ödüllendirdiği gerçeğini görmek gerekir. Batılı ülkeler ve bu çerçevede Minsk Grubu eş başkanlığını yürüten devletler, sorunun çözüm noktası olarak uluslararası hukuku değil, mevcut fiilî durumu temel alma eğilimindedir. Böylece uluslararası hukuk temelinde barışın sağlanması için değil, adeta Azerbaycan'ın işgal olgusuyla barışması için baskı uygulamaktadırlar.
(http://www.asam.org.tr/ 12 Temmuz 2007).

Bu noktada mevcut duruma bakacak olursak; 1988 yılından itibaren göçmen durumuna düşürülen yaklaşık 1 milyon Azerbaycan Türkü çok ağır şartlar altında yaşamlarını sürdürmektedirler. Çeşitli üikeler ile yerel ve uluslararası yardım kuruluşlarından alınan yardımlar ile yaşamlarını sürdürmeye çalışan göçmenlerin geleceğe umutla bakabilmeleri için Azerbaycan Devleti, bölgesel ve uluslar arası güçler tarafından atılmış adımlar yetersiz kalmaktadır.

Azerbaycan'ın ve haliyle göçmenlerin en büyük umutları Türkiye dir. Ancak Türkiye'nin içerisinde bulunduğu ekonomik ve özellikle reel-politik şartlar Türkiye'nin Azerbaycan göçmenleri ile yeterince ilgilenmesine olanak tanımamaktadır. Çünkü Türkiye'nin genelde Kafkasya ve daha özelde Ermenistan, Gürcistan ve Azerbaycan gibi ülkelerle ilgili politikaları, hem Rusya hem A.B.D. hatta Avrupa Birliği tarafından dolaylı ekonomik, politik ve terörist hareketler aracılığıyla baskı altında tutmaktadırlar. Bu faktörler de göz önüne alındığında, Türkiye'nin yapabileceklerinin en iyisini yaptığını söyle mek de pek mümkün değildir. Bu konuda yapılması gerekenler ile yapılabilenler karşılaştırıldığında, mutlaka politik ve propaganda araçlarının yeterli olarak kullanıldığını söylemek zordur.

Azerbaycan bağımsızlığının ilk yıllarını sancılı geçirmiş birçok dış tehdit, iç istikrarsızlık ve ekonomik zorluklarla mücadele etmek durumunda kalmıştır. Ancak bağımsızlıktan sonra onlarca yıl geç miştir. Azerbaycan özellikle yapmış, olduğu petrol ve doğal gaz anlaşmaları ile ekonomik sorunlarını çözme yoluna girmiştir. Azerbaycan halkının sıradan kesimleri gibi göçmenler de umut larını petrolden gelecek olan gelire bağlamışlardır. Zira yaşanan bu umutlarda petrol geliri ile hem güçlü bir ordu kurularak topraklar işgalden kurtarılacak ve hem de göçmenlere olan devlet yardımı artacaktır. Ancak halkın bu umutları da giderek tükenmektedir. Zira elde edilecek gelirlerin halkın bu kesimlerine yansıtılmayacağı endişeleri gittikçe güçlenmektedir. Yani bu süreçte Azerbaycan'ın kendi ülkesi içindeki demokrasiyi geliştirmesi ve gelir dengesizliği ve insan hakları ile ilgili problemleri de çözmesi gerekmektedir.

Bu gün için Azerbaycan ve Ermenistan için Dağlık Karabağ sorunu nun çözümü doğrultusunda en uygun yöntem, Azarbeycan Silahlı Kuvvetleri güçlü bir hale gelinceye kadar barışçı yöntemlerdir. Bu sorunun çözülmesi için yapılabilecek her türlü diplomatik girişimler uygulanmaya konmalıdır. Silahlı Kuvvetler yeterince güçlenip Ermenistan ile başa çıkabilecek hale geldikten sonra is eve en son çare olarak tabii ki, savaşa başvurulması kaçınılmaz olabilir. Çünkü Dağlık Karabağ ve bunun sonucu olarak ortaya çıkan bir milyon mülteci gibi sorunları bulunan bir ülkenin gelişmesi mümkün değildir. Azerbaycan'ın dünyanın uygar ve gelişmiş devletler arasında yer almasını engelleyen iki sorunun, yani Dağlık Karabağ ve ekonomik sorunların mümkün olan en kısa zamanda çözülmesi gerekmektedir.

Mültecilerin ve mecburi göçmenlerin evlerine dönebilme umutları her geçen gün biraz daha azalırken, onlarca yılı çoktan aşmış olan bu zaman dilimi içerisinde göçmenlere yardım eden yerel ve uluslararası yardım kuruluşlarının da sayısında giderek bir azalma görülmektedir. Azerbaycan halkının her ferdi gibi göçmenlerin de en büyük dileği; Ermenistan tarafından işgal edilmiş topraklarının kendilerine verilmesi ve en temel insan haklarından olan; "kendi evleri ile kendi yurtlarında yaşama" haklarının geri iade edilme sidir.

Dış yardımların giderek azaldığı ve umutların giderek tükendiği bir ortamda 20 yüzyıldan 21. Yüzyıla miras kalan bir insanlık dramı yaşayan Azerbaycan Türklerine yardım elini uzatmak Azerbaycan hükümetinin vatandaşlarına olan tabii vazifesi, uluslararası kurum ların insanlık adına olan borcu, Türkiye Cumhuriyeti devletinin tarihi bir sorumluluğu ve Türk milletinin ise bir kardeşlik görevidir.

Kaynaklar;

Abdullayev, Asger (1998). Ermenistan'ın Azerbaycan'a Karşı Siyasi Tecavüzkarlığı, XIX. Asrın Sonu XX. Asr. Bakü: Elm Neşriyat.
Akkayan, Taylan (1979). Göç ve Değişim. İstanbul: İstanbul Üniversitesi Edebiyat Fakültesi Yay.

Aslan, Ahmet (1991). *Dar Geçit Azerbaycan'ın Demokrasi Yolundaki Çilesi. Ankara: Yeni Düşünce Yay.*

Aslanlı, Araz (2001). *"Tarihten Günümüzde Karabağ Sorunu". Avrasya Dosyası, Azerbaycan Özel Sayısı 7 (İlkbahar): 393-430*

Beşiroğlu, İntikam (2001). *"19–20 Yüzyıllarda Ermenistan'daki Azeri Türklerinin Göç Ettirilmesi ve Soykırım Gerçekliği". Avrasya Dosyası. Azerbaycan Özel Sayı 7 (İlkbahar): 454-468*

Birleşmiş Milletler Mülteciler Yüksek Komiserliği Türkiye Temsilciliği (1997). *Dünya Mülteciliğinin Durumu 1997–1998. Ankara: Bir İnsanlık Sorunu Birleşmiş Milletler Mülteciler Yüksek Komiserliği Türkiye Temsilciliği Yay.*

Budak, Mustafa (1995). *"Osmanlı-Rus İlişkilerine Kafkasya". Avrasya Etütleri 4: 1995: 111.*

(1996). *"Azerbaycan-Ermenistan İlişkilerinde Dağlık Karabağ Meselesi ve Türkiye'nin Politikası". Kafkas Araştırmaları II. 109-139.*

Gel, Fethi Ahmet (2006). *Yeni Yüzyılda Azerbaycan'ın Sosyo-Ekonomik Yapısı ve Türkiye İlişkileri. Yüksek Lisans Tezi. İstanbul: İstanbul Üniversitesi.*

Gezgin, Fikret (1994). *İşgücü Göcü ve Avusturya'daki Türk İşçileri İstanbul: İstanbul Üniversitesi İktisat Fakültesi Yay.*

167 bilig, Güz / 2009, Sayı 51

Gürel, Şükrü S.(1992). *"Karabağ Sorunu Üzerine Bir Not". Anadolu Üniversitesi, Siyasal Bilgiler Fakültesi Dergisi 47: 181-185.*

Hatemov, Vügar (2005). *Dağlık Karabağ Problemi Doğrultusunda Azerbaycan'da "Kaçkın" Göçünün Doğurduğu Sosyal, Ekonomik ve Kültürel Problemler. Yüksek Lisans Tezi. İstanbul: İstanbul Üniversitesi.*

Muradov, Vügar (2003). *1988–1994 Yılları Arasında Dağlık Karabağ Olayları ve Azerbaycan'daki Göçmenlerin Durumu. Yüksek Lisans Tezi. Konya: Selçuk Üniversitesi.*

Oğan, Sinan (2001). *"Yüzyılın Dramı-Azerbaycan'da Göçmen (Kaçkın) Sorunu". Avrasya Dosyası. Azerbaycan Özel Sayı 7 (İlkbahar): 431-453*

Öke, Mim Kemal (1991). *Ermeni Sorunu 1914-1923. Ankara: Türk Tarih Kurumu Yay.*

Semedzade, Ziyad (1995). *Dağlık Karabağ. Na'malum Hakikatlar. Bakü: Vatan Neşriyatı.*

Taşkıran, Cemalettin (1995). *Geçmişten Günümüze Karabağ Meselesi. Ankara: Genelkurmay Basımevi.*

Türsan, Nurettin vd. (1992). *Azerbaycan Cumhuriyeti'nin Bağımsızlığı ve Karabağ Olayları. İstanbul: Harp Akademileri Basımevi.*

Yerasimos, Stefanos (1995). *Milliyetler ve Sınırlar: Balkanlar, Kafkasya ve Ortadoğu. 2. Baskı. Çev. Şirin Tekeli İstanbul: İletişim Yay.*

Yeşilot, Okan (2006). *"Karabağ Savaşının Sessiz ve Mağdur Tanıkları". Manas Üniversitesi. Sosyal Bilimler Dergisi 15: 85-92.*

http://www.turksam.org/tr/yazilar.asp?kat=45&yazi=1097

http://www.human.gov.az/?sehife=etrafli&dil=az&sid=MTIyMTA2MTA4MTIzNjA2Ng

http://www.turksam.org/tr/yazilar.asp?kat=41&yazi=466

www.president.az/azerbaijan/khojali/dosce

http://www.asam.org.tr/temp/temp125.pdf

http://www.azsam.org/modules.php?name=News&file=article&sid=88
http://www.globalstrateji.org/TUR/Icerik_Detay.ASP?Icerik=953
168

DOKUZUNCU BÖLÜM

ÇÖZÜM YOLUNDAKİ TEMEL SORUNLAR
VE GELECEK SENARYOLARI (*)

Üzerinden 20 seneyi aşkın bir süre geçmesine rağmen çözüme kavuşamayan Ermenistan-Azerbaycan çatışmasının ne zaman çözü leceği belirsizliğini sürdürmektedir. Ateşkesin sağlanmasına rağmen Azerbaycan topraklarının %20'si Ermenistan'ın işgali altındadır. Çatışan taraflar arasında uzlaşma sağlanamadığından sorunun barışçı yollarla çözümü AGİT üyesi devletlere havale edilmiştir. Minsk Grubu'nun girişimiyle çözüm bulma çabalarına hız verilmiş, ancak 1994 senesinden beri devam eden barış görüşmelerine rağmen somuca ulaşamamıştır. İlgili devletler ve AGİT'in Minsk Grubu, sorunun yalnız çatışan taraflar arasında ve barışçıl yollarla çözülmesi gerektiğini vurgulamaktadırlar. Bu bölümde Ermenistan-Azerbaycan çatışmasının çözüme kavuşamamasındaki önemli etkenler, Rusya faktörü, Batı'nın çifte standartlar politikası ve Ermenistan devleti toprakları olarak belirlenmiştir.

Sorunun Tarihi Gelişimi

Onlarca yıldır çaba sarfedilse de Ermenistan-Azerbaycan çatışması nın ne zaman çözüme kavuşacağı belirsizliğini halen korumaktadır. Öncelikle her iki ülke karşılıklı olarak birbirlerine asla bir araya gelemeyecek düşman gözüyle bakmaktadır. Böyle bir durumda çatışan taraflar arasında uzlaşmanın mümkün olamayacağı ve barışın sağlanamayacağı kanaati yaygındır.

1994 yılında ateşkes sağlansa da Azerbaycan topraklarının % 20'si işgal altındadır. Ateşkesin ilanından sonra soruna Avrupa Güvenlik ve İşbirliği Teşkilatı (AGIT) Minsk Grubu'nun girişimiyle çözüm bulma çabalarına hız verilse de, yirmi yıldan fazla devam eden barış görümelerinde beklentiler karşılanmamış ve bir sonuç elde edilememiştir.

Çatışmanın çözüm yollarının doğru belirlenmesi için öncelikle onun ortaya çıkma nedenlerini ve sonuçlarını objektif olarak değer lendirmek gerekmektedir. Ermenistan'ın iddiasına göre çatışma Dağlık Karabağ'da yaşayan Ermenilerin (self determination) kendi kaderlerini tayin etme isteği ve bu isteğin Azerbaycan tarafından güç uygulanması ile engellenmesi sonucu ortaya çıkmıştır.[1] Ermenistan Dağlık Karabağ Ermenilerini desteklemek amacıyla çatışmaya girmiş ve sonuçta oldu bitti "status-quo" (yeni oluşan ve kabul edilmesi gereken şimdiki durum) oluşmuştur. Azerbaycan tarafı ise çatışmayı Ermenistan'ın "Hai-Taht" doktrininin, "Büyük Ermenistan" ideolojisinin ve işgalci politikasının sonucu olarak değerlendirmektedir.[2]

Çatışmanın sebeplerinden çok sonuçları düşündürücüdür. Çatışma nın sonuçlarına yaklaşım konusunda genel bir görüş mevcuttur: Ermenistan Dağlık Karabağ'a hiçbir şekilde ait olmayan ve sırf Azeri nüfustan oluşan yedi bölgeyi onlarca yıldır işgal altında tutmaktadır. Böyle bir durumda "sebep ve sonuç" ilişkisinde çok ciddi yaklaşım farklılığı meydana gelmiş ve çatışmanın çözümü çıkmaza girmiştir. Yürütülen girişimlerde Azerbaycan tarafı çatışma nın ilk aşamada sonuçlarının, Ermenistan tarafı ise sebeplerinin ortadan kaldırılmasında ısrarlıdır. Minsk Grubu eşbaşkanları çözüm önerilerinde bu iki amacın uzlaştırılmasına çalışmaktadır. 1994 senesinden itibaren devam eden barış görüşmelerinde uzlaşmanın sağlanmasına çalışılsa da, somut hiçbir ilerleme kaydedilememiştir. Çünkü öneriler ya çatışan taraflarca kabul görmemiş, ya da taraflar dan birinin sıcak baktığı öneriyi diğer taraf kabul edilemez bulmuştur. AGIT'in Minsk Grubu bugüne kadar değişik tarihlerde üç teklif sunmuştur:

1-17 Temmuz 1997 tarihinde sunulan "Paket Çözüm";

2- 2 Aralık 1997'de sunulan "Aşamalı Çözüm";

3- Kasım 1998'de ise sunulan "Ortak Devlet" önerisi.

Önerilerin ilk ikisi Ermenistan, sonuncusu ise Azerbaycan tarafından reddedilmiştir. Bu tekliflerden başka 29 Kasım 2007 tarihinde İspanya'nın başkenti Madrid'de Azerbaycan ve Ermenistan Dışişleri Bakanları ile AGIT'in Minsk Grubu eşbaşkanları arasında gerçekleşen görüşmede sorunun çözümü için daha sonra "Madrid ilkeleri" olarak adlandırılacak yeni bir yol haritası çizilmiştir.[3]

Madrid ilkeleri Ermenistan silahlı güçlerinin Dağlık Karabağ'ın dışında işgal ettikleri 7 bölgeden kademeli olarak çekilmesini ve sonrasında Karabağ'da referanduma gidilmesini sağlayacak bir sürecin başlamasını içeriyordu. Erivan, Madrid ilkelerini kabul etmemiştir.[4] Ermenistan Dağlık Karabağ'ın nihai statüsü belirlen meden işgal altında tuttuğu 7 bölgeyi boşaltmamakta ısrarlıdır.

Ermenistan'ın düşüncesine göre şayet ordu 5 bölgeden çekilirse askeri ve jeopolitik bakımdan elverişsiz duruma düşecek, Dağlık Karabağ'ın bağımsızlığı tehlikeye girecek, Ermeniler savaş hattında bulunan savunma sistemini ortadan kaldırınca, yani 5 bölgeyi geri iade edince Azerbaycan askeri bakımdan avantajlı, Ermenistan ise zayıf ve dezavantajlı duruma gelecektir. Bu sebepten Ermenistan isgal ettiği bölgelerden çekilmemek konusunda direnmektedir.

Ermenistan tarafı çözümün yalnız Karabağ'a bağımsız devlet statüsü verilirse mümkün olabileceğini dile getirirken, Azerbaycan tarafı Karabağ'a bir otonomi hakkı verilmesinin ötesinde bir çözümün olamayacağını vurgulamaktadır.[5]

Sorunun çözümüne yönelik diğer bir adım da Kasım 2008'de imzalanan Moskova Deklarasyonu'dur. Azerbaycan Devlet Başkanı İlham Aliyev ile Ermenistan Devlet Başkanı Serj Sarkisyan arasında imzalanan deklarasyon sorunun uluslararası hukuk çerçevesinde barışçı yollarla çözülmesine, ayrıca 2007 Madrid prensiplerine dikkat çekmiştir.

Bugün Dağlık Karabağ çatışmasında haklı veya haksız tarafın belirlenmesi konusunda devletlerin ve uluslararası kurumların tutumu açık olarak tespit edilememiştir. Süreç içerisinde işgalin sona erdirilmesine yönelik BM Güvenlik Kurulu'nda bazı kararlar alınmıştır. Bunlar 822 (30 Nisan 1993), 853 (29 Temmuz 1993), 874 (14 Ekim 1993) ve 884 (11 Kasım 1993) sayılı kararlardır. Bu kararlarda işgalci güçlerin işgal edilen bölgelerden çekilmesi talep edilse de işgale uğrayan ve işgalci devletlerin isimleri belirtilmemiş, karar yürürlüğe girse de işgalci taraf bu kararları uygulamamış, herhangi bir yaptırımla da karşılaşmamıştır. Bu durum işgalci Ermenileri daha da cesaretlendirmiştir.[6]

BM Genel Kurulu'nda 14 Mart 2008 tarihinde alınan karar ise konu ile ilgili son dönemlerdeki en önemli karardır. 39 lehte, 7 karşı oy ile alınan karar Azerbaycan'ın toprak bütünlüğüne vurgu yapmakta ve Ermeni silahlı güçlerinin işgal ettikleri topraklardan çekilmesini istemektedir. Karar ayrıca yerinden edilen nüfusun geri dönme hakkını da içermektedir. 14 Mart 2008'de BM Genel Kurulu'nun 62. oturum çerçevesinde düzenlenen toplantısında talepte bulunulan *"Ermeni güçlerinin kayıtsız, şartsız işgal edilmiş Azerbaycan topraklarını derhal terk etmeleri"* ile ilgili 2. madde oylamaya sunulurken AGİT'in Minsk Grubu eşbaşkanları olan Rusya, ABD ve Fransa'nın karşı oy kullanmaları ve bu kararın yürürlüğe girmesine tepki göstermeleri ise Azerbaycan'da Minsk Grubu'na olan güveni sarsmıştır. Eğer bu madde yerine getirilmiş olsaydı, çatışma tamamen çözüme kavuşmuş olacaktı. Fakat sorunun çözümünü engelleyen Minsk Grubu'nun eşbaşkanları (Rusya, ABD ve Fransa) kararın Ermenistan'ın da rızasının alınmasıyla yürürlüğe girebeleceğini belirterek, dengeli toprak bütünlüğü tekliflerini öne sürdüler.[7] Halbuki uluslararası hukukta dengeli toprak bütünlüğü terimine rastlanmamaktadır.

Bütün bunlar arabuluculuk misyonunu yüklenen devletlerin BM Genel Kurulu'nda Azerbaycan'ın toprak bütünlüğünü tanıyan ve Ermenistan'ın işgalci devlet olduğunu beyan eden karara tepki göstermekle Ermenistan'ı desteklediklerini açık şekilde ispat etmektedir. Azerbaycan tarafı bütün resmi ve gayri resmi boyutlarda düzenlenen görüşmelerde çatışmanın barış yolu ile çözümünün yalnız uluslararası hukuk kuralları çerçevesinde mümkünlüğünü defalarca beyan etmesine rağmen, problemin çözümünde istekli görünmeye çalışan güçler, tarafların karşılıklı tavizlerde bulunmasını daha gerçekçi kabul etmektedirler.

Tavizler hangi boyutta olabilir? Yani Azerbaycan işgal altında tutulan toprakları için tavizler mi vermeli, yoksa XXI. yüzyılın modern devleti olmak için Ermenistan'la karşılıklı işbirliğine mi gitmelidir? Tabii ki, bu reel çözüm yolu değildir. Ermenistan'ın da işgal ettiği topraklardan gönüllü olarak çekileceği bir hayli gerçek dışı gözükmektedir. Azerbaycan tarafı Ermenistan'ın işgal ettiği topraklardan çekileceği ana kadar onunla herhangi bir ilişki kuramayacağını belirtmektedir. Dolayısıyla Minsk Grubu'nun çatışmanın çözümü ile ilgili yaptığı girişimler sonuç vermemekte ve bu çerçevede tarafların uzlaşıya varması uzak görünmektedir.

Çözüme yönelik spesifik adımlar atılması gerekliliğini gören taraflar açısından Minsk Grubu'na yönelik en temel eleştiri, bu kurumun sorunun çözümüne olanak sağlayacak adımlar atmasına karşın baskı oluşturmak konusunda "isteksiz" davranmasıdır. Bu eleştiri özellikle Azerbaycan tarafından dile getirilirken, Ermenistan'ın bu durumdan şikayetçi olmadığı görünmektedir. Sonuçta her birinin kendi gündemi ve politikası olan aktörler nedeniyle Minsk Grubu'nun faaliyetleri diğer şartlarla birleştiğinden başarıya ulaşamamaktadır. Sorun çok taraflı ve çok boyutlu olduğundan, çözüm çabalarının sekteye uğramasının birden fazla nedeni bulunmaktadır. Minsk Grubu'nun eşbaşkanlarından ve bölgedeki etkinliği tartışılmaz durumdaki en önemli aktör olan Rusya'nın tavrına özellikle değinmek gerekmektedir.

Rusya Faktörü

Ermenistan-Azerbaycan çatışması Rusya'nın jeopolitik öncelikleri ve çıkarları çerçevesinde farklı bir konuma sahiptir. Çatışmayı Rusya'sız düşünmek mümkün değildir. Güney Kafkasya'yı arka bahçesi olarak gören Rusya bölgede kendi gücünü yeniden tesis edebilmek amacıyla Karabağ sorununu dış politika araçlarından biri olarak kullanmakta ve çatışmayı kendi denetiminde tutmaya çalışmaktadır. Rusya sorunun çözümünde Minsk sürecini destekler gibi görünse de, Ermenistan'ı hiçbir şekilde kaybetmeyeceği aşikardır. Dahası Dağlık Karabağ sorununun varlığı neticesinde Rusya askeri ve siyasi olarak bölgede varlığını sürdürmekte ve boögedeki en önemli aktör durumunda bulunmaktadır.

Rusya kendisini çatışma yörüngesine dahil ettirmekle sorunun anahtarının bizzat kendi elinde olduğunu bir kez daha beyan etmiştir. Bu durumu fırsat olarak değerlendiren Ermenistan kendisini Kafkasya'da Rusya'nın jeopolitik operasyon arenası ve "uygulayıcısı" olarak görmektedir. Rus askeri kuvvetleri Azerbaycan'dan ve Gürcistan'dan çıkarıldığı için Ermenistan Rusya'nın bölgedeki tek müttefiki haline gelmiştir. Ermenistan Rusya'nın bu siyaseti devam ettiği sürece Azerbaycan topraklarından geri çekilmeme görüntüsündedir. Rus stratejisti Aleksandr Dugin, Ermenilerin ve Ermenistan'ın Rusya açısından önemini şu şekilde değerlendirmektedir: *"Ermeniler Rusya ile jeopolitik bağlantılarını çok canlı idrak eden Hıristiyan bir halktır. Türkiye'den Azerbaycan'a ve Orta Asya'ya giden yolun Ermenistan ve Karabağ'dan geçmesi nedeniyle Ermeniler son derece stratejik önemdeki topraklarda bulunmaktadırlar. Erivan Türkiye'yi kıta içi mekanlardan koparan önemli bir stratejik halka haline gelmiştir"*.[8]

Son derece doğru ve mantıklı bulduğumuz bu yaklaşımla birlikte Ermenistan jeopolitiğinin Rusya açısından önemini aşağıdaki şekilde de değerlendirmek mümkündür:

• Ermenistan'ı Türkiye, ABD, NATO ve Avrupa Birliği'nin Kafkasya politikasına karşı denge unsuru olarak kullanmak;

• Ermenistan sayesinde Kafkasya'daki politik ve askeri varlığını koruyarak, böigede konuşlandırdığı üslerle Azerbaycan'ı ve Gürcis tan'ı kontrol altında tutmak;

• Ermenistan ve Ermeniler aracılığı ile bölgede etnik çatışmalar çıkarabilme olanağına sahip olmak;

• Ermenistan'ı Rusya'nın bölgedeki politik ve ekonomik çıkarları nın korunması yönünde bir bekçi haline getirmek;

• Genel olarak Kafkasya'yı savunma ve kontrol sayesinde Rusya nın kendisine yönelik güneyden yapılabilecek müdahaleler karşı sında gereken önlemleri almak.

Konuya daha geniş açıdan bakacak olursak, Ermeni faktörü Rus ya'nın politik olmakla birlikte, ekonomik açıdan da Azerbaycana ve Gürcistan'a yönelik bir baskı aracıdır. Burada öncelikle Rusya'nın, Azerbaycan'ın ve Gürcistan'ın bağımsızlığını ve her iki devletin enerji projelerinde varlığını hazmedememesinin etkisi büyüktür.

Rusya Batı sermayesini Hazar Denizi'nden uzak tutmanın mümkün olmadığını anladıktan sonra bütün yolları deneyerek Azerbaycan petrolünü taşıyacak boru hatlarını kendi sınırları içerisinden geçirmeye çalışmıştır. Moskova, Kuzey güzergahının çok daha güvenli olduğunu ispat etmek için 1994 yılının Aralık ayında Çeçenistan Savaşı'nı başlatmış, ve ardından Batı ülke ve şirketlerine baskı yaparak 1995 yılında Bakü-Novorossiysk hattını petrol ihracı hattı olarak kabul ettirmeyi başarmıştır.

Rusya aynı zamanda bölgede ciddi etnik ve politik sarsıntıların vuku bulabileceğini iddia ederek Bakü- Tiflis-Ceyhan'a yönelik geniş bir kampanya da başlatmıştır.[9] Bütün baskılara rağmen Azerbaycan petrol politikasını değiştirmemiş ve sahip olduğu doğal servetler üzerindeki milli haklarını korumayı başarmıştır.

Diğer taraftan, 27 Haziran 2006 yılında Avrupa Komisyonu Karade niz bölgesinden üç ülke (Türkiye, Bulgaristan, Romanya), Macaris tan ve Avusturya "Nabucco"yu gerçekleştirmek icin anlaşmıştır. Bu hat Türkmenistan ve Azerbaycan'dan Türkiye, Bulgaristan, Romanya ve Macaristan yolu ile Avusturya'ya 30 milyar m^3 civarında doğal gaz nakledebilecek boru hattıdır.[10]

Alternatif enerji projeleri dünya pazarlarına, özellikle Avrupa'ya en büyük petrol ve gaz tedarikçisi Rusya için hiç de elverişli değildir. Moskova'yı rahatsız eden asıl mesele Rusya'nın politik ve ekonomik açıdan eski Sovyet cumhuriyetleri ve Avrupa ülkeleri üzerinde kurmuş olduğu baskının azalması ve transit ücretlerinden gelen ek gelirlerden mahrum bırakılmasıdır.[11] Bütün bunları değerlendiren Rusya dünyanın büyük güçlerinden biri olarak eski nüfuzunu kazanmak için kesin olarak harekete geçmeye karar vermiştir.

Bu nedenle Rusya bir taraftan alternatif enerji projelerinin gerçekleşmesine engel olmak, diğer taraftan da Avrupa'yı ekonomik acçdan bağımlı hale getirmek için 8 Ağustos 2008'de Gürcistan'a saldırmış, onun toprak bütünlüğünü bozarak bölgede Güney Osetya ve Abhazya gibi yapay bağımsız devletler oluşturmuştur. Bu, aynı zamanda Batı'ya verilen en ağır cevap olarak da nitelendirilebilir.[12] Gürcü araştırmacı Nika Çitadze, Rusya'nın Gürcistan'a saldırısını Moskova'nın Asya'dan Avrupa'ya giden enerji nakil hatlarını kendi tekeline alma niyeti[13] ve Gürcistan ile Azerbaycan topraklarından geçen boru hatları üzerinde kontrol kurma arzusu ile izah etmektedir.[14]

Böylece, Rusya hem Azerbaycan'da, hem de Gürcistan'da ciddi

etnik ve politik gerginliklere ortam hazırlayarak enerji projelerinin gerçekleşmesine engel olmaya çalışmış kontrolü elden bırakmamak için her iki bölgedeki ayrımcı güçleri desteklemiş ve Ermenistan'da Rus askeri üs sayısını artırmıştır. Ermenistan ise Azerbaycan ve Türkiye'den gelebilecek askeri müdahale tehditleri karşısında Rusya'nın askeri desteğine ihtiyaç duymuştur. 1991 senesinden beri Rusya ile askeri ilişkilere önem veren Ermenistan, Azerbaycan topraklarının işgal edilmesinde de Rusya'nın tam desteğini almıştır.

Ermenistan bağımsızlığnı kazandıktan sonra başta Rusya olmakla Bağımsız Devletler Topluluğu (BDT) çerçevesinde askeri ilişkilerini geliştirmiş, bu bağlamda 15 Mayıs 1992'de BDT'ye üye devletlerin Taşkent'te imzaladığı Kolektif Güvenlik Anlaşması'na katılmış ve 7 Ekim 2002'de bu anlaşma çerçevesinde kurulan örgütün tüzüğü de Ermenistan Parlamentosu'nda onaylanmıştır.[15] 10 Şubat 1995'te "Kollektif Güvenlik Anlaşması'na Üye Devletler Arasında Kollektif Güvenlik Konsepti"ni kabul etmiş ve Kasım 1995'te Ermenistan Parlamentosu bu anlaşmayı onaylamıştır. Ermenistan, BDT çerçevesinde "Hava Savunma Sistemi Koordinasyon Komitesi" ve "Askeri Teknik Komite" olmakla iki askeri organda temsil edilmektedir.[16]

İki ülke arasındaki askeri işbirliğinin temeli Ermenistan ve Rusya cumhurbaşkanlarının 21 Ağustos 1992 yılında Ermenistan'da konuşlandırılan Rus silahlı kuvvetlerinin hukuki statüsü konusun da Moskova Anlaşmasını imzaladıkları zaman atılmıştır.[17] İki ülke arasındaki askeri işbirliği özellikle Ermenistan Devlet Başkanı Levon Ter-Petrosyan döneminde daha da gelişmiş, çeşitli askeri anlaşmalar imzalanmıştır. 1992 yılına kadar eski Sovyetler Birliği nin 7. Ordusu Ermenistan'da bulunmuştur. Aynı yılın ortalarında bu orduya bağlı 16 ve 17. Tümen Ermenistan'a devredilmiştir. Ermenistan ve Rusya arasında 21 Ekim 1994'te imzalanan anlaşma şartlarına göre, Rusya'ya Gümrü ve Erivan'da olmak üzere iki askeri üs kurmasına izin verilmiştir.[18]

Aslında bu askeri üsler daha Sovyetler Birliği dağılmadan önce de

Ermenistan'da bulunmaktadır. Ancak Ermenistan bağımsızlığını ilan ettikten sonra bu üslerin hukuki statüsü ile ilgili belirsizlik söz konusu olmuştur. Ermenistan bu üsleri ulusal bağımsızlıklarının garantisi olarak gördüğü için bu konuda Rusya'ya sorun çıkarma mıştır.

Ağustos 1997'de Ermenistan Cumhurbaşkanı Levon Ter- Petrosyan Rusya ile Dostluk ve Yardımlaşma Anlaşması'nı imzalamıştır. Anlaşmanın şartlarına göre, şayet anlaşmanın tarafla rı, herhangi bir silahlı saldırı tehlikesi ile karşılaşır veya silahlı saldırıya uğrarlarsa, güvenliğin sağlanması için BM anlaşmasının 51. maddesi gereğince askeri yardım da dahil olmak üzere birbirlerine yardım edecektir.[19]

Gümruüde konuşlanan Rus askeri üssünün gayrimenkulları ile birlikte karşılıksız olarak yirmi beş yıllığına Rusya'nın kontrolüne verilmesini öngören ve taraflar isterlerse 5 yıl daha uzatılması konusunda 2000'de taraflar arasında bir anlaşma imzalanmıştır.[20] 20 Ağustos 2010'da ise Rusya Ermenistan'da konuşlanan askeri üslerin müddetini 2044 yılına kadar uzatmıştır.[21]

Bu anlaşmalardan ortaya çıkan duruma göre, Azerbaycan kendi yasal haklarından yararlanarak işgal altında olan topraklarını geri almak için girişimlerde bulunursa, Rusya'nın askeri müdahalesi ile karşılaşacaktır. Ermenistan'da Rus askeri varlığının bulunması Rusya'ya sadece Ermenistan'a değil, aynı zamanda tüm Kafkasya da gelişen siyasi olaylara müdahale etmek olanağı sağlamıştır.

Günümüzde Rusya'nın Ermenistan'ın Gümrü şehrinde 12, Ahuryan da 4, Aragaç'ta 2, Eşterek'te 1, Erivan'da 7, Kafan'da 1 ve Nubaraşen kasabasında 2 askeri üs olmak üzere toplam 29 askeri karakolu bulunmaktadır. Rus askeri üslerinin yerleştiği bölgelere dikkat edilirse toplam 14 üssün Türkiye sınırına yakın bölgelerde konuş landığı görülmektedir. Ermenistan bununla da yetinmeyip 22 Aralık 2002'de Gürcistan'dan çıkan askeri birliklerin bir kısmını kendi sınırlarında konuşlandırmıştır. Bu birlikler, Rusya'nın Güney Kafkasya Askeri Birlikleri Komutanlığı'na verilmiştir.[22]

Askeri işbirliği çerçevesinde imzalandığı tarihlerden itibaren Rusya tarafından Ermenistan'a silah ve cephane yardımı yapılmaktadır. "Media Forum"un elde ettiği bilgilere göre sadece 2008 yılında gönderilen silahların toplam değeri 800 milyon dolardır.[23] AGIT'in Minsk Grubu'nun eşbaşkanlarından biri olarak Rusya'nın bu adımı onun arabulucu misyonu için kabul edilemez bir durumdur. Rusya bir taraftan çatışan ülkeler arasında arabuluculuk yapmakta, diğer taraftan da Ermenistan'ı silahlandırmaktadır. Fakat Rusya bu adımı atmakla sırf Kolektif Güvenlik Antlaşması Örgütü çerçevesinde Ermenistan'la ilişkiler kurduğunu ve bunun AGIT'in Minsk Grubu'ndaki faaliyeti ile hiçbir bağlantısının olmadığını iddia etmektedir. Hatta eğer Azerbaycan da bu örgütün üyesi olsaydı, onun da Rusya'dan aynı yardımı alabileceğini belirtmiştir.

Hemen belirtmek gerekir ki, Rusya ile Gürcistan arasında vuku bulan Ağustos 2008 savaşından sonra Moskova Erivan'la daha sıkı askeri işbirliğine yönelmiştir. Rusya atmış olduğu bu adımla Karabağ sorununun çözümünün Moskova'nın çıkarlarına uygun olmadığını ortaya koymuştur ve Azerbaycan topraklarını işgal eden Ermenistan'a 800 milyon ABD doları tutarında silah ve cephane vermesi bunun bir göstergesidir. Bu hareket bölgede barışa hizmet etmemiş, Güney Kafkasya'da gerilimin artması ve istikrarın bozul masına ortam yaratmıştır. Genel olarak Moskova'nın dış politika açıklamaları göstermiştir ki, Güney Kafkasya'yı kendisinin özel bir jeostratejik çıkar bölgesi olarak gören Rusya sadece Karabağ çatışmasında değil, bölgede ortaya çıkan bütün çatışmalarda kilit konuma sahiptir.

Batı'nın Çifte Standart Politikaları

"Ermeni faktörü"nün Rusya'nın politik olmakla birlikte, ekonomik açıdan da hem bölge devletlerine hem de ilgili devletlere yönelik baskı aracı olduğu bir gerçektir. Rusya yukarıda da belirtildiği gibi, Ermenistan'ı Türkiye, ABD, NATO ve Avrupa Birliği'nin Kafkasya politikasına karşı denge unsuru olarak kullanmakta, Ermenistan sayesinde Kafkasya'daki politik ve askeri varlığını koruyarak, bölgede konuşlandırdığı üslerle Azerbaycan'ı ve Gürcistan'ı kontrol altında tutmakta ve yapılabilecek müdahaleler karşısında gereken önlemleri almaktadır. Güney Kafkasya'yı kendi arka bahçesi olarak gören Rusya, dolayısıyla Azerbaycan'ın bağımsızlığını ve enerji projelerinde varlığını hazmedememekte ve bu suretle Azerbaycan'a acı bir ders vermek için Ermenistan'ı korumakta ve silahlandırmak tadır. Bu açıdan Azerbaycan karşısında Ermenistan'ın Rusya tarafın dan desteklenmesi anlaşılabilir. Fakat Ermenistan-Azerbaycan çatışmasında Batı'nın kararsızlığı ve Ermenistan'ın işgal ettiği Azerbaycan topraklarından geri çekilmesi ile ilgili BM Güvenlik Konseyi'nin kararlarına tepkileri Batı'nın anlaşılmayan politikasını ortaya koymaktadır.

Ermenistan-Azerbaycan çatışması tek bir sebep yüzünden dondurulmuş (fro- zen conflict) vaziyettedir: Çatışan tarafların karşıt tutumları. Her iki taraf "Sıfır Sonuçlu Oyun"un içerisinde yer almaktadır. Eğer Azerbaycan'ın toprak bütünlüğü tanınırsa, Dağlık Karabağ "de facto" bağımsızlığından ve Ermenistan da "Büyük Ermenistan" iddialarından vazgeçmek zorunda kalacaktır. Dağlık Karabağ'ın "de facto" bağımsızlığı "de jure" olursa (Hukuki olarak tanınırsa), o zaman Azerbaycan kendi topraklarının büyük bir kısmını kaybedecek ve toprak bütünlüğü bozulmuş olacaktır. Bu yüzden Rusya istisna olmakla AGIT'in diğer Batılı eşbaşkanlarının – ABD ve Fransa – ve de diğer Avrupa devletlerinin tutumu belir sizliğini korumaktadır.

Diğer bir deyişle, Batılı devletler çatışan taraflardan birine yönelik attığı adımı diğerine yönelik attığı adımla dengelemek zorunda kalmıştır. Minsk Grubu'nun eşbaşkanları olmayan Batılı devletler Ermenistan ile Azerbaycan arasındaki sorunu her zaman AGIT'in Minsk Grubu çerçevesinde değerlendirerek her iki ülke ile karşılıklı samimi ilişkiler kurmak istediklerini belirtmektedir. Minsk Grubu'nun Batılı eşbaşkanları olan ABD ve Fransa sorunun barışçıl yollarla çözülmesi gerektiği talebinde bulunsalar da, hukuki açıdan BM Genel Kurulu'nun kararlarına açık şekilde karşı çıkmaktadır. Onlara göre öncelikli mesele çatışan taraflar arasında uzlaşmanın sağlanmasıdır. Güney Kafkasya sorunları üzerine Amerikalı uzman Tomas Ambrosio ABD'nin çatışma ile ilgili tutumunu net olarak şu şekilde açıklamıştır:

"Taraflar arasında anlaşma sağlanıncaya kadar ABD'nin tutumu değiş meyecek ve gelecekte de değişmesi zor. Diğer uluslararası ve yerel sorunlar dikkate alınırsa, Dağlık Karabağ çatışması ABD yönetiminde fazla önem taşımamaktadır."[24]

Sovyetler Birliği'nin dağılmasından sonra ABD'nin, bağımsızlıkları nı kazanan cumhuriyetlerle ilişkilerin kurulabilmesi için beş koşul öne sürdüğünü hatırlatmakta fayda vardır.

Bu koşullardan ilki, bu cumhuriyetlerden biri diğerine yönelik toprak iddiasında bulunursa, ABD tarafından tanınmayacağı şeklin deydi.[25] Fakat değil toprak iddiasında bulunmak, Azerbaycan'ın % 20'sini işgal eden Ermenistan ABD tarafından tanınmış, üstelik İsrail'den sonra en fazla ABD yardımı alan ülke konumuna yükseldi.[26] Azerbaycan ise Ermenistan'a ambargo uygulamak ve saldırı amaçlı güç kullanmakla suçlanmıştır. ABD Kongresi tarafın dan kabul edilen, her türlü yardımın kesilmesini öngören Özgürlüğü Destekleme Yasası'nın 907 sayılı ek madde ile ekonomik ambargoya uğramış[27] ve tüm eski Sovyet cumhuriyetleri arasında Amerikan ambargosu uygulanan tek ülke konumuna düşmüştür.[28] Fakat 11 Eylül 2001 olaylarından sonra Azerbaycan ABD ile koordineli hareket ederek onun desteğini alma fırsatı elde etmiştir.

11 Eylül sonrası dönemde uluslararası terörizme karşı oluşturulan koalisyona Azerbaycan'ın da dahil olmasıyla Bush yönetimi 907 sayılı ek maddenin uygulanmasının geçerliliğini durdurmuştur. Bu ek maddenin geçici olarak durdurulması Azerbaycan'a bir takım faydalar sağlamıştır, fakat çatışmanın çözümünde hiç bir ilerleme olmamıştır. Olayların gidişatı AGİT'in Minsk Grubu'nun eşbaşkan larından biri olmasına rağmen Ermenistan-Azerbaycan çatışmasının ABD'nin ulusal çıkarları açısından hayati önem taşımadığını göstermektedir.

Rusya'nın açık şekilde Ermenistan'a destek verdiği, Batı'nın da Ermeni yanlısı tutum sergilediği aşikardır. Özellikle 14 Mart 2008 yılında BM Genel Kurulu'nun 62. oturumu çerçevesinde düzen lenen toplantıda karara bağlanan *"Azerbaycan'ın İşgal Edilmiş Bölgelerinde Durum"* başlıklı kararına Batılı eşbaşkanların göster dikleri tepki bunun en açık ispatıdır. Batı'nın Ermeni yanlısı tutumu Türkiye-Ermenistan ilişkilerinin kurulması, sınır kapılarının açılması yönünde Ankara'ya yapılan baskılarda da kendini göster miştir. 20 yılı aşkın devam eden işgal gerçegi karşısında Batılı devletler Ermenistan'a baskıda bulunmamaktadırlar. Fakat buna rağmen Ankara'ya baskı yaparak Türkiye-Ermenistan arasında diplomatik ilişkilerin kurulmasına çalışan ABD ve AB, Dağlık Karabağ çatışmasında arabuluculuk misyonunda inisiyatifi Rusya ya bırakmış durumdadır.

Çatışmanın toprak bütünlüğü çerçevesinde çözümünde yalnız Azerbaycan tarafı ısrarlıdır. Arabulucular daha çok Ermenistan lehine barış elde etmek için işgale uğrayan devletin tavizde bulunması yönünde baskı uygulamaktadır. Rusya'nın Güney Kafkasya'da ileri karakolu olan Ermenistan'a destek çıkan devletlerin subjektif yaklaşımları devam eden sorunun çözümünde olumsuz etkisini göstermektedir. Arabulucuların gösterdikleri tek çaba bölgede hiçbir silahlı çatışmanın yaşanmaması, gereken önlemlerin alınması ve istikrarın korunmasıdır. Batılı devletler açısından bu durum Avrupa'nın enerji güvenliğinin sağlanması ve oluşabilecek tehlikelerin önlenmesi için gereklidir.

Batı'nın, özellikle Avrupa devletlerinin çifte standartlar siyasetinin ve Ermeni yanlısı tutum sergilemelerinin perde arkasında hangi sebeplerin yattığı hiç kuşkusuz düşündürücüdür. Kanaatimizce, Avrupa devletlerinin Azerbaycan'ın içinde bulunduğu duruma yaklaşımı sırf Ermenistan-Azerbaycan çatışması yönünde değil, Batı-Türk medeniyetlerinin çatışması boyutunda da şekillenmiştir. Ermenistan-Azerbaycan çatışmasının uzaması Rusya'nın Kafkasya politikasından kaynaklansa da, gerçekte Batı'nın çıkarlarıyla da bire bir uyum göstermektedir. Batılı devletler Ermeni meselesini milli, dini ve psikolojik açıdan göz önünde bulundurarak, Ermenistan'a destek vermektedirler. Bu desteğin kökünde geçmişten miras kalan Türk ve İslam karşıtı zihniyetin yattığını söylemek mümkündür.

Samuel P.Huntington medeniyetlerarası çatışmayı

1-Yerel veya Mikro düzey

2- Küresel veya Makro düzey

olarak iki farklı şekilde izah eder ve yerel veya mikro düzeyde olan çatışmaların farklı medeniyetlere mensup komşu devletler arasında, kuüesel veya makro düzeyde olan çatışmaların ise farklı medeniyetlerin büyük devletleri arasında yaşandığını belirtmektedir.[29]

Farklı medeniyetlerin büyük devletleri arasında yaşanan çatışma ların farklı medeniyetlere mensup komşu devletler üzerinde büyük etkisi olduğu ise tartışılmaz bir gerçektir. Bu çatışmalardaki meseleler uluslararası politikanın klasik sorunlarındandır. Kuşku suz bu meseleler tarih boyunca devletler arasında yaşanan çatışma ların kaynağıdır. Farklı medeniyetlere mensup komşu devletler arasında yaşanan çatışmalar aynı zamanda medeniyetler arasındaki küresel güç dengesinde meydana gelen değişikliklerden de kaynaklanabilir. Ermenistan-Azerbaycan çatışması da jeopolitik çıkarlar çatışmasının bir uzantısı olmakla birlikte medeniyetlerarası savaşın, yani Batı-Türk medeniyetleri arasındaki savaşın da potansiyel kaynaklarındandır.[30]

Günümüzde Batılı devletlerin Ermenistan-Azerbaycan çatışmasında sergilediği tutum Batı-Türk medeniyetleri arasındaki savaşın gerçek bir yansımasıdır. Ermeni meselesi tarihsel bir gelenek olan Türk düşmanlığının çok önemli bir parçasıdır. Milli ve dini bakımdan geçmişten miras kalan bu nefret psikolojisinin Azerbaycan'dan daha çok Türkiye'ye yönelik olduğu bir gerçektir, fakat ortada "Ermeni meselesi" olduğundan bu düşünce ve psikoloji Azerbaycan'ı da kendi kıskacına almıştır. Çünkü Azerbaycan da Türk ve İslam Dünyası'nın bir parçası, Türk-İslam medeniyetinin taşıyıcılarından biridir. Ermenistan ise Batı'nın çıkarlarına cevap veren bir devlet haline gelmiştir. Bu bakımdan Ermenistan-Azerbaycan çatışmasında dolaylı da olsa destek Ermenistan'a veril-mektedir. Şayet çatışmada Azerbaycan'ın lehine kararlar kabul edilirse veya Ermenistan'a baskılar uygulanırsa o zaman Batı'nın "Ermeni kartı" çökebilir.

Ermenistan Devleti'nin Kendi İşgal Politikasını Meşrulaştırması ve Rusya'ya Olan Bağımlılığı

Çatışmanın çözüme kavuşamamasındaki önemli etkenlerden biri de Ermenistan Devleti'nin kendi işgal politikasını meşrulaştırmasıdır. Her iki taraf (Ermenistan ve Azerbaycan) Dağlık Karabağ'a diğer taraftan önce geldiğini ve bu topraklar üzerinde kendi varlığının meşru olduğunu iddia etmektedirler. Ermeni iddialarına göre sadece Karabağ değil, Kura Nehri ile Aras Nehri arasındaki bütün Azerbaycan toprakları "Büyük Ermenistan"ın bir parçasıdır, Doğu Ermenistan olarak bilinir.[31] Dikkat edilirse, Türkiye'nin doğu illeri Batı Ermenistan, Azerbaycan ise Doğu Ermenistan olarak Ermeni tarihine geçmiştir. Bu iddialar "denizden-denize Büyük Ermenis tan" ideolojisinin gerçekleşmesi için komşu ülkelerin toprakları üzerinde yoktan var edilen fantastik hak iddialarıdır. Halbuki belgeler Ermenilerin bölgeye, günümüzdeki Dağlık Karabağ sorununa da sebebiyet veren, 1828 yılında Rusya ile İran arasında yapılan Türkmençay Antlaşmasının XV. maddesi gereğince Ruslar tarafından göç ettirildiklerini göstermektedir.

Bu konuda Rus bilim adamı Nikolay Şavrov şu bilgileri vermektedir:

"Biz kolonizasyona Güney Kafkasya'ya Rusları değil, diğerlerini yerleştirerek başladık. 1826-1828 savaşlarından sonra 1828-1830 yılları arasında iki senede 40.000'den fazla İran Ermenisi ve 84.000 Osmanlı Ermenisini en iyi kamu arazilerine yerleştirdik... Bu yüzyıl başında Güney Kafkasya'da sayıları 1,3 milyon olan Ermenilerin 1 milyondan çoğu bu bölg nin yerli halkı olmayıp, bizim tarafımızdan yerleştirilenlerdir...".[32]

Ermeni tarihçisi M.G.Nersisyan da Türkmençay Antlaşmasından sonra Karabağ ve Revan bölgesine İran ve Osmanlı'dan Ermenilerin göç ettirildiği gerçeğini doğrulamaktadır: *"XIX. yüzyılın 20'li yıllarının sonunda bu bölgelere 40.000'den çok, Osmanlı'dan ise yaklaşık 90.000 Ermeni göç ettirilmiştir..."*[33]

Göç politikası ile ilgili bilgiler İ. K. Yenikolopov,[34] S. V. Şostako viç,[35] Ç. P. Agayan[36] gibi Rus ve Ermeni bilim adamlarının da eserlerinde yer almaktadır. Konuya tarihi gerçekler ışığında bakı lırsa, Ermenilerin Dağlık Karabağa Azerbaycan Türklerinin kendilerinden sonra gelmişlerdir ve bu topraklar üzerinde kendi varlıklarının meşru olduğunu iddia etmelerinin hiçbir dayanağı bulunmamaktadır. Fakat sorunun tarihi belgelere göre çözülemeye ceği de ortadadır. Zaten Ermenistan Devlet Başkanı Serj Sarkisyan kendisinden önceki başkanlar gibi *"hedeflerinin hiçbir zaman Dağlık Karabağ'ı Azerbaycan yönetimine bırakmak olmadığını"* net bir şekilde ifade etmiştir.[37]

Bu açıklamalardan Ermenistan'ın hiçbir şekilde ulusal işgal politikasından vazgeçmeyeceği anlaşılmaktadır. Bunun da asıl sebebi Ermenistan'ın "Büyük Ermenistan" ideolojisini gerçekleştir me düşüncesi ve Türkiye ile Azerbaycan'dan duyduğu tehdit algısı nedeniyle Rusya'ya yönelmesidir. Rusya'nın Erivan'a verdiği destek Azerbaycan ve Türkiye ile ihtilaflı ilişkileri olan Ermenistan için hayati önemdedir. Erivan Rusya'dan aldığı silahlar sayesinde güvenliğini artırdığını düşünsede Rusya'ya olan bağımlılığı da artmaktadır.

Ermenistan Rusya'ya artan bağımlılığına rağmen kendisini güvende hissetmektedir. Ermenistan'ın komşuları ile olan sorunlu ilişkileri nedeniyle fazlasıyla Rusya'ya yaklaşması sonucu oluşan bağımlılık, kendisini özellikle enerji alanında hissettirmektedir. 2001 yılında 100 milyon dolarlık borçlarına karşılık birçok sanayi tesisini ve enerji üretim şirketini Rusya'nın işletmesine devreden Ermenistan, 2004 yılında ise enerji üretim kapasitesinin %80'ini Rus kontrolüne bırakmıştır.[38] Rusya'nın Ermenistan'ın güvenlik ve ekonomi alanlarındaki ağırlığı, iki ülke arasında imzalanan askeri işbirliği anlaşmaları ve Ermenistan'da enerji, telekomünikasyon, ulaşım, finans ve maden sektörlerinde devlet kontrolünde olan şirketlerin kabaran borçlarına karşılık Rusya'ya devredilmesi ile daha da artmıştır.[39] Böyle bir durumda Ermenistan'ın Rus ekseninden kop ması beklenemez. Zira anılan ilişki Erivan açısından yaşamsal değer arz eden bir stratejik himaye, Moskova açısından ise Güney Kafkas ya'da önemli ve bağımlı bir unsurun varlığı anlamını taşımaktadır.

Gelecek Senaryoları

Ermenistan-Azerbaycan çatışmasının ne zaman ve nasıl sonuçlanacağı konusunda zihinlerde bir takım soru işaretleri bulunmaktadır. Ermenistan-Azerbaycan çatışmasının çözümü ile ilgili yürütülen çalışmalara dayanarak sorunun gelecek senaryolarını aşağıdaki biçimde belirlemek mümkündür;

1-Kalıcı ateş- kes veya

2-savaş.

Kalıcı Ateşkes

1994'te "Azerbaycan topraklarının %20'sinin Ermenistan tarafından işgal edilmesiyle sonuçlanan ateşkes"in sağlanmasına rağmen o tarihten itibaren her iki devlet arasında "ne savaş, ne de barış" gibi belirsiz bir durum söz konusudur. Çatışmanın başladığı tarihlerden itibaren her iki taraf arasında karşılıklı suçlamalar devam etmekte ve her iki ülke de karşılıklı olarak birbirlerine asla bir araya gelemeyecek düşman gözüyle bakmaktadır. Böyle bir durumda çatışan taraflar arasında uzlaşmanın mümkün olamayacağı ve barışın sağlanamayacağı kanaati oluşmuştur. Ermenistan-Azerbaycan ilişkilerinde ortaya çıkan bu belirsiz ve karmaşık durumu analiz eden Ermeni siyaset bilimci Artyom Vartanyan çatışmayı "sıcak çatışma" (*smouldering con ict*) olarak tanımlamış, daha uzun süre sorunun çözülemeyeceğini belirtmiştir. Fakat Vartanyan sorunun çözümü için öncelikle Dağlık Karabağ'ın geçici olarak Rusya'nın mandasına verilmesini, bunun 20 yıl veya daha uzun süreli olmasını önermekte, gelecekte bölgede bir referandumun yapılması ile Dağlık Karabağ sorununun nihayetinde çözüme kavuşacağının mümkün olabileceğine işaret etmektedir.[40] Dolayısı ile Vartanyan Ermenistan-Azerbaycan çatışmasının Rusya'nın tekeline bırakılmasını daha gerçekçi ve makbul bulmaktadır.

Azerbaycanlı siyaset bilimci Samir Hamitov sorunu "labirent" olarak değerlendirmis,[41] diğer bir Azerbaycanlı dış politika uzmanı Zaur Şiriyev ise "Filistin Sendromu"na benzetmiştir.[42]

Gerçekten de sorunu labirent olarak adlandırmak mümkündür. Zira labirentin girişi olsa da çıkışı zor bulunur ve yolları karmakarışıktır. Labirente girip belirli bir mesafe kat ettikten sonra doğru yolu bulamadıkça giriş ve çıkışın statüsü eşit hale gelir. Böylece, çıkış yolu bulmak ümidi ile sıkılana dek ortada dolaşmaktan başka bir yol kalmamaktadır. İşte Ermenistan-Azerbaycan çatışması da aynı labirent gibidir.

Barış görüşmelerinin gelişim süreci gözden geçirilirse, sorunun her defa düzene sokulması yolunda durgunluk ortaya çıktığında ve Azerbaycan alternatif çözüm yolları aramaya başladığında, AGIT'in Minsk Grubu'nun eşbaşkanları hemen yeni öneriler sunarak Azerbaycan'ın görüşmelere ilişkin olumsuz ve sarsılmış güvenini yeniden sağamaya çalışmaktadır. Görüşmeler nihai aşamaya geldiğinde Ermenistan tarafının geri çekilmesi sonucu bütün işlemler yeniden durma noktasına gelmektedir.

Ateşkesin sağlandığı 1994 yılından günümüze değin aynı durgunluk devam etmektedir. Uzun süre zarfında sorunun bu senaryo doğrultusunda devam etmesi olasılığı yüksektir. Çözüm yolunda AGIT'in Minsk Grubu nezdinde hiçbir ilerleme kaydedilememesi ve her defasında yeniden durma noktasına gelmesi, dolayısıyla "Filistin Sendromu" veya "Keşmir Sendromu" gibi dondurulmuş çatışmaya dönüşmesi sorunun daha uzun yıllar devam etmesi yönünde kaygılar uyandırmaktadır.

Savaş

Son dönemde çatışmaya çözüm yolu bulunamadığı için savaş faktörü daha ağırlık kazanmaktadır. Fakat olası bir savaş Azerbay can'a nasıl bir gelecek vadediyor? Ermenistan'ın Rusya ile ittifak kurarak Türkiye ve Azerbaycan'a karşı bölgede tesis etmeye çalıştığı güç dengesi Azerbaycan'ı askeri bir harekatın olası etkileri konusun da belirsizliğe itmektedir.[43] Bu husus savaş olasılığını azaltmak tadır.

Bazı uzmanlara göe, Azerbaycan'ın askeri bir harekata başlaması için öncelikle Rusya'nın tarafsızlığını sağlaması gerekmektedir. Bunun için Moskova'ya siyasi, askeri veya ekonomik alanda tavizler verilmeli, enerji ulaşımı ve üretimi konusunda Rusya muhatap kabul edilmeli, Azerbaycan topraklarında Moskova'ya askeri üs verilmeli ve Azerbaycan Kolektif Güvenlik Anlaşması Örgütü'ne üye olmalıdır.[44]

Azerbaycan'ın topraklarının %20'sini işgal altında tutan Ermenistan ın bu örgütte yer aldığı dikkate alınırsa, Azerbaycan'ın da aynı örgüte üye olması hiçbir şekilde düşünülemez. Ermenistan bu örgüte üye olmakla kendisini Türkiye ve Azerbaycan'dan korumak istemiştir. Azerbaycan'ın aynı örgüte üye olması halinde düşmanıyla aynı çatı altında "saldırmazlık" prensiplerini kabul etmiş bir durumda olacağından problemini, özellikle de savaş yoluyla çözmesi mümkün olmayacaktır.

Diğer bir taraftan, Azerbaycan'ın BDT'ye üye olması, Gebele Radar üssünü Rusya'ya kiralaması ve Moskova ile geliştirilen enerji alanın daki işbirliği Dağlık Karabağ sorununda Moskova'nın tutumunda hiçbir değişime yol açmamıştır. Dolayısıyla Azerbaycan'ın verebi leceği hiçbir taviz Rusya'nın sorunun çözümünde radikal bir değişikliğe giderek Bakü'yü desteklemesine yol açmayacaktır. Aksine, Azerbaycan'ın yukarıda belirtilen tavizleri vermesi duru munda, aynı Ermenistan gibi Rusya'ya bağımlı bir devlete dönüşmesi kaçınılmaz bir son olacaktır.

Bazı araştırmacılar Azerbaycan ordusunun işgal altındaki toprak larını ele geçirebilecek geniş çaplı bir askeri operasyonu gerçekleştirebilecek yeteneğe sahip olmadığını ileri sürmektedir.[45] Aslında Azerbaycan gelişen ekonomisi ve askeri gücü ile Ermenistan karşısında kıyas edilemeyecek bir üstünlüğe sahiptir. Azerbaycan ordusu Ermeni kuvvetlerini işgal altındaki topraklarından da atabilme gücüne sahiptir.

Bu çatışma tam olarak Ermenistan-Azerbaycan savaşı ile sınırlı kalmış olsaydı, Azerbaycan tarafı bizzat bunu çözebilirdi. Burada Rusya'nın Ermenistan'a yaklaşık 1 milyar dolar değerinde silah verdiği gerçeğini ve 2010 yılında imzalanan anlaşma gereğince Ermenistan'da konuşlanan Rus askeri üslerinin süresini 2044 yılına kadar uzattığını da hatırlamak gerekmektedir.[46] Yeni anlaşmanın en önemli maddesi Rusya'nın askeri üslerinin Ermenistan'ın güvenliğini koruyacağı ve olası bir silahlı saldırı karşısında askeri desteğini esirgemeyeceğidir. Eğer Azerbaycan kendi yasal haklarından yararlanarak işgal altında bulunan topraklarını geri alma girişiminde bulunursa, Rusya'nın silahlı müdahalesi ile karşılaşacaktır. Çünkü Ermenistan'ın güvenliği Rusya'nın garantisi altındadır.

Azerbaycan'ın dışarıdan askeri ve politik destek alması bugün için mümkün gözükmemektedir. Zaten çatışmanın çözümü yolunda AGIT'in Minsk Grubu'nun kararsızlığı ve devletlerin soruna çifte standartla yaklaşımı Azerbaycan'da Batı'ya olan güveni tamamen sarsmıştır. Azerbaycan tarafı Rusya'nın gücünü ve Batı'nın güven vermeyen "dostluğunun" ve kararsızlığının en iyi örneğini Rusya-Gürcistan savaşında görmüştür.

Saldırının asıl amacı Rusya'nın hala sert oynayabileceğini göster mekti. Zira Rus ordusunun 1990'lardaki çöküşünün ve Rusya ordusunun artık eski gücünde olmadığı fikrinin hafızalardan silinmesi gerekmekteydi. Aynı zamanda eski Sovyetler Birliği üyele rine Amerikan dostluğunun ve garantilerinin bir değeri olmadığını da göstermek gerekiyordu. Gürcistan savaşı küçük bir devlete karşı küçük bir saldırıydı ama ABD'ye fazlasıyla yaklaşmış bir devlete saldırı olması açısından bir çok anlam taşımıştır. Operasyona Amerika'nın tepkisizliği ve Avrupa'nın aldırmazlığı hem bölgeyi, hem de Doğu Avrupa'yı şaşırtmıştır. Diplomatik notalarla sınırlı kalan ABD eylemsizliğinin gösterdiği mesaj Amerika'nın çok uzak, Rusya'nın ise çok yakın olduğudur ve ABD kara kuvvetlerini Orta Doğu'ya bağladığı sürece bu harekete geçememe durumu devam edecektir.[47] Rusya kuşkusuz bu adımını ABD'nin gerçek çıkarlarının Güney Kafkasya'da değil, Orta Doğu'da olduğunu düşünerek atmıştır. Nitekim, Gürcistan'a tutamayacak sözler veren Batı'ya Azerbaycan'ın zaten çok önceden güveni sarsılmıştır.

Batının desteğini alamadığının farkında olan Azerbaycan'ın tek başına Rusya'yla savaşa tutuşması hiç kuşkusuz onun geleceğini ciddi şekilde etkileyecektir ve Azerbaycan yönetimi bu durumu yakından bilmektedir. Diğer bir taraftan, Azerbaycan kendi toprak bütünlüğünü korumak amacıyla askeri operasyonlara başladığı takdirde dünyanın demokratikleşmesi için girişimlerde bulunan Batılı devletler ve uluslararası kurumlarla devam eden işbirliği ve bu kurumlara entegre sürecinde ciddi engeller ortaya çıkması mümkündür. Çünkü çatışmanın savaş yolu ile çözümü Azerbaycan ın işbirliği içerisinde olduğu ve üyeliği bulunan hiçbir uluslararası kurumca kabul görmemektedir. Savaş halinde Azerbaycan'ın bu kurumlarda üyeliğinin dondurulması ve hatta Bakü'nün bu kurumlardan dışlanması ihtimali de yüksektir.

Bununla birlikte devletlerin ve Ermenistan'ın Azerbaycan'a başka bir seçenek bırakmamaları durumunda, herşeye rağmen savaş tercihi kaçınılmazdır. Fakat bu seçenek, uzun zaman istemektedir. Azerbaycan, işgal altında tutulan topraklarını geri almak için uzun süreli olsa bile uygun stratejik ortamı beklemek zorundadır. Aksi takdirde hazırlıksız savaşa başlamak ülkede ciddi kaosa neden olabilecektir. Eğer Azerbaycan Ermenistan üzerinde kesin zafer kazanamazsa ve savaş yeniden uzama sürecine girerse, ülkede hoşnutsuzluk başlayacaktır. Özellikle burada Rusya faktörü göz ardı edilmemelidir.

Azerbaycan kendi yasal haklarından yararlanarak işgal altında bulunan topraklarını geri alma girişiminde bulunursa, ikili anlaşmalar çerçevesinde ve Kolektif Güvenlik Anlaşması Örgütünün bir üyesi olarak Rusya'nın silahlı müdahalesi ile karşılaşabilecektir. Rusya'nın askeri müdahalesi dikkate alınırsa, olası bir savaş çok sayıda insan hayatına mal olabilir, yeni toprak kayıplarına yol açabilir.[48] Dış müdahaleler hoşnutsuzluğu daha da artıracağından iç karışıklık ve kaos durumu oluşabilecektir. Böyle bir durumda Azerbaycan 1990'ların başında olduğu gibi yeniden etnik sorunlarla karşılaşabilir ve ülkenin bağımsızlığının tehlikeye girmesi ihtimali kuvvetlenebilir.

Sonuç ve Teklifler

Azerbaycan Ermenistan Çatışması, kökü derinlerde olan, geçmişi uzun, bugünü karışık, geleceği belirsiz olan bir sorundur. Sorunun ortaya çıktığı günden bugüne kadar çözüm için bir çok denemede bulunulsa da başarısızlıkla sonuçlanmıştır ve yakın gelecekte de çözüm beklenmemektedir. Azerbaycan çözüm için uygun statejik ortamı beklemek zorundadır. Uygun stratejik ortamın ne zaman veya hangi şartlarda oluşabileği hususunu analiz edersek;

1-Azerbaycan öncelikle askeri birliklerini güçlendirmeli ve askeri eğitimini tamamlamalı, uzun süreli savaşa tam hazır bir ulusal ordu ile, uzun süreli ekonomik ve politik yaptırımlara dayanabilecek güçte olmalıdır. Hesaba katılması gereken durum dış güçlerin müda halesidir. Yani burada Rusya ve Batı faktörü göz ardı edilmeme lidir. Zira çatışma gerçekten Ermenistan-Azerbaycan savaşı olsaydı, Azerbaycan tarafı bizzat kendisi bu sorunu çözebilirdi. Ancak sorun bugün bölgede menfaati bulunan devletlerce de müdahale edilir bir duruma gelmiştir. Bu nedenle de çözüm için etkin faktörlerin dikkate alınması zorunludur.

2-Uygun stratejik ortamın oluşmasını sağlayacak ikinci etken Rusya'nın bölgesel güç konumunun tamamen zayıflamasıdır. Rus ordusunun zayıflığı konusunda çok şey söylenmiş ve yazılmıştır.

Sovyetler Birliği'nin çöküşünden sonraki dönem için söylenenlerin doğru olduğu düşünülebilir. Ancak özellikle Putin sonrası dönemde Rusya'nın zayıflamadığı, hatta güçlendiği bir gerçektir. Post-Sovyet alanında ortaya çıkan bütün çatışmaların anahtarını elinde bulunduran Rusya, Ermenistan-Azerbaycan çatışmasında da kilit konuma sahiptir.

Uygun stratejik ortama etki edecek bir diğer etken, Rusya gibi İran'ın da bölgesel güç konumunu kaybetmesidir. İran Orta Doğu ülkeleriyle karşılaştırıldığında oldukça güçlü bir devlet gibi görünse de, kendi içinde bir çok sorunlara sahiptir.[49] Bu sorunlar içinde etnik problem en önemlisidir. Bugün Güney Azerbaycan sorunun en önemli parçası haline gelmiştir.

İslam Dünyası'nın halklarından biri olan Azerbaycan halkının Şii olması ve onunla tarihi ve kültürel yakınlıkları olmasına rağmen İran Ermenistan'ın, Azerbaycan'a karşı askeri harekatını üstü kapalı şekilde desteklemiş ve bölgede kendisine stratejik partner olarak Ermenistan'ı seçmiştir.

İran-Ermenistan ilişkilerini stratejik ittifaka götüren faktörler içerisinde Güney Azerbaycan ve Dağlık Karabağ sorununun ayrı bir yeri vardır. Dağlık Karabağ sorununun devam etmesi İran'ın çıkarları için en uygun durumdur.

İran'ın çıkarlarına uygun olarak Azerbaycan topraklarını işgal altında tutan Ermenistan İran'ın kuzeyini Azerbaycan'ın etkisinden koruyan bir etkendir. Dünyanın en önemli stratejistlerinden Zbigniew Brzezinski'ye göre, *"eğer Azerbaycan istikrarlı bir siyasal ve ekonomik gelişmede başarılı olursa İranlı Azeriler, daha fazla büyük bir Azerbaycan düşüncesine bağlanacaklardır"*.[50]

Dolayısıyla Ermenistan-Azerbaycan çatışmasının çözümüne giden yol Güney Azerbaycan'dan başlar. Doğal olarak bu düşüncenin önüne geçmek isteyen İran, Ermenistan'la ilişkilerini artırmakta ve Müslüman bir devletin – Azerbaycan'ın – zayıf kalmasını kendi açısından yaşam kaynağı olarak değerlendirmektedir.

Uygun stratejik ortamı sağlayabilecek etkenlerden bir başkası ise, Ermenistan'ın gittikçe artan ekonomik sıkıntılarından kurtulmak için Azerbaycan'la anlaşmaya varmak zorunda kalmasıdır. Bunun için Ermenistan'ın kendini tamamen Rusya'dan kurtarması zorunlu dur. Ermenistan'ın Rusya'ya ekonomik açıdan gittikçe artan bağım lılığı Moskova'nın Erivan'ın diğer devletlerle ilişkilerindeki gelişim temposunu istediği şekilde yönlendirmesine olanak sağlamıştır.

Özellikle 2003 yılında Rusya'nın borçlarını ödemesi talebinde bulunması sonucu Ermenistan kendi ekonomisinin stratejik önem taşıyan işletmelerini borç karşılığında Rusya'ya devretmiştir.[51] Bu durum da Ermenistan'ın Rusya'dan kurtulmasının son derece zor olduğunu göstermektedir.

Ermenistan'ın ekonomik olarak nefes almasını sağlayan yegane devletin İran olduğu bir gerçektir. Ermenistan Cumhurbaşkanı Serj Sarkisyan İran'ın Erivan için önemini şu şekilde açıklamaktadır: *"İran Ermenistan için çok önemli stratejik bir ülkedir. Yüzyıllardır samimi komşuluk ilişkileri içerisindeyiz. Diğer sebepler de vardır. İran bizim için dış dünyaya açılan kapı konumundaki iki ülkeden biridir. İran'ın yaptırımlara uğraması Ermenistan'ın nefes aldığı borunun gittikçe daralması anlamına gelir".*[52]

Fakat bölgede gittikçe büyük bir güç kazanan, uranyumun zenginleştirilmesi yönünde araştırmalarını daha da yoğunlaştıran, Orta Doğu'da ortaya çıkan problemler nedeniyle son dönemde sık sık adından söz ettiren ve küresel güçlere meydan okuyan devletlerden biri olarak İran'la iyi ilişkiler içerisinde olmasına rağmen Ermenistan, İran'ın ABD'nin muhtemel saldırısına uğradığı takdirde ekonomisinin büyük darbeler alacağının da farkındadır. İran etrafında oluşan uluslararası baskılar ve İran-Batı ilişkilerinde yaşanan gerginlikler Ermenistan'ın geleceğini çıkmaza sürüklemek tedir. Bu durum Azerbaycan'ın çıkarınadır. Sıkışmış durumda olan Ermenistan, Azerbaycan ve Türkiye ile ilişkilerini gözden geçirmek zorunda kalacaktır. Ermenistan Azerbaycan'ın işgal altında tuttuğu topraklardan çekilmeli, toprak iddialarından vazgeçmelidir. Ancak bu şekilde ekonomik çöküntüden kurtulabilir ve hatta entegrasyon sürecinde ve enerji projelerinde yer alabilir. Aksi takdirde Ermenis tan ekonomik olarak Azerbaycan'ın ve Türkiye'nin baskılarına dayanmak zorunda kalacaktır. Bu durumu Ermenistan'ın bazı devlet adamları veya stratejistleri tespit etmiş fakat bu tespitlerinde ya geç kalmış ya da mevcut durumu lehlerine çevirecek gücü kendilerinde bulamamışlardır.

Örneğin, dönemin Ermenistan Cumhurbaşkanı Levon Ter-Petros yan *"Savaş mı, yoksa barış mı? Karar verme zamanı"* isimli makalesinde savaşın "galibiyet havası"na kapılan Ermenistan açısından yıkıcı sonuçlar doğuracağını belirterek, sorunun "çözümsüzlüğünün" Ermenistan'ı felakete sürükleyeceğini, uzlaşının şart olduğunu ileri sürmüştür.[53] Fakat Ermenistan sorunun çözümünde hiçbir adım atmamakta, Rusya ve Batı'nın politik oyunları devam ettiği süre içerisinde "Büyük Ermenistan" ideolojisini gerçekleştirme düşüncesindedir. Durum böyle devam ettiği sürece Ermenistan, Türkiye ve Azerbaycan'ın baskılarına dayanmak zorunda kalacaktır.

Bugün sorun Dağlık Karabağ olarak tanımlanmıştır. Ancak sorunu sadece "Ermenistan-Azerbaycan çatışması" bağlamında değerlendir mek doğru değildir. Eğer bu çatışma gerçekten "Ermenistan-Azer baycan çatışması" olsaydı, Azerbaycan tarafı bu sorunu barış veya savaş yolu ile bizzat kendisi çözebilirdi.

Bu değerlendirmelerden sonra şu sonuca varılabilir: Sorunun çözümü gerçek anlamda Azerbaycan ve Ermenistan devletlerinin elinde değildir. Azerbaycan sorunun barışçıl çözümüne taraf olmakla birlikte toprak bütünlüğü konusunda asla taviz vermeye ceğini ve son aşamada gerekirse askeri yola başvuracağını da belirtmiştir. Dolayısıyla Ermenistan-Azerbaycan çatışmasının yakın geleceğinde "barış" seçeneğinin yeri bulunmamaktadır. Çatışmanın "uzun süreli ateşkes" senaryosuna uygun olarak devam edeceği öngörüsünde bulunmak mümkündür.

Kaynakça;

*Bilge Strateji, Cilt 7, Sayı 13, Güz 2015 * Emin ŞIHALIYEV, Doç. Dr., Azerbaycan Milli İlimler Akademisi Nahçıvan Şubesi, Nahçıvan Devlet Üniversitesi Uluslararası İlişkiler Bölümü *Reha YILMAZ, Yrd. Doç. Dr., Çankırı Karatekin Üniversitesi Uluslararası İlişkiler Bölümü Öğretim Üyesi.*

Dip Notlar;

1 *Robert Koçaryan, "İskat Vıgodı v Sglajivanii Protivoretçiy" (Zıtlıkların Ortadan Kaldırılmasında Çözüm Yolları), Mejdunarodnaya jizn, No. 2, 31-32.; Vladimir Kazimirov, Mir Karabahu. Posredniçestvo Rossii v Uregulirovanii Nagorno-Karabahskogo Konikta (Karabag'a Barış. Dağlık Karabağ Çatışmasının Çözümünde Rusya'nın Arabuluculuğu) (Moskova: izdatelstvo Mejdunarodnıye otnoşeniya, 2009), 271.*

2 *Emin Şıhaliyev, Ermenistan-Azerbaycan Münakaşası Sivilizasiyalararası Münasebetler Kontekstinde (Bakü Elm ve Tehsil yayınları, 2011), 106-124.; Emin Şıhaliyev, "Psihologiçeskaya i Religioz- naya Podopleka Armyanskogo Voprosa" (Ermeni Meselesinin Psikolojik ve Dini Boyutu), Jurnal "Naslediye", No. 6/48, 48-51; Haleddin İbrahimli, Degişen Avrasya'da Kafkasya (Ankara: ASAM yayınları, 2001), 43-53.*

3 *Rövşen İbrahimov, "Dağlık Karabağ Sorununun Uluslararası Hukuk Açısından Değerlendirilmesi", Karabağ: Bildiklerimiz ve Bilmediklerimiz içinde (Der.) Reha Yılmaz, (Bakü: Kafkaz Üniversitesi Beynelhalk Münakaşaları Araştırma Merkezi, No. 002, 2010), 395.*

4 *Elnur İsmayılov, "Türkiye-Ermenistan Münasebetleri Kontekstinde Dağlık Karabağ Münakaşası," Karabağ: Bildiklerimiz ve Bilmediklerimiz (Bakü: Kafkaz Üniversitesi Beynelhalk Münakaşala-rı Araştırma Merkezi,No. 002, 2010), 173-174.; Kamer Kasım, "Türkiye'nin Kafkasya Politikası: Fırsatlar ve Güvenlik Problemleri," Türk Dış Politikası. Uluslararası III. Türk Dış Poltikası Sempozyumu Tebliğleri (Ankara, 2009), 63.; Şıhaliyev, Ermenistan-Azerbaycan Münakaşası Sivilizasiyalararası Münasebetler Kontekstinde, 65.*

5 *Samir Hamitov, "Dağlık Karabağ Münakaşası 2020 Yılında: Barış, Yoksa Muharebe?," Dirçeliş- XXI Asır Dergisi, No. 153-154, 151.*

6 *Şıhaliyev, Ermenistan-Azerbaycan Münakşası Sivilizasiyalararası Münasebetler Kontekstinde, 215.; Araz Aslanlı, "Ermenistan'ın Azerbaycan Topraklarını İşgali Sorununun Hukuki Boyutu: Azerbaycan'ın Meşru Müdafaa Hakkı Devam Ediyor mu?," Ermeni Araştırmaları Dergisi, No. 9, 104.*

7 *Aziz Mustafa, "Vasiteçilerden Növbeti Riyakarlığ," Zaman Gazetesi, Azerbaycan, 19 Mart 2008. 34*

8 *Aleksandr Dugin, Rus Jeopolitiği: Avrasyacı Yaklaşım (İstanbul: Küre yayınları, 2004), 78.*

9 *Ali Hasanov, Müasir Beynelhalk Münasebetler ve Azerbaycan'ın Xarici Siyaseti (Bakü: Azerneşr, 2005), 672.*

[10] Nika Chitadze, "Gürcistan-Rusya Savaşının Ardından Güney Kafkasya'da Güvenlik," Türk Dış Politikası. Uluslararası III. Türk Dış Poltikası Sempozyumu Tebliğleri (Ankara,2009), 123.

[11] Chitadze, Gürcistan-Rusya Savaşının Ardından Güney Kafkasya'da Güvenlik, 124.

[12] Chitadze, Gürcistan-Rusya Savaşının Ardından Güney Kafkasya'da Güvenlik, 125.

[13] Chitadze, Gürcistan-Rusya Savaşının Ardından Güney Kafkasya'da Güvenlik, 129.

[14] Chitadze, Gürcistan-Rusya Savaşının Ardından Güney Kafkasya'da Güvenlik, 132.

[15] Natsionalnoe Sobranie Armenii Ratifiçirovalo Ustav Organizatçii Dogovora o Kollektivnoy Bezopasnosti, http://www.newspb.ru/allnews/155192/

[16] Hatem Cabbarlı, Ermenistan-Rusya İlişkileri veya Rusya'nın Bir Eyaleti "Bağımsız Ermenistan" (Ankara: ASAM yayınları, 2004), 21.

[17] Emin Şıhaliyev, Kafkasya Jeopolitiğinde Rusya, İran, Türkiye Rekabetleri ve Ermeni Faktörü (Ankara: Naturel yayıncılık, 2004), 113.

[18] Marat Kenjetaev, "Oboronnaya Promışlennost Respubliki Armeniya," http://cast.ru/russian/pub- lish/ 1997/oct-dec/1.html (Erişim: 17.12.1999).

[19] Cabbarlı, Ermenistan-Rusya İlişkileri veya Rusya'nın Bir Eyaleti "Bağımsız Ermenistan," 21-22. 20Dina Malışeva, "Problemı Bezopasnostina Kavkaze," http://www.ca-c.org/online/2001/journalrus/cac-01/05.malishr.shtml

[21] Elhan Şahinoğlu, "Rusya-Ermenistan Askeri İşbirliğine Karşı Türkiye-Azerbaycan İşbirliği," 21. Yüzyıl Enstitüsü,http://www.21yyte.org/tr/yazi.aspx?ID=5350&kat1=1

[22] Hatem Cabbarlı, "Ermenistan'ın Askeri Problemleri ve Güvenlik Endişesi: Rusya Kurtarıcı mı?,"

[23]"Rusya'nın Ermenistan'a Verdiği 800 Milyon Dollarlık Yeni Silahların Listesi Su Yüzüne Çıktı," Media Forum, http://www.mediaforum.az/articles.php? lang= azp &age =00&article_ id=20090108032400605

[24] "Amerikalı Analitik Dağlıq Qarabağ Münakaşasının Halli İle Bağlı Bedbin Prognoz Verib," APA, http://az.apa.az/news.php?id=228962

[25] Füzuli İsmayılov, Karabağ Konflikti ABŞ'ın Global Siyaseti Kontekstinde (Bakü: Azerbaycan Milli Ensiklopedisi yayınları, 2001),

[26] Kamer Kasım, "Ermeni Sorunu'nun Uluslararası İlişkiler Boyutu", Ermeni Sorunu El Kitabı (genişletilmiş ikinci baskı) (Ankara, 2003), 129.

[27] Elman Nesirov, Azerbaycan-ABŞ Münasebetleri (1991-1997) (Bakü: Kanun Yayınları, 1998), 17.

[28] Vedat Gürbüz, "Dağlık Karabağ Sorunu ve Azerbaycan Politikaları 1988-1994," Ermeni Araştırmaları Dergisi, No. 10, 102. 40

[29] Samuel P. Huntington, Medeniyetler Çatışması ve Dünya Düzeninin Yeniden Kurulması (İstanbul: Okuyan Us yayınları, 2005), 306.

[30] Bu konuda geniş bilgi için bkz: Emin Şıhaliyev, "The Armenian Question in the Context of the Clash of Civilizations and Geopolitical Interests, Its impact on Armenia-Azerbaijani Relations and Vision of the Near Future," Review of Armenian Studies. A Biannual Journal of History, Politics and International Relations, No. 27, 89-129.

[31] A.Ş.Mnatsakanyan, O Literature Kavkazskoy Albanii (Kafkas Albanyası'nın Edebiyatı hakkında) (Erevan: izdatelstvo Akademiya Nauk Armyanskoy SSR, 1969), 47-48, 60.; B.A.Ulubabyan, Oçerki İstoriy Vostoçnogo kraya Armenii (V-VII vv.) (Ermenistan'ın Doğu Eyaletlerinin Tarihi Kompozisyonları) (Erevan: izdatelstvo Akademiya Nauk Armyanskoy SSR, 1982), 40.

[32] Nikolay Şavrov, Novaya Ugroza Russkomu Delu v Zakavkazye: Predstoyaşaya Rasprodaja Mugani İnorodtsam (Güney Kafkasya'da Rus İşinin Yeni Tehditleri) (Sankt-Petersburg: Reprint izdaniya, 1911), 63-64.

[33] M.G.Nersisyan, İz İstorii Russko-Armyanskih Otnoşeniy (Rus-Ermeni İlişkieri Tarihinden) (Erevan: izdatelstvo Akademiya Nauk Armyanskoy SSR, 1956), 227.

[34] İ.K.Yenikolopov, Griboyedov i Vostok (Griboyedov ve Doğu) (Erevan: izdatelstvo Aypetrat, 1954), 137.

[35] S.V.Şostakoviç, Diplomatiçeskaya Deyatelnost A.S.Griboyedova (A.S.Griboyedov'un Diplomatik Faaliyetleri) (Moskova: izdatelstvo Sotsialno-ekonomiçeskoy literaturı, 1960), 154.

[36] Ç.P.Agayan, Rol Rossii v İstoriçeskih Sudbah Armyanskogo Naroda (k 150 Letiyu Prisoyedineniya Vostoçnoy Armenii k Rossii) (Ermeni Halkının Tarihi Kaderinde Rusya'nın Rolü) (Moskova: Nauka, 1978), 220.

[37] "Azerbaijan and Armenia: Peace Prospects, Military Realities&the Role of the Armenian Diaspora," Caspian Information Center, No. 16 (October 2011), 2 http://www.caspianinfo.com/wp-con-tent/ uploads/2011/10/OP-No-16-Armenia-and-Azerbaijan-Peace-Prospects-Military-Realities-and-the- Role-of-the-Armenian-Diaspora.pdf

[38] Emily Danielyan, "Russia Tightens Grip on Armenia with Debt Agreements," Eurasianet, 6 May 2003, http://www.eurasianet.org/departments/business/articles/eav050703.shtml

[39] M. Turgut Demirtepe (Der.), "Dağlık Karabağ Sorunu: Dar Alanda Büyük Oyun," USAK Raporları, No. 11-07 (Ankara: 2011),

[40] Artyom Vartanyan, "Problema Uregulirovaniya Kon ikta v Nagornom Karabahe i Rol Mejduna- rodnıh Organizatçiy" (Dağlık Karabağ'da Sorunun Çözülmesi Meselesi ve

Uluslararası Örgütlerin rolü), Moskva 2011, tema dissertatçii i avtoreferata po VAK 23.00.04, http://www.dissercat.com/con- tent/problema-uregulirovaniya-kon ikta-v-nagornom-karabakhe-i-rol-mezhdunarodnykh-organizatsii (Erişim: 25.10.2012).

[41] *Samir Hamitov, Dağlık Karabağ Münakaşası 2020 Yılında: Barış Yoksa Müharebe?, 156.*

[42] *Zaur Şiriyev, "Azerbaycan'ın Karabağ Politikası ve Stratejik Vizyonu", Orta Asya ve Kafkasya Araştırmaları Dergisi, Cilt 6/12, 112.*

[43] *Gayane Novikova, "Implications of the Russian-Georgian War in the Nagorno-Karabakh Con ict: Limited Maneuverability" Caucasus Edition, http://caucasusedition.net/analysis /implications-of-the-russian-georgian-war-in-the-nagorno-karabakh-conflict-limited-maneuerability*

[44] *Aleksandra Jarosiewicz, Krzysztof Strachota, "Nagorno-Karabakh-Conflict Unfreezing," Center for Eastern Studies, 6 http://www.osw.waw.pl/en/publikacje/osw-commentary /2011-10-26/ nagorno- karabakh-con ict-unfreezing*

[45] *C.W.Blandy, Azerbaijan: Is War Over Nagorny Karabakh a Realistic Option?, (United Kingdom: Advanced Research and Assessment Group, Caucasus Series , 2008), 7.*

[46] *Elhan Şahinoğlu, "Rusya-Ermenistan Askeri İşbirliğine Karşı Türkiye-Azerbaycan İşbirliği," 21. Yüzyıl Türkiye Enstitüsü 2003, http:// www.21yyte.org/tr/yazi.aspx?ID= 5350&kat1=1*

[47] *George Friedman, Gelecek 10 Yıl (İstanbul: Pegasus yayınları, 2011), 169-170.*

[48] *Amanda Paul, "Nagorno-Karabakh – A Taking Time Bomb," European Policy Center, 2010, 2. http://www.epc.eu/documents/uploads/pub_1148_nagorno-karabakh.pdf.*

[49] *Zbigniew Brzezinski, Brent Scowcroft, Amerika ve Dünya (İstanbul: Profil yayınevi, 2012), 77. 48*

[50] *Zbigniew Brzezinski, Büyük Satranç Tahtası: Amerika'nın Önceliği ve Bunun Jeostratejik Gerekleri (İstanbul: Sabah Kitapları, 1998), 122-123*

[51] *Emily Danielyan, "Russia Tightens Grip on Armenia with Debt Agreements," Eurasianet, 6 May 2003, http://www.eurasianet.org/departments/business/articles/eav050703.shtml*

[52] *Eho Moskvı/Peredaçi/İntervyu/Çetverg, 27.01.2011: Serj Sarkisyan Prezident Armenii. http:// www.echo.msk.ru/programs/beseda/744902-echo.phtml (Erişim: 13.04.2011).*

[53] *Levon Ter-Petrosyan, "Voyna ili Mir? Vremya Prizadumatsya" (Savaş yoksa Barış? Düşünme Zamanı), Gazeta "Respublika Armeniya," No. 209/1534, Erevan, 5 Kasım 1997.*

Diğer kaynaklar;

Agayan Ç.P. *Rol Rossii v İstoriçeskih Sudbah Armyanskogo Naroda: k 150 Letiyu Prisoyedineniya Vostoçnoy Armenii k Rossii (Ermeni Halkının Tarihi Kaderinde Rusya'nın Rolü)*. Moskova: Nauka, 1978.

Aslanlı, Araz. "Ermenistan'ın Azerbaycan Topraklarını İşgali Sorununun Hukuki Boyutu: Azerbaycan'ın Meşru Müdafaa Hakkı Devam Ediyor mu?." *Ermeni Araştırmaları Dergisi*, sy. 9 (2003): 94-117.

Blandy, C.W. *Azerbaijan: Is War Over Nagorny Karabakh a Realistic Option?.* United Kingdom: Advanced Research and Assessment Group. Caucasus Series: 17.08.2008.

Brzezinski, Zbigniew ve Brent SCOWCROFT. *Amerika ve Dünya*. İstanbul: Profil Yayınevi, 2012.

Brzezinski, Zbigniew. *Büyük Satranç Tahtası: Amerika'nın Önceliği ve Bunun Jeostratejik Gerekleri*. İstanbul: Sabah Kitapları, 1998.

Cabbarlı, Hatem. "Ermenistan'ın Askeri Problemleri ve Güvenlik En-dişesi: Rusya Kurtarıcı mı?." *1News*. http://www.1news.com.tr/yazar- lar/20130613015557076.html

Cabbarlı, Hatem. *Ermenistan-Rusya İlişkileri veya Rusya'nın Bir Eyaleti "Bağımsız Ermenistan."* Ankara: ASAM Yayınları, 2004.

Caspian Information Center. "Azerbaijan and Armenia: Peace Prospects, Mi- litary Realities & the Role of the Armenian Diaspora." No.16 (October 2011): 1-2. http://www.caspianinfo.com/wp-con-tent/uploads/2011/10/OP-No-16- Armenia-and-Azerbaijan-Peace-Prospects-Military-Realities-and-the-Role- of-the-Armenian-Diaspora.pdf

Chitadze, Nika. "Gürcistan-Rusya Savaşının Ardından Güney Kafkasya'da Güvenlik." *Türk Dış Politikası*. Uluslararası III. Türk Dış Poltikası Sempozyumu Tebliğleri. Ankara (2009): 121-135.

Danielyan, Emily. "Russia Tightens Grip on Armenia with Debt Agreements." *Eurasianet*, 6 May 2003, http://www.eurasianet.org/departments/business/ar- ticles/eav050703.shtml

Dugin, Aleksandr. *Rus Jeopolitiği Avrasyacı Yaklaşım*. İstanbul: Küre yayınları, 2004.

Eho Moskvı/Peredaçi/Intervyu/Çetverg, 27.01.2011: *Serj Sarkisyan Prezident Armenii*. http://www.echo.msk.ru/programs/beseda/744902-echo.phtml

Ermenistan-Azerbaycan Çatışması: Çözüm Yolundaki Temel Sorunlar ve Gelecek Senaryoları Friedman, George. *Gelecek 10 Yıl*. İstanbul: Pegasus yayınları, 2011.

Gürbüz, Vedat. "Dağlık Karabağ Sorunu ve Azerbaycan Politikaları 1988- 1994." *Ermeni Araştırmaları Dergisi*, No. 10 (2003): 82-108.

Hamitov, Samir. "Dağlık Karabağ Münakaşası 2020 Yılında: Barış, Yoksa Muharebe?," *Dirçeliş-XXI Asır Dergisi*, No. 153-154 (2011): 146-159.

Hasanov, Ali. *Muasir Beynelhalk Münasebetler ve Azerbaycan'ın Xarici Siyaseti.* Bakü Azerneşr, 2005. http://az.apa.az/news.php?id=228962 (

Huntington, Samuel P. *Medeniyetler Çatışması ve Dünya Düzeninin Yeniden Kurulması.* İstanbul: Okuyan Us yayınları, 2005.

İbrahimli, Haleddin. *Değişen Avrasya'da Kafkasya.* Ankara: ASAM yayınları, 2001.

İbrahimov, Rövşen. "Dağlık Karabağ Sorununun Uluslararası Hukuk Açısından Değerlendirilmesi," *Karabağ: Bildiklerimiz ve Bilmediklerimiz. Bakü: Kafkaz Üniversitesi Beynelhalk Münakaşaları Araştırma Merkezi.* No. 002 (2010): 395-438.

İsmayilov, Elnur. "Türkiye-Ermenistan Münasebetleri Kontekstinde Dağlık Karabağ Münakaşası," *Karabağ: Bildiklerimiz ve Bilmediklerimiz. Bakü: Kafkaz Üniversitesi Beynelhalk Münakaşaları Araştırma Merkezi.* No. 002 (2010): 169-177.

İsmayilov, Füzuli. *Karabağ Konflikti ABŞ'ın Global Siyaseti Kontekstinde. Bakuü Azerbaycan Milli Ensiklopedisi Yayınları,* 2001.

Jarosiewicz, Aleksandra, Krzysztof Strachota. "Nagorno-Karabakh Con ict Unfreezing." *Center for Eastern Studies.* http://www.osw.waw.pl/en/publi- kacje/osw-commentary/2011- 10-26/nagornokarabakh-conflict-unfreezing. (Erişim: 18.09.2012).

Kasım, Kamer. "Ermeni Sorunu'nun Uluslararası İlişkiler Boyutu." *Ermeni Sorunu El Kitabı* (genişletilmiş ikinci baskı). Ankara, 2003

Kasım, Kamer. "Türkiye'nin Kafkasya Politikası: Fırsatlar ve Güvenlik Problemleri." *Türk Dış Politikası. Uluslararası III. Türk Dış Poltikası Sempozyumu Tebliğleri.* (sf. 61-76) Ankara, 2009.

Kazimirov, Vladimir. *Mir Karabahu. Posredniçestvo Rossii v Uregulirovanii Nagorno-Karabahskogo Kon ikta (Karabağ'a Barış. Dağlık Karabağ Çatışmasının Çözümünde Rusya'nın Arabuluculuğu) Moskova: izdatelstvo Mejdu- narodnıye otnoşeniya,* 2009.

Kenjetaev, Marat. "Oboronnaya Promışlennost Respubliki Armeniya." (Er- menistan Cumhuriyeti'nin Savunma Sanayisi) http://cast.ru/russian/pub- lish/1997/oct-dec/1.html (Erişim: 17.12.1999).

Koçaryan, Robert. "İskat Vıgodı v Sglajivanii Protivoretçiy." (Zıtlıkların Ortadan Kaldırılmasında Çözüm Yolları) *Mejdunarodnaya jizn,* No. 2 (2003): 28-34.

Malışeva, Dina. "Problemı Bezopasnosti na Kavkaze" (Güney Kafkasya'nın Güvenlik Sorunları). http://www.ca-c.org/online/2001/journal_rus/cac-01/05. malishr.shtml

Media Forum. "Rusya'nın Ermenistan'a Verdiği 800 Milyon Dolarlık Yeni Silahların Listesi Su Yüzüne Çıktı." http://www.mediaforum.az/articles.php?lang=azp&age= 00&article_id=20090108032400605

Mnatsakanyan, A.Ş. *O Literature Kavkazskoy Albanii (Kafkas Albanyası Edebiyatı Hakkında),* Erevan: izdatelstvo Akademiya Nauk Armyanskoy SSR, 1969

Mustafa, Aziz. "Vasiteçilerden Növbeti Riyakarlıg." *Zaman Gazetesi*, 19 Mart 2008.

Natsionalnoe Sobranie Armenii Ratifiçirovalo Ustav Organizatçii Dogovora o Kollektivnoy Bezopasnosti (*Ermenistan Milli Meclisi Kolektif Guvenlik Anlaşması Örgütü Tüzüğünü Onayladı*). http://www.newspb.ru/allnews/155192/

Nersisyan, M.G. *Iz Istorii Russko-Armyanskih Otnoşeniy (Rus-Ermeni Ilişkileri Tarihinden).* Erevan: izdatelstvo Akademiya Nauk Armyanskoy SSR, 1956.

Nesirov, Elman. *Azerbaycan-ABŞ Münasibetleri (1991-1997).* Bakü: Kanun Yayınları, 1998.

Novikova, Gayane. "Implications of the Russian-Georgian War in the Nagor- no-Karabakh Con ict: Limited Maneuverability". *Caucasus Edition.* http://caucasusedition.net/analysis /implications-of-the-russian-georgian-war-in-the-nagorno-karabakh-conflict-limited-maneuerability.

Paul, Amanda. "Nagorno-Karabakh – A Taking time bomb", *European Policy Center.*

http://www.epc.eu/documents/uploads/pub_1148_nagorno-karabakh.

Şahinoğlu, Elhan. "Rusya-Ermenistan Askeri İşbirliğine Karşı Türkiye-Azerbaycan İşbirligi". *21. Yüzyıl Enstitüsü.* http://www.21yyte.org/tr/yazi. aspx?ID=5350&kat1=1

Şavrov, Nikolay. *Novaya Ugroza Russkomu Delu v Zakavkazye: Predstoya- şaya Rasprodaja Mugani Inorodtsam. (Güney Kafkasya'da Rus İşinin Yeni Tehditleri)* Sankt-Petersburg: reprint izdaniya, 1911.

Şihaliyev, Emin. "Psihologiçeskaya i Religioznaya Podopleka Armyanskogo Voprosa." *(Ermeni Meselesi'nin Psikolojik ve Dini Boyutu) Jurnal "Nasledi- ye".* No. 6/48 (2010): 48-51.

Şihaliyev, Emin. "The Armenian Question in the Context of the Clash of Civilizations and Geopolitical Interests, Its impact on Armenia-Azerbaijani Relations and Vision of the Near Future." *Review of Armenian Studies.* No. 27 (2013): 89-129.

Şihaliyev, Emin. *Ermenistan-Azerbaycan Münakaşası Sivilizasiyalararası Münasebetler Kontekstinde.* Bakü: Elm ve Tehsil yayınları, 2011.

Şihaliyev, Emin. *Kafkasya Jeopolitiğinde Rusya, İran, Türkiye Rekabetleri ve Ermeni Faktörü.* Ankara: Naturel yayıncılık, 2004.

Şiriyev, Zaur. "Azerbaycan'ın Karabağ Politikası ve Stratejik Vizyonu." *Orta Asya ve Kafkasya Araştırmaları Dergisi.* Cilt 6/12 (2011): 88-117.

Şostakoviç, S.V. *Diplomatiçeskaya Deyatelnost A.S.Griboyedova. (A.S.Griboyedov'un Diplomatik Faaliyetleri)* Moskova: izdatelstvo Sotsialno- ekonomiçeskoy literaturı, 1960.

Ter-Petrosyan, Levon. "Voyna ili Mir? Vremya Prizadumatsya." *(Savaş yoksa Barış? Düşünme Zamanı) Gazeta "Respublika Armeniya."* Erevan. No. 209/1534 (5 Kasım 1997).

Ulubabyan, B.A. Oçerki İstoriy Vostoçnogo Kraya Armenii. (V-VII vv.) (Ermenistan'ın Doğu Eyaletlerinin Tarihi Kompozisyonları V-VII.Yüzyıllar) Erevan: izdatelstvo Akademiya Nauk Armyanskoy SSR, 1982.

USAK. Dağlık Karaba Sorunu: Dar Alanda Büyük Oyun. Ankara: USAK Raporları, No. 11-07 (2011).

Vartanyan, Artyom. "Problema Uregulirovaniya Kon ikta v Nagornom Kara- bahe i Rol Mejdunarodnıh Organizatçiy." (Dağlık Karabag'da Sorunun Çözülmesi Meselesi ve Uluslararası Örgütlerin rolü). Moskva 2011, tema dissertatçii i avtoreferata po VAK 23.00.04. http://www.dissercat.com/content/problema- uregulirovaniya-kon ikta-v-nagornom-karabakhe-i-rol-mezhdunarodnykh- organizatsii.

Yenikolopov, İ.K. Griboyedov i Vostok. (Griboyedov ve Doğu) Erevan: izda- telstvo Aypetrat, 1954.

1News,http://www.1news.com.tr/yazarlar/20130613015557076.html

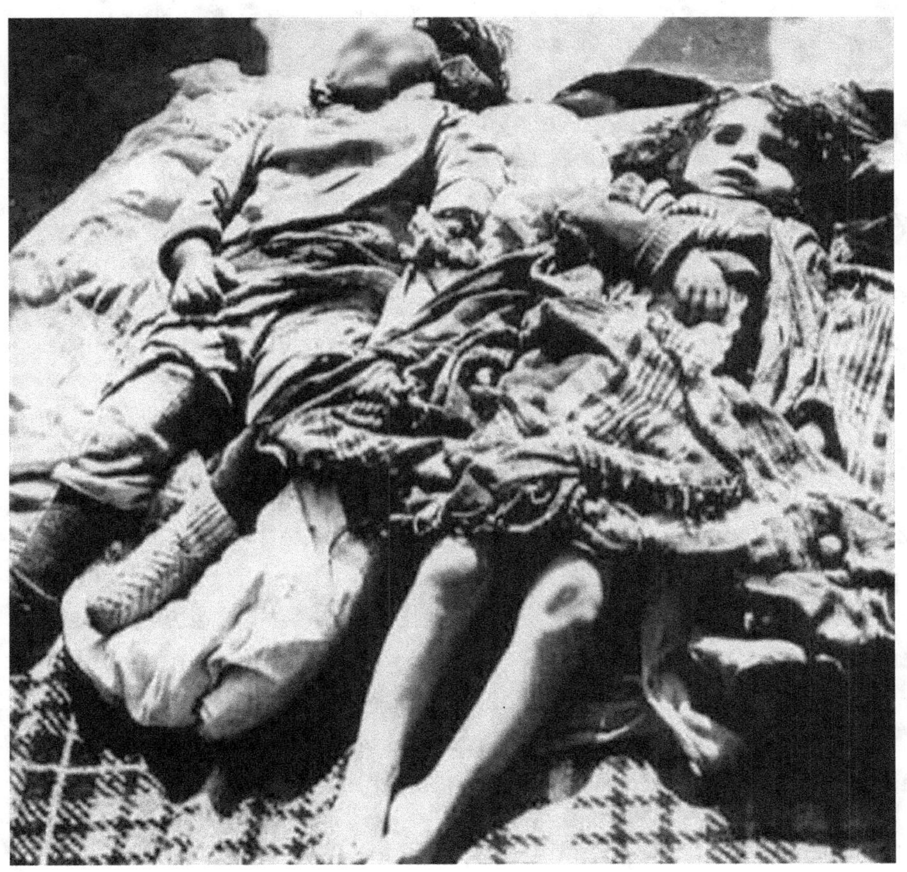

ONUNCU BÖLÜM

AZARBEYCAN ERMENİSTAN SAVAŞ HAZIRLIKLARI

Azerbaycan'ın Ermeni işgali altındaki Dağlık Karabağ sınırında tansiyon giderek yükseliyor. Azerbaycan, 8 Haziran 2010 tarihinde kabul ettiği Askeri Doktrinde, Dağlık Karabağ sorununun çözümünde askeri müdahalenin jeopolitik gerçekler doğrultusunda kaçınılmaz olması halinde müdahale edileceğini savunuyor.

Bu doktrin neticesinde Ermeni tarafının ateşkes ihlallerini arttır ması ve Azerbaycan vatandaşlarının bu ihlallerden zarar görmesi üzerine bölgede askeri harekât başlatan Azerbaycan Ordusu, Ağdere, Terter, Ağdam, Hocavend ve Fuzuli bölgelerinde operasyon başlattı. Azerbaycan Ordusu, kısa sürede Ermeni mevzilerini yararak Goranboy ve Naftalan kentleri için tehlike oluşturan Talış köyü etrafındaki tepe ve Seylusan yerleşim birimlerini Ermeni unsurlardan temizleyerek, stratejik öneme sahip bazı tepeler ve yerleşim birimlerini geri aldı.

İşgal altındaki bölgelerde bulunan Ermenistan Silahlı Kuvvetler Komuta Merkezi vurularak imha edildi. Uzun süredir diplomatik süreçleri zorlayan Azerbaycan, girişimlerin her seferinde akamete uğraması nedeniyle Karabağ sorununun çözümü için askeri seçeneği de hiçbir zaman göz ardı etmedi. Zira Azerbaycan, 8 Haziran 2010 tarihinde kabul ettiği Askeri Doktrinde, Dağlık Karabağ sorununun çözümünde askeri müdahalenin jeopolitik gerçekler doğrultusunda kaçınılmaz olması halinde müdahale edileceğini savunuyor.

Azerbaycan ve Ermenistan arasında onlarca yıldır devam etmekte olan Karabağ görüşmelerinde hiçbir diplomatik yol, çözüm için umut verici olmamıştır. BM Güvenlik Konseyi'nin Azerbaycan-Ermenistan çatışmasının çözümü için aldığı 822, 853, 874 ve 884 sayılı kararlar ile AGİT bünyesinde oluşturulan Minsk Grubu girişimlerinin sonuçsuz kalması diplomatik yolların sonuna gelin diği şeklinde yorumlanmaktadır.

Minsk Grubu faaliyetlerinin ve kararlarının bağlayıcı nitelikte olmaması, taraflar üzerinde çözüme yönelik bir baskı oluşturma imkânını ortadan kaldırmak tadır. Diğer taraftan Azerbaycan ve Ermenistan arasında yapılan görüşmelerde birinin kazanımının diğerinin kaybı olarak yorumlandığı 'sıfır toplamlı oyun' perspek tifi, yapılan tüm müzakerelerin sonuçsuz kalmasıyla neticelenmek tedir. Bu bağlamda taraflar arasında imzalanan Ateşkes Anlaşması nın zaman zaman artarak ihlal edilmesi, dondurulmuş olan Karabağ sorununun her an savaşa dönüşmesi potansiyelini artırmaktadır.

Kafkasya'da savaş ihtimalinin giderek artmakta olduğu görüşü uluslararası kamuoyunda yer bulmuş, The Guardian gazetesinde yer alan bir analizde Kafkasya bölgesi, 2010 yılında savaş ihtimali nin yüksek olduğu bölgeler sıralamasında ilk sıralarda yer almıştır.[1]

Uluslararası Kriz Grubu Avrupa Programı müdürü Sabine Freizer in 2 Haziran 2012'de News.az'a verdiği röportajında, bölgede savaş tehdidinin giderek artmakta olduğu uyarısında bölgede savaş tehdidinin giderek artmakta olduğu uyarısında bulunmuştur.[2]

Yine, Peter Rutland, Azerbaycan ve Ermenistan arasında Haziran 2010'da gerçekleşen Kazan görüşmelerinin sonuçsuz kalması üzerine The Moscow Times Gazetesi'nde yayınlanan analizinde, 1973'deki Yum Kippur Savaşı sonunda başlayan Camp David barış görüşmelerini örnek göstererek, Azerbaycan ve Ermenistan arasında yaşanabilecek kısa bir savaşın gerçek müzakereler için yolu açabileceğini yazmıştır.[3]

Konuya ilişkin değerlendirmelerde bulunan birçok uzman da Dağlık Karabağ'da artan savaş riski üzerinde durmaktadır.[4]

Ermenistan, Azerbaycan'ın askeri söylemlerini politik manevra olarak değerlendirse de, işgal altında buldurduğu Dağlık Karabağ'daki cephe hattında ateşkesi sıkça ihlal etmesi ve gerçekleştirdiği askeri tatbikatlar, Ermenistan'ın tedirgin olduğunu göstermektedir.[5]

Karabağ Savaşı Hangi Şartlarda Gelişir?

Azerbaycan ve Ermenistan'ın savunma harcamaları ve bölge ülkeleriyle geliştirdikleri askeri ilişkiler, Karabağ'da sıcak savaş riskinin giderek yakınlaşmakta olduğu sinyallerini verse de olası bir savaşın nasıl ve hangi durumda gerçekleşebileceği uzmanların merak konusu olmaktadır.

Bu bağlamda Azerbaycan, 8 Haziran 2010 tarihinde kabul ettiği Askeri Doktrinde, askeri çatışmanın yeniden alevlenmesi ihtimalleri şu şekilde sıralanmıştır:

-Ermenistan tarafından aktif şekilde askeri müdahalenin yinelen mesi olasılığı;

-Ateşkes hattında küçük çaplı çatışmaların büyüyerek savasın başlanmasına sebep olması;

-Ermenistan'ın barış görüşmelerinde statüko taraftarı olarak yapıcı olmaya ve uzlaşmaz tavrına karsı Azerbaycan'ın askeri yollara başvurması.

Güney Kafkasya'da Savaş Hazırlıkları

Karabağ sorunun çözümüne ilişkin diplomatik çabaların başarısız kalması Azerbaycan tarafından silaha başvurma seçeneğinin sıkça gündeme getirilmesine neden olmuştur. Nitekim Azerbaycan'ın 2010 yılında kabul ettiği Askeri Doktrin, taraflar arasında devam etmekte olan müzakerelerin başarısız olması durumunda askeri seçeneğin masada olduğunu resmi olarak kanıtlamaktadır.[6]

Azerbaycan Ordusu'nun modernizasyonu ve bu kapsamda Türkiye ile geliştirdiği stratejik işbirliği ve İsrail ile geliştirmekte olduğu askeri ortaklık Bakü'nün askeri yaptırım gücünü artırmaktadır. Özellikle "Türkiye ve Azerbaycan ilişkilerinin geçmişi ve mahiyeti, önemi ve gelecek perspektifleri itibariyle sıradan iki devlet olmadığı doğal ve bilinen bir gerçektir."[7]

Türkiye-Azerbaycan arasında askeri ilişkilerde gelişimin ivme kazanması süreci Türkiye Cumhuri yeti Genelkurmay yetkililerinin Azerbaycan ziyaretinin ardından 10 Haziran 1996'da Türkiye ve Azerbaycan arasında imzalanan "Askeri Eğitim, Teknik ve Bilimsel İşbirliği Anlaşması" ile başlamış tır.[8]

İki ülke arasındaki giderek artmakta olan askeri işbirliği, 16-17 Ağustos 2010 tarihleri arasında imzalanan "Türkiye ile Azerbaycan Arasında Stratejik Ortaklık ve Karşılıklı Yardım Anlaşması" kapsamında stratejik bir boyut kazanmıştır. Son yıllarda ilişkilere savunma sanayi boyutunun eklenmesi ve askeri vurgulara da sahip olan stratejik işbirliği anlaşmasının imzalanması ile tarafların birbir lerinin bağımsızlığına, egemenliğine, toprak bütünlüğüne yönelik saldırı durumlarında gerekli yardımın zorunluluğu vurgulanmış tır.[9] Tüm bunlara ek olarak Türkiye, Azerbaycan Ordusu'nun yenilenmesi sürecinde aktif roller üstlenmektedir. Azerbaycan jandarma birlikleri Türk Ordusu tarafından düzenlenip, eğitimleri İzmir-Foça'da yapılmaktadır.[10]

Azerbaycan'ın savunma ve güvenlik hazırlıkları kapsamında Türkiye'nin yanı sıra İsrail'le geliştirdiği askeri anlaşmalar da dikkat çekmektedir. İsrail Dışişleri Bakanı Lieberman'ın, 9 Şubat 2010'da gerçekleştirdiği Bakü ziyareti sonrasında insansız hava uçakları, "TAR-21" ve "Tavor" füze sistemlerinin bulunduğu füze üretim sistemlerinin kurulması, erken uyarı sistemlerinin Azerbaycan topraklarına yerleştirilmesi gibi son derece stratejik konuların masa ya yatırıldığı iddiaları gündeme getirilmiştir.[11]

Ayrıca Azerbaycan ın, İsrail'den aldığı insansız hava uçaklarıyla sürekli silahlanmakta olduğu ve askeri kaynaklara göre 60 kadar insansız hava uçağının Azerbaycan tarafından alınacağı iddia edilmiştir.[12] 26 Şubat 2012'de imzalanan 1.6 milyar Dolarlık silah anlaşması ise Azerbaycan ve İsrail askeri işbirliğinin giderek artmakta olduğunu ortaya koymuştur.[13]

Azerbaycan'ın Karabağ konusundaki çözüm stratejisinin askeri seçe nek üzerinde yoğunlaşması Ermenistan'ı tedirgin etmiştir. Erivan yönetimi de olası savaş durumuna karşı hem askeri hem de diplomatik ilişkilerini güçlendirmeye çalışmaktadır. Bu açıdan Erivan, 20 Ağustos 2010'da Gümrü'de bulunan Rus askeri üssünün kullanım süresini 2044'e kadar uzatmıştır. Ermenistan Dışişleri Bakanı Edvart Nalbantyan Ermenistan'da bulunan Rus askeri üssünün Ermenistan'ın güvenliği açısından stratejik öneme sahip olduğunu belirterek, "Rus askeri gücü sadece Rusya'nın çıkarlarına hizmet etmiyor. Ermenistan'ın güvenliği de garanti ediliyor" değerlendirmesinde bulunmaktadır.

Nalbantyan'a göre Rusya Ermenistan'ın askeri ve teknolojik alanda gelişimine de büyük katkı sağlamaktadır.[14] Ermenistan, bununla birlikte Rusya'nın öncü lüğünde kurulan ve Azerbaycan'ın üyesi olmadığı Kolektif Güvenlik Anlaşması Örgütü üyeliğini Azerbaycan'a karşı kullan makta ve bu kapsamda savaş olasılığını ortadan kaldırmak istemektedir.[15] Bütün bunlara ek olarak Ermenistan'ın güvenlik tedbirleri yalnızca Rusya ile gerçekleştirdiği askeri ortaklık anlaşma larıyla sınırlı kalmayıp İran'ı da içine almaktadır. Bu bağlamda İran Cumhurbaşkanı Mahmud Ahmedinejad'ın 23 Aralık 2011'de Ermenistan'ın başkenti Erivan'a gerçekleştirdiği resmi ziyaret, Azerbaycan tarafından iki ülke arasında gelişen askeri ortaklığı şeklinde yorumlanmıştır. Ermenistan ve İran sınırında, uydu fotoğ raflarıyla gözlemlenen iri tonajlı nakliye hareketliliği, Erivan'a ait Hava Savunma Sistemleri'nin işgal altındaki Azerbaycan toprakları üzerinden İran'a taşındığı iddiasını gündeme getirmiştir.[16] Ermenistan'ın İran'la geliştirdiği askeri ortaklık Azerbaycan basının yanı sıra Rus basınında da zaman zaman yer bulmuştur.

Rusya'da yayın yapan Nezavisimaya Gazetesi'nde yayınlanan "İran'ın Güney Kafkasya'daki Pençeleri" başlıklı analizde Ermenistan'la İran arasında savaş sırasında işbirliğine ilişkin anlaşmanın mevcut olduğu ve bu anlaşmaya göre, Karabağ'da savaş yeniden başlarsa, İran'ın Ermenistan için arka cephe işlevini gerçekleştireceği; İran'a karşı dış müdahale olursa da, Ermenistan'ın bu ülke topraklarının ablukaya alınmasına engel olacağı iddialarını gündeme getirmiştir.[17]

Üstelik İran, Ermenistan'ın en fazla desteğe ihtiyacı olduğu Karabağ savaşında da Azerbaycan'ın nüfus yoğunluğunu kendi toprak larındaki Azerbaycan Türkleri açısından etnik bir tehdit olarak yorumlayarak, Ermenistan'ın için gerekli ihtiyaçları karşılayan ülke olmuştur.[18]

Azerbaycan ve Ermenistan Ordularının Durumu

Karabağ'da olası bir askeri harekâtın başlaması durumunda hangi ülkenin belirleyici üstünlüğe sahip olduğu ise Azerbaycan ve Ermenistan ordularının imkân ve kabiliyetlerinin ortaya konulması gerekmektedir. Bu bağlamda **İngiltere'nin Uluslararası Araştırmalar Enstitüsü "Askeri Denge-2011" başlıklı** raporda[19] verilen Azerbaycan ve Ermenistan devletlerinin orduya ayırdığı harcamalarına ilişkin analize göre, Azerbaycan'ın askeri bütçesi 2009'da 1 milyar 500 milyon, 2010'da 1 milyar 590 milyon, 2011'de ise 3 milyar 200 milyon dolardır. Ermenistan'da ise bu rakamlar sırasıyla 401 milyon, 434 milyon ve 405 milyon dolardır. Bu anlamda Azerbaycan'ın askeri bütçesi ise Ermenistan ülkenin askeri bütçesini 8'e katlamakla birlikte Ermenistan'ın 2,3 milyar dolar hacminde olan devlet bütçesini de aşmaktadır.

2011Askeri Denge	Azerbaycan	Ermenistan
Piyade Savaş Aracı	279	202
Zırhlı Araç	383	183
Füze Sistemi	62	51
Savaş Uçağı	41	16
Tank	339	110
İnsansız Hava Aracı	4	-

Azerbaycan ordusunda 81 bin 940, Ermenistan ordusunda 55 bin 733 asker bulunmaktadır. Ermenistan'ın Gümrü kentinde Rusya'nın 102 sayılı askeri üssündeki 3 bin 214 kişilik özel kadrosu da bu güce dâhil edilmelidir.

Gümrü'deki askeri üsde 74 tank, 201 zırhlı muharebe aracı, 84 araca monteli zırhlı topçu, 18 adet MİG-29 uçağı olan 1 savaş filosu, S-300V füze savunma sistemleri ile donatılmış 2 füze birliği , SA-6 ile donatılmış 1 füze birliği bulunaktadır.

Ayrıca, taraflar arasında muhtemel bir savaşın başlaması durumunda Ermenistan ve Karabağ ordusunun ortak hareket edeceğine kuşku yoktur. Uzmanların görüşüne göre Karabağ'daki Ermeni ordusunda toplam 20 bin civarında asker; İnternational Crisis Group tarafından verilen rakamlara göre de Karabağ Ermeni lerinin elinde en az 250 tank bulunuyor. Bundan başka 270-360 BTR ve BMP, 50 adet RSZO "Grad" ve birkaç adet "SU-25" savaş uçakları bulunmaktadır.[20]

Azerbaycan'da 23 motorlu tugay, 1 topçu tugayı, 1 çok namlu topçu tugayı, 1 eğitim topçu tugayı, 1 istihkam tugayı, füze, 1 tanksavar tugayı, 1 muhabere tugayı, 1 ordudonatım tugayı var.

Ermenistan ise 13 motorlu alaya sahiptir. Burada 3 tank taburu, 3 istihbarat taburu, 2 ordudonatım taburu, 4 topçu tümeni, 3 piyade alayı, 2 muhabere taburu, 1 bağımsız tugay, 1 tanksavar alayı ve 1 istihkam alayı bulunmaktadır.[21]

Ermenistan ve Karabağ ordusunun en önemli sorununun askeri bütçenin yetersizliği olduğunu görülmektedir. Bu sorun en çok mevcut askeri teknolojinin korunmasında kendisini göstermektedir. Diğer yandan Ermenistan Hava Kuvvetleri'nin yeterli teknolojiye sahip olmaması da önemli bir eksiklik olarak öne çıkmaktadır. Ermenistan'ın en önemli avantajı ise Rus askeri yetkililerle sıkı bir işbirliği içerisinde bulunmaları ve bunun sonucunda silah ve askeri teknolojiyi hemen hemen harcama yapmadan elde etmeleridir.[22]

Karabağ'da Savaş Nasıl Cereyan Eder?

Bugün Ermenistan'ın işgali altında bulunan Karabağ, Azerbaycan Cumhuriyeti'ne ait, fiziki coğrafyası bakımından ise dağlık ve ovalardan oluşan bir bölgedir. Dağlık Karabağ'ın toplam yüzölçü mü 4.392 km^2'dir. Karabağ vilayeti, doğuda Berde, Mirbeşir, Ağdam, Ağcabedi ve Fuzuli; güneyde Cebrayıl, Gubaldı; batısında Laçin, Kelbecer; kuzeyinde ise İsmailli rayonlarıyla çevrilidir.[23]

Bugün Karabağ vilayetini saran Laçin, Kelbecer, Ağdam, Fuzuli, Cebrayıl, Gubaldı, Zengilan rayonları da Ermenistan işgali altın dadır. İşgal altındaki Azerbaycan toprakları ise ülke yüzölçümünün %20'sini oluşturmaktadır.

İşgal altındaki coğrafyayı fiziki açıdan üç bölgeye ayırmak mümkün dür. Birinci bölge güney-kuzey istikametinde uzanan Ağdam-Fuzuli-Cebrayıl istikametidir. Bu istikamet düzlük, kısmen de alçak dağlıktır. Azerbaycan Ordusu, bu hatta gerçekleştireceği olası bir askeri harekâtta, askeri envanterindeki zırhlı muharebe araçlarını kullanması fiziki açıdan olanaklıdır. İkinci Bölge ise kuzey güney istikametinde Ağdere, Hocalı, Şuşa Kentleri ile Laçın ve Kelbecer Rayonlarının bulunduğu istikamettir. Bu istikamet fiziki açıdan tektonik bölgelerin bir parçası olan Küçük Kafkasların çoğunu kapsamaktadır.

Karabağ toprakları Küçük Kafkas dağlarının güneydoğu bölümünü kapsar. Burada yüksek, parçalanmış dağ silsileleri, pürüzsüz yamaçlı alçak dağ sıraları, dağlar arasında vadiler, derin akarsular birbirini takip etmektedir.[24] Bu bölgenin ortalama yüksekliği 3000 metreyi bulmaktadır.

Bu açıdan zırhlı muharebe araçlarının bu bölgede savaşa katılması olanaksızdır, bu hatta dağ komandolarının hava destekli bir operasyon yapabilecekleri öngörülmektedir. Zira Karabağ Savaşın da da Şuşa ve çevresi Ermeni komando birliklerince işgal edilmiş, Ağdere'de yaşanan çatışmalarda yeterli manevra sahası bulamayan Azerbaycan ZMA'ları Ermeni Ordusu'nun açık hedefi olmuştur. Son olarak üçüncü hat ise Qubaldi-Zengilan hattıdır. Bu hat, güney-kuzey istikametinde uzanan Ağdam-Fuzuli- Cebrayıl hattının deva mı görünümündedir.

Sonuç

Azerbaycan ve Ermenistan arasında 22 yıldır devam eden olan Karabağ müzakerelerinin sonuçsuz kalması, Azerbaycan'ın askeri yöntemleri kullanma konusundaki siyasi eğilimini güçlendirmek tedir.

Bu bağlamda Azerbaycan'ın savunma harcamalarını artırması, Türkiye ile geliştirdiği stratejik oraklık ve İsrail'le geliştirmekte olduğu askeri işbirliği anlaşmaları, orta vadede yaşanacak sıcak savaş ihtimaline karşı hazırlanmakta olduğunu göstermektedir.

Buna karşılık Ermenistan ise Rusya ve İran ile bölgesel ve askeri ortaklıklar geliştirerek Azerbaycan'a karşı savunma refleksi göster mektedir. Taraflar arasında ise olası bir savaş, diplomatik yollara olan inancın tükenmesi ya da Ortadoğu'daki savaşın bölgeselleş mesi ile gerçekleşebilir.

Her iki ülkenin de savunma harcamaları ve ordularının imkanları incelendiğinde Azerbaycan Ordusu'nun nitelik ve nicelik açısında Ermenistan Ordusu'ndan üstün olduğu görülmekte, bununla birlikte Ermenistan'daki Rus askeri gücü ve güvencesi Azerbaycan açısından dezavantaj olarak değerlendirilmektedir.

Sınır bölgesindeki çatışmaların şiddetlenmesi ve çatışmaların engel lenememesi durumunda ise Azerbaycan Ordusu, 2010 yılında kabul edilen Askeri Doktrin kapsamında işgal altındaki topraklarına askeri bir hareket başlatması mümkün görünmektedir.

Bu kapsamda olası askeri harekâtın da I.Karabağ Savaşı'nda askeri operasyonların gerçekleştirildiği bölgelerde yaşanması öngörülerek, yalnızca işgal altındaki topraklara yönelik bir askeri operasyon geçekleştirileceği düşünülmektedir.

Kaynakça;

*Yeniçağ: Tarihi Gerçekler Işığında Karabağ Meselesi ve Çözüm Yolları Hakan Boz, İstanbul Fikir Enstitüsü, Bilimsel Danışman.

[1] Simon Tisdall, "The World's Most Likely Trouble Spots in 2010", THE GUARDIAN, 4 Ocak 2010, (http://www.guardian.co.uk/world/2010/jan/04/worlds-most-likely-trouble-spots).

[2] Karl Rahder, Dağlık Karabağ: İyimser olmak ini bir neden var mı?, Dünya Gündemi, 12 Haziran-19 Haziran 2011, s.7

[3] Peter Rutland, Savaş bulutları Kafkasya'da yeniden toplanıyor, Dünya Gündemi, 7 Ağustos-14 Ağustos 2011, s.5

[4] Anna Matveeva, "Nagorno-Karabakh's Fragile Stalemate", THE GUARDIAN, 17 May 2010;

(http://www.guardian.co.uk/commentis free/2010/ may/17/nagorno- karabakh- fragile-stalemate), Aktaran: Zaur Şiriyev, Azerbaycan'ın Askeri Doktrini ve Dış Politikaya Yansımaları, OAKA, USAK, Yıl:5, Sayı:9, 2010, s.134

[5] Zaur Şiriyev, a.g.m, s.134

[6] M.Turgut Demirtepe, *Dağlık Karabağ'da Umutlar Başka Bir Bahara*, Analist, Sayı:6, Ağustos, 2011, s.60

[7] Kamil Veli Nerimanoğlu, *Türkiye-Azerbaycan Stratejik Ortaklık anlaşması*, Turquıe Diplomatique, Ocak 2011, Sayı:24, s.10

[8] Araz Aslanlı, *Türkiye-Azerbaycan askeri ilişkileri-1*, The First News, 11.04.2011, http://www.1news.com.tr/yazarlar/20110411124133719.html

[9] Kamil Veli Nerimanoğlu, a.g.m., s.10

[10] Kamil Veli Nerimanoğlu, *Azerbaycan Ordusunun Yenilenme Süreci*, Turquıe Diplomatique, Haziran 2011, Sayı:29, s.16

[11] Hasan Oktay, *Her Şeyin Bir Bedeli mi Vardır?*, Turque Diplomatique, Ekim 15-Kasım 15, 2010, Sayı: 21

[12] İsrailin Azərbaycanla Sensasion Hərbi Tərəfdaşlığı, Yeni Müsavat, 27.10.2011

[13] Israel signs $1.6 billion arms deal with Azerbaijan, Haaretz, 26.02.2012

[14] Elhan Şahinoğlu, *Rusya-Ermenistan Askeri İşbirliğine Karşı Türkiye-Azerbaycan İşbirliği!*, 23.08.2010, http://www.21yyte.org/tr/yazi.aspx?ID=5350&kat1=1

[15] M.Turgut Demirtepe, a.g.m., s.61

[16] Ermənistanın Hhm Sistemləri İrana Daşınır, Yeni Musavat, 27.12.2011

[17] "Qarabağda Müharibə Başlasa, İran Ermənistan Üçün Arxa Cəbhə Olacaq", Yeni Musavat, 02.12.2010

[18] Kamer Kasım, *Soğuk Savaş Sonrası Kafkasya*, USAK Yayınları, Ankara, 2009, s.152

[19] *Türk General: Azerbaycan ordusu Ermenistan ordusuna kıyasla çok güçlü!*, The Firs News, 19.08.2011, http://1news.com.tr/azerbaycan/siyaset/20110819090505912.html

[20] Zaur Garayev, *Azerbaycan ile Ermenistan arasında savaş başlarsa ne olur?*, Dünya Bülteni, http://www.dunyabulteni.net/?aType=yazarHaber&ArticleID=17964

[21] *Türk General: Azerbaycan ordusu Ermenistan ordusuna kıyasla çok güçlü!*, a.g.h.

[22] Zaur Garayev, *Azerbaycan ile Ermenistan arasında savaş başlarsa ne olur?*, a.g.h

[23] Aygün Attar, *Karabağ Sorunu Kapsamında Ermeniler ve Ermeni Siyaseti*, Atatürk Araştırma Merkezi, Ankara, 2005, s.6

[24] Dağlık Karabağ, Coğrafya, (http://garabagh.net/content_81_tr.html), 01.07.2012

ONBİRİNCİ BÖLÜM

DAĞLIK KARABAĞ SORUNU ÇÖZÜMÜ

GİRİŞ

Soğuk savaşın sona ermesinin ardından oluşan çoğu çatışmanın temelini mikro milliyetçilik akımı oluşturmaktadır. Çatışmanın temel unsuru olarak ise Asya bölgesinin jeopolitik konumu yatmak tadır. Bu bölgede devam etmekte olan temel sorunlardan biriside Dağlık Karabağ sorunudur. Ancak Dağlık Karabağ sorunu sadece kendi bölgesini ilgilendiren bir çatışma olmaktan ziyade geniş çaplı bir şekilde Asya bölgesini de etkilemektedir.

Aynı zamanda büyük bir çevreyi etkileyen sorun taraf olan bölgelerin de katkısıyla uluslar arası arena da bir güvenlik problemi oluşturmaktadır. Bu sorunun temel aktörleri konumundaki Azerbay can ve Ermenistan devletleri SSCB'nin dağılmasının ardından kendi öz kimliklerine geri dönme girişimlerine başlamışlardır. Bu iki ülke arasındaki süreçte en önemli konu daha doğrusu sorun yabancı düşmanlığı kavramıdır. Özellikle Ermenistan devletinin bu dönemde izlediği politikalar kendi ülkeleri açısından önemli bir yargı teşkil etmektedir. Bu politikalara baktığımızda özelikle 'Ermeni Soykırımı' sözleri adı altında ve Dağlık Karabağın Azeriler tarafından işgal edildiği gibi söylemleri şeklinde yayması ve empoze etmesi kendisine uluslar arası arena da yer edinmesi için önemli katkılar sağlamıştır. İki ülkede sorunu kendi perspektifinden incelediğinden dolayı bir takım farklı fikirler ortaya çıkmaktadır.

Azerbaycan devleti bölge sorununun temelinde geçmiş zamanlarda ya da farklı zaman dilimlerinde yaşanan olayların önemli etkisi olduğunu kendi politikasına göre değerlendirmiştir. Bölgenin ana sorunu niteliğinde olan Dağlık Karabağ çatışması genel olarak tasvir biçimindeki yaklaşımlarla ele alınmaktadır. Günümüz karar verme süreçlerinde çatışma çözümü bakış açısı yaygın bir şekilde kullanıl mamaktadır. Çalışmanın problem oluşturan kısmının nedeni ise Dağlık Karabağ sorununun sadece ana aktörler üzerinde yapılıyor olmasıdır.

Dağlık Karabağ Çatışmaları ve Çözümlemeleri

Soruna realist açıdan bakıldığında sorun ile yakından bağlantısı olan ya da doğrudan sorunun içinde bulunan devletlerin nasıl bir girişim hareketi izlediği gözlemlenecektir. İlk olarak ele almamız gereken durum ise konuyu realist düşünceye göre harmanlamak. Realist düşüncenin yapısına göre dengeleyici güç olarak nitelendir diğimiz iki kutuplu sistem eğer etkisini kaybettiyse meydana gelen boşluğu bölgesel veya küresel aktörlerin çözmesi gerekir. Burada da olması gereken ise sorunun ana aktörleri yani Azerbaycan ve Ermenistan dışında sorun ile alakası bulunan devletlerin yaklaşım larını incelememiz gerekir.

Buradan hareket edecek olursak Dağlık Karabağ sorununda başlıca yedi ana aktör bulunmaktadır. Bunlar ise ABD, Rusya, Avrupa Birliği, İran, Türkiye, İslam Dünyası ve Çin'dir.[1] Burada etkisi bulunan bu aktörlerin çıkarları doğrultusunda farklı politika ve de hareketleri vardır. Ya da farklı çözüm yolları aramaktadırlar.

Ermenistan açısından amaç Karabağ'ı Ermenistan topraklarına bağlamaktır. olarak Fakat Ermenilerin Karabağ'daki nihai amacı bağımsız Ermenistan devletini burada kurarak bölgeyi kendi isteği doğrultuda şekillendirmektir. Ermenilerin bu bölgede hakimiyetin kendilerinde olduğunu söylemeleri bu yüzdendir. Çatışmalardan sonra oluşan sonuçta Ermenilerin bölgede self determinasyon ilkesini benimsetmek istemektedir..

Ermenilerin bu çalışmalarındaki amacı uluslar arası kamuoyunu kendi safları çevresinde toplamak isteğidir.Azerbaycan ise duruma tam aksi şekilde cevap vererek Dağlık Karabağ'ın Ermenistan devletinin sınırlarını genişletmesi için uyguladığı bir politika olarak görmesidir. Bu şekilde taraflar birbirine karşı ithamlarda bulunarak sorunu kendi tarafına çekmeye çalışmışlardır. Ermenistan ise Karabağ'ın kendi kaderini kendisinin belirleyeceğini defalarca dile getirmiştir. Kendi fikrini benimsetmek isteyen Azerbaycan ise Ermenistan'ın izlediği politikanın sınır ihlalinden başka bir şey olmadığını söyleyerek Avrupa'daki kamuoyundan destek görmüş tür. Azerbaycan hükümeti bu konuda askeri müdahalenin de kaçınılmaz olduğunu söylemiştir.

Aynı konuyla ilgili olarak Azerbaycan hükümeti Başkanı İlham Aliyev bu konuyla olarak söylemiş olduğu bir bildiride: Ulusal çıkarların görmezden gelindiği düşünüldüğünde, bir takım gerilim lerin kaçınılmaz olduğu vurgulanmaktadır.[2] Azerbaycan askeri yapılanmasına göre bu bildirimin açıklaması şu şekildedir: Gerekirse savaşılabileceği göz önünde bulundurulmalıdır. İki ülke arasındaki gerilim sadece bu konuyla sınırlı kalmamıştır. Bakü ve Erivan arasında hiçbir şekilde yakınlık kurulmamış ya da ekonomik birliktelik sağlanılamamıştır. Hatta iki ülke arasında elçilikler bile bulundurulmamaktadır.

Özellikle ekonomik yönden sekteye uğrayan ilişkiler Ermenistan'ı daha da zor durumda bırakmıştır. Dağlık Karabağ da meydana gelen sorunlardan bir diğeri ise bölgedeki petrol şirketlerinin

istikrarsız barış antlaşmalarına ayak uyduramamasıdır. Bu duru
mun sonucu olarak da istenilen verimin alınamaması çatışmanın
oluşturduğu problemlere bir başka örnektir. Çatışmanın bir diğer
boyutu da çatışmanın merkezinde bulunmayan Rusya ve ABD'nin
Ermenistan'ı desteklemesidir. Bu destekler Rusya açısından silah ile
sağlanırken, ABD açısından ekonomik yönden sağlanmaktadır.
Karşılığında ABD Dağlık Karabağ'dan bir takım isteklerde
bulunmaktadır. Bunlar şu şekildedir:

* Aşamalı çözüm stratejisine ağırlık vermek,

* Çok taraflılık çerçevesinde çözümü desteklemek,

* İran'ı mümkün olduğunca meseleden uzak tutmak ve çevrelemek,

* Bölgede demokrasiyi güçlendirmek,

Rusya da ABD gibi Ermenistan'ı desteklemektedir. Bunun açık bir
göstergeside Ermenistan ile imzalamış olduğu dostluk antlaşması
dır. Bu durumda Ermenistan'ın sınırları da Rus askeri birlikleri tara
fından korunmaktadır. Bunun için Rusya, Azerbaycan'ın çatışmaya
girmesine izin vermeyen devlet rolündedir. Bu tutumdan kaçınmak
isteyen ve sonuca ulaşmak isteyen Azerbaycan farklı devletlerden
yardım alarak amacına ulaşmak istemiştir. Fakat Rusya bölgenin
hakimiyetini kaybetmemek için herşeyi yapmakatadır. Bölgedeki
sorun devam ederken Rusya ve ABD'nin dışında AGİT veya uluslar
arası örgütlerde bölgesel analiz içinde bulunmaya çalışmışlardır. Bir
diğer önemli husus olarak da BM'nin Azerbaycan yanlısı tutumu
farklı bir kapıyı aralamaktadır.[3]

Tarihin 1992'li yılları gösterdiği zamanlarda Avrupaki devletler
sorunun sadece Azerbaycan ile Ermenistan arasında yer aldığını
değil, duruma bölgedeki diğer devletlerin de yanlı tutumlar sergile
diğini dile getirmiştir. Örneğin; Türkiye, ABD, Rusya ya da İran gibi.

Rusya ve ABD gibi çatışmalara dolaylı yollardan katılan İran da politikalarını din dışı politikalarla sergilemek istemiştir. İran'ın çatışmadaki temel amacı bölgesel istikrarsızlığın önüne geçmek ve enerji kaynakları ile ulaşım alt yapısını sağlamak istemesidir.

Fakat İran sürpriz bir politika daha izleyerek bölgede Ermenistan'ı desteklemiş ve Azerilerin bölgedeki etkisini zayıflatmak için adım lar atmıştır. Aynı zamanda İran bölgedeki etnik grupları da destekle miş ve meydana gelebilecek olağan durumlarda sorunu en az zedelenmeyle atlatmak istemiştir

Son olarak soruna Türkiye perspektifinden bir değerlendirme yapmak gerekirse açıkça görülmektedir ki Türkiye Dağlık Karabağ çatışmasında Azerbaycan'ı desteklemektedir. Zaten iki ülke arasındaki ilişkilerin bu şekilde olumlu olması 'Tek millet iki devlet' ekseninde şekillenmiş olmasından dolayı kaynaklanmaktadır. Ermenistan'ın desteklenmeyişinde bir neden aranmak istenirse de 1915 olayları göz önünde bulundurulmalıdır. Çünkü o yıllardaki olaylardan beri Ermeniler Türkiye ile olan sınırlarını kabul etmemiş ler ve ikili ilişkilerin olumsuz sonuçlar meydana getirmesine sebep olmuşlardır. Aynı zamanda Ermenistan'ın Azerbaycan sınırlarını işgal etmiş olması Türkiye'nin hudut kapılarını kapatmasına neden olmuştur. Türkiye açıkça sorunun barışçıl yollarla çözümünden taraf olmuştur. Bunun içinde petrol boru hatlarında Ermenistan'a yer vermemiştir.

Azeri-Ermeni Çatışması: Dağlık Karabağ

Karabağ çatışması geçmiş yüzyıllardan beri süre gelmektedir. Özellikle Sovyetlerin dağılmaya başlamasıyla hız kazanmıştır.[4] Ve doğrudan bir savaş durumu ele alınmıştır. Çözüm açısından kolay olmayan ve ilerleyen yıllarda da çözüm açısından sonuca ulaşılama yacak bir konu gibi gözükmektedir. Savaşta sayısız insan hayatını kaybetmiş ve sayısız Azeri Türkü mülteci durumuna düşürülmüş tür. Aynı zamanda Azerbaycan topraklarının hatırı sayılır miktarı

Ermenilerce işgal edilmiştir. Bunun yanı sıra Ermenilerde Azeriler kadar olmasa da kayıplar vermiştir. İki ülke arasındaki çatışma durumu 1994 yılındaki bir ateşkes ile sona ermiştir. Günümüzde de halen ateşkes geçerliliğini korumaktadır.

Genel bir perspektiften konuya bakacak olursak Ermenilerin Azeri vatandaşların bulunduğu topraklarda sadece kendi halklarından oluşan yani Ermenilerden oluşan bir devlet kurmak istemesi iki ülke arasındaki gerilimin artmasının temel nedenleri arasındadır. Özellikle geçmiş yıllardaki Azeri halklarının sürgün edilmesi olayın göz ardı edilememesinin nedenleri arasındadır.

Olayın içinden çıkılmaz bir hal alması 1991 yılında Azerbaycan'ın ve Ermenistan'ın sıkıntılı günler yaşamasına sebep olmuştur. Ve Ermenilerin Dağlık Karabağ da özerklik ilan etmesi iki ülke arasın da savaşa neden olmuştur. Çatışmayı daha doğrusu savaşı durdur maya yönelik ilk adımlar ilerleyen yıllarda AGİT tarafından atılmış ve çözüme kavuşturulamamıştır. Şu anda içinde bulunduğumuz zaman dilimine bakacak olursak Azerbaycan istikrarlı bir barış ve çözümün sağlanması için Karabağ'ın Azerbaycan sınırları içerisinde özerkliğini sağlamasın aksi takdirde hiçbir şekilde tanınma olmaya cağını söylemiştir. Bu duruma Ermeniler de zıt bir cevap vererek bölgenin Ermenilerin olduğunu ve Azerbaycan ya da başka devletin egemenliği altına girmeyeceğini savunmuştur.

İki ülke de birbirine zıt politikalar izlemiş ve olayı eski zaman lardaki Haçlı perspektifiyle ele almış ve Müslümanlara yönelik yapılan bir savaş olarak gösterilmiştir. Dennis Sandole'nin Haziran 1992'de Ermenistan'ı ziyaretinde yaşadığı bir olay, Dağlık Karabağ sorununa çatışma analizi açısından farklı bir boyut getirmektedir.

Sandole:"Echevan'ı ziyaretimiz sırasında Azerilerin karşı saldırısı gerçekleşmişti. Ben ve diğer ekip arkadaşlarımız yakınlardan gelen otomatik silahlardan gelen sesleri duyabiliyorduk. Beni bu savaş alanında en çok etkileyen şey etrafımızda patlayan silah sesleri değil

Ermenilerin Azerileri "Türkler" olarak tanımlaması idi. Dağlık Karabağ çatışması "süreç olarak çatışma" olarak tanımlanabilir. Asıl önemli olan, "başlangıç çatışması" olan Ermeni-Türk çatışmasıdır. Bu çatışma ise 1915 yılına kadar gitmektedir. Ermenilere göre, Dağlık Karabağ çatışması 1915'den başlayan sürecin bir sonucudur. Ermeniler o günün nüfus sayılarına göre, 3 milyon Ermeninin (4 milyon Diaspora Ermenileri) Türkler tarafından soykırımına uğradığını iddia etmektedir. Bu "Türkler" ise 7 milyon Azeri ve 63 milyon Türkiye Türkleri olmak üzere 70 milyon Türk'ten oluşmaktadır.

24 Nisan tarihi birçok insan için herhangi bir tarih olabilir. Fakat Ermeniler için "Seçilmiş Travma" tarihidir. Ermeni kimliğinin ayrılmaz bir parçası olan 'soykırım' Türkiye Ermenistan arasındaki tarihi çatışma yı temsil etmekte ve bu çatışmanın günümüze yansıması ise 'Dağlık Karabağ'dır. Ermeni tarihinin en önemli olayı olan 'Soykırımın' tanınmaması Ermeni kimliğine bir saldırıdır. Yani teoriler çerçeve sinden bakacak olursak Türkiye Ermenistan çatışması çözülmeden Dağlık Karabağ sorunu da çözülmez.

Bağımsızlık sonrası dönemde de iki ülke arasındaki ilişkilerin düzel mesi konusunda girişimlerde bulunulmuştur fakat Ermenistan'ın işgalleri girişimleri sonuçsuz bırakmıştır. Azeri ileri gelen yöneticile rin Ruslara gereğinden fazla güvenmeleri ve Rusların Ermenilere askeri yardımda bulunması hem Azerbaycan'ı sıkıntıya sokmuş hem de ağır hasarlara sebep olmuştur.

Bu durum karşısında Azeri hükümeti çaresiz kalmış ve İran'dan destek beklemek zorunda kalmıştır. Fakat İran'ın Ermenistan'ı durduramaması Azerbaycan bir kez daha hayal kırıklığına uğratmış ve Batılı Avrupa ülkelerinden yardım beklemek zorunda bırakmış tır. Azerilerin bu seferki politikası başarılı olmuş ve Karabağ sorunu bir anda BM'in gündemine gelmiştir. Fakat sorun sadece gündeme gelmekle kalmış ve Ermenistan'ın işgalleri devam etmiştir. Sonuçta da Azerbaycan hükümeti değişmek zorunda kalmıştır. [5]

Yeni gelen Elçibey hükümeti isteneni verememiş ve Ermenilerin işgalleri sadece Azerbaycan ve Karabağ ile sınırlı kalmamıştır. Etra fındaki bölgelere de sıçramaya başlamıştır. Bu şekilde olaylar seyrini devam ettirirken Ermenistan AGİK içindeki geleceğini garanti altına almak istemiştir. Durumlar bu şekilde ilerlerken Elçibey hükümeti olağan sınırları koruyamamış ve ülkedeki toprak kaybına engel olamamıştır. Bunun içinde mevcut sınırları korumak için uluslar arası arenadan destek alarak korumaya çalışmışlardır. Ancak sorunu çözüme kavuşturacak olan Aliyev 1994 de ortaya çıkmış ve istenileni ülkesine yani Azerbaycan'a kavuşturmuştur. Gerekli problemleri çözen Aliyev konu ile ilgili olarak çeşitli Avrupa kuruluşlarıyla ikili ilişkilere girmiştir.[6]

Konuyla ilgili olarak Aliyev bir plan hazırlamıştır. Bu planda: Azerbaycan ve Ermenistan arasındaki anlaşmazlığa son verilmesi, Karabağ'a maksimum özerklik tanınması, Karabağlı Ermeni ve Azerilerin hayat güvenliğinin sağlanması" gibi temel unsurlar yer almıştır. Aynı şekilde Aliyev hükümetinin yürüttüğü olumlu lobi faaliyetleriyle elli üç devlet tarafından bu plan kabul edilmiş olsa da, Ermenistan yönetimi yayılmacı siyasetine uymadığından bu planı kabul etmekten kaçınmıştır.

Son dönemlerdeki incelemelere bakacak olursak da çözüm için gerekli adımlar atıldığı halde Ermenilerin çözüme yaklaşmaması kesin bir sonuç elde edilmesine imkan sağlamamıştır. Bu olaylar Azerbaycan hükümeti ve halkı tarafından olumsuzlukla karşılanmış ve sorunun gereğinden fazla uzamasından dolayı ülke çapında bir olağanüstü hal ilan edilmiştir.

İlhan Aliyev'in hükümetince devrim gibi planlar gerçekleşmiştir. Başta ekonomi olmak üzere gelişim gösteren Azerbaycan devleti en büyük gelişimini askerlik alanında yapılanmada göstererek neredeyse Ermenistan ordusunun gücüne yakın bir kapasiteye ulaşmıştır. Ve bu gelişimlerle Aliyev Ermenis tan'ı tehdit ederek gerekirse savaşa gidilebileceğinin altını çizmiştir.[7]

Şuan ki Karabağ durumuna da bakacak olursak iki ülke arasındaki durumda ne savaş ne de barış aktif roldedir. Yani kesin bir sonuca halen varılamamıştır. Karabağ da meydana gelen sorunlara sadece birkaç perspektiften bakmakta gerekmez. Bu perspektifi daha da genişletmek gerekir. Bu genişlemelere de siyasi, askeri ve ekonomik nedenlerde örnek verilebilir. Sorunun ana aktörü olan iki ülke Azerbaycan ve Ermenistan sorunu kendi iç politikalarına empoze etmişlerdir. Ve sorun ülkede iç politika haline gelmiştir. İktidarlar sorunun bu hale gelmesi için çaba göstermişlerdir. Nedeni ise iktidarda kalmanın süresini uzatmakla birlikte halk tarafından oluşa bilecek baskının da önüne geçmek olacaktır. Soruna ekonomik olarak bakacak olursak Karabağ'a yardım konusunda bir bütünlük sağlayan elit kesim ortaya çıkmıştır. Bu da bölgede meydana gelen sorunun çözümünü daha da zor bir hale getirmiştir. Sosyallik açısından bakacak olursak bölgenin yapısından dolayı etnik ve dini yapılar baş göstermektedir. Özellikle Ermenistan bölgenin kendi ırklarına çevrilmesi için beklenenin üstünde bir çaba göstermiştir. Ermenistan devletinin etnik çalışmadan ziyade dinsel faaliyetleri de ilerleyen yıllarda artış göstermiştir. Bölgedeki kendi din dışı olan Azeri halkını ötekileştirmeye başladıkları da yadsınamaz bir durum halini almıştır.

Bu durumda da bölgede ki Müslüman halk baskılarla uzaklaştırıl mış.[8] Ve Batılı devletlere Haçlılar hatırlatılmıştır. Bunun en önemli göstergesi olarak da ABD'nin kabul etmiş olduğu kararname de belirtilmiştir. Genel bakış itibariyle sorunun çözülmesi için gereğin den fazla çaba gerekmektedir. Yine genel olarak böyle sorunlarda realist yaklaşımlar uygulanırken Dağlık Karabağ sorununda Psiko-Analitik ve Psiko-Tarih yaklaşımlar süreç devam ettirilmek istenmiş tir. Bu sorunda kesin bir sonuca ulaşmak için çatışan iki noktanın önderleri, liderleri ya da kendi halkı sorunun ana noktasına inmeli dirler. Bu şekilde ki giriş adımında taraflar karşılıklı fikirlerini masa ya yatırıp üçüncül olan çözümleyicinin de yardımıyla özgür bir düşünce ortamında fikir birliğine varmalıdırlar. Böylece iki tarafın birbirine olan saygınlığı araştırılmalı ve itimat sağlanmalıdır.

Bu süreçten sonra barışın sağlanması yönünde devlet dışı kanallar dan veya örgütlerden yardım alınmalıdır. Ayrıca sorunun kronik bir çözüme ulaşması için kamu diplomasi yollarının da açık olması gerekmektedir. Bu durumdan ziyade üçüncül kişilerin de katıldığı bir ortamda iki tarafında ortak bir karara ulaşmaları içinde rahat bir düşünce ortamı oluşturulmalıdır. Dağlık Karabağ sorunu donmuş çatışma görünümündedir. Ve sonuca ulaşmak içinde uzlaşmaya gidilmesi gerekir.

Çatışma Çözüm ve Teknikleri

Bu konu hakkında en önemli adımları Haydar Aliyev atmıştır. Göreve gelmesinin ardından aktif politikalar izlemiş ve gereğinin yapılması konusunda tedbirler almıştır. İlk olarak iç ve dış politika açısından Rusya'ya ile ilişkilerini şekillendirmiş böylece bölgesel istikrarı sağlamayı amaçlamıştır.

Buradaki asıl amaçta Azerbaycan rezervlerini ülke için en iyi şekilde değerlendirmektir. Bu politikalarla kendisine uluslar arası arenada yer edinmek istemiş ve başarılıda olmuştur. Önce çok uluslu şirket lerle ikili antlaşmalar girmiş ve gerekli kaynaklar açısından kendisini dünya ülkelerine kabul ettirmeyi başarmıştır.

Dönemin liderinin başlıca hedefleri arasında üç nokta yer almakta dır. Bu noktalar 1-bağımsızlık, 2-toprak bütünlüğü ve 3-güvenlik konularıdır. Bu nedenden ötürüde 1-Dağlık Karabağ sorunu, 2-Rus ordusunun Azerbaycan'dan çıkarılması sorunu ve 3-enerji kaynak larının kullanımı sorunu ilk başta ele alınan konular arasındadır. Özellikle Ermenistan'ın işgal ettiği noktalar Ruslar tarafından yancı bir tutumla izlenmesi bazı sorunlar oluşturmuştur.[9] Bunun içindir ki dönemin iktidarı Rus kuvvetlerini bir tehlike olarak görmüş ve birlikleri ülke dışına sürmüştür. Ancak Rus birlikleri Ermenistan işgali altındaki mercilere yerleşerek Ermenistan birliklerine katkıda bulunmuşlardır. İlerleyen yıllarda Azeri hükümeti Ermenistan'dan gelecek her türlü durum için tetikte olunmasını söylemiştir. Aksi takdirde Azerbaycan'ı zor günlerin bekleyeceği belirtilmiştir.

Asıl meselemize gelecek olursak; var olan bütün devletlerin amaç larından birisi komşu devletten toprak talep ediyor olmasıdır. Fakat Karabağ sorununun diğer sorunlardan ayrılan yönü problemin dış baskılar sonucu oluşmuş olmasıdır. Bu problemin ciddi bir hal almasının temel göstergesi Ermeni Diasporasının aktif olması ve Azerbaycan devletinin gelişmesine engel olmak isteyen devletlerin katkısı sonucu doğmuş bir durumdur.

Özellikle Ermeni devleti bölgede yaşayan etnik unsurları kullanarak durumu Azeri devletinin aleyhine çevirmişler ve dünya kamuoyu na bu şekilde tanıtmışlardır. Bu durumun sonucunda da sorunun çözülememesi uluslar arası bir yardımın gelmesine engel olamamış tır. Ancak Haydar Aliyev bir takım politikalar izleyerek içinde bulu nulan durumdan kurtulmak için bir takım politikalar geliştirdiğinin altını çizmiştir.

Bu politikanın temel amaçları ise Azerbaycan devletinin dünya da tanınmış bir devlet noktasına getirilmesine ve genel olarak nüfuz sahibi bir ülke olunmasına son olarak da askeri, siyasi ekonomik, politik bütünlüğün sağlanması amaçlanmıştır.

Dağlık Karabağ sorununun çözülmesi içinde uluslar arası yardımın sağlanması ve yeni bir devlet kurulması için bu sorunu çözmenin mutlak gerekliliğinin söz konusu olduğu da yadsınamaz bir hal almıştır. Bu sorunun çözülmesi içinde iki devlet yani Azerbaycan ve Ermenistan uluslararası yardım alınması, ayrıntılı çalışma ve diplo matik ilişkilerin hız kazanması gerekmektedir.

Sorunun çözülmesi için takip edilmesi gereken yöntem ise Ermenistan ve Azerbaycan ın oluşturmuş olduğu sorunu dünya kamuoyuna sunmak olmuştur. Sonuca ulaşmak içinde gerekli adımlar atılarak amaca ulaşılmak istenmiştir. Bu politika için belirlenmiş 4 maddelik bir sistem çizelgesi uygulanmalıdır.[10]

* Ermenistan-Azerbaycan Dağlık Karabağ çatışmasında Ermenistan tarafını tutan ülkelerin tarafsızlaştırılması,

* Tarafsız devletlerin ise Azerbaycan'ı desteklemeleri doğrultusun da çalışılması

* Azerbaycan'ın Karabağ'daki tezlerine yakınlık duyan devletlerin ve uluslararası kuruluşların Azerbaycan ile daha sıkı ilişki kurmaya yöneltilmesi

* Azerbaycan dostu ülkelerin Ermenistan'a baskı uygulaması için çok yönlü diplomatik ve siyasi çalışmalar yapmalarını sağlamak amaçlanmıştır.

Bu diplomasi yöntemi ile sorunun Azerbaycan'dan kaynaklanma dığına ve Azerbaycan'ın haklılığını dünya kamuoyuna duyurmak amaçlanmıştır. Ayrıca bu çatışmanın sadece Azerbaycan'ın bir kuruntusu olmadığına Ermenistan'ın Azerilere yapmış bir toprak işgali olarak gerçekleri göstermek olduğu anlatılmak istenmiştir. Aynı zamanda etnik bir ırkçılık sistemiyle bölgede bulunan Azeri halkının durumuna dikkat çekilmek istenmiş ve böyle bir durumun diğer bölgedeki devletlere de sıçrama olasılığının olduğu da kastedilmiştir. Bu amaçla da Azerbaycan'ın Avrupa'yla ya da ABD ile yakınlaşması engellenmek istemiş Ermenistan'ın kendisini haklı göstermek için uygulanmış bir politika olarak yargı'ya varılmasını amaç edinmiştir. [11]

Aynı zamanda sorun için izlenilen politika da geçmişten alınan örneklerle değil tamamen kendi öz politikalarıyla şekillenmiştir. Kısaca ilk olarak güvenlik açısından Rusya yanlısı bir politika izlenmiş fakat işler yolunda gitmeyince daha çevreleyici bir denge politikası izlenmiştir. Bazı yıllarda Ermeni hükümeti Azerbaycan siyasetindeki boşluktan yararlanarak sorunu kendi lehine şekillen dirmek istemiş fakat izlenilen Azeri politikalarla sorun Azeri

devletinin lehine döndürülmesi için dünya kamuoyuna duyurul
muştur.

Azerbaycan devleti temel amaçlarına ulaştı ve ekonomik ve siyasi iş
birliği ile dünya devletleri içinde Azerbaycan Cumhuriyeti üzerine
olan yanlış algılar ortadan kalktı. Genel olarak bakmak gerekirse
çözüm açısından Azerbaycan hükümetinin dış politikada ekonomik
çıkara dayalı bir siyaset izlediği, Rusya ile dengeli bir politika
uyguladığı yargısı ortaya çıkmaktadır. İç politika da ise ekonominin
istikrarının yakaladığı bir politika izlenmiştir. Devlet sorun yılların
da Batı'ya dönük genel de denge üzerine kurulu politikalar izlemiş
tir.

Dağlık Karabağ Çatışması

Dağlık Karabağ sorunu için en uygun yaklaşım, soğuk savaş sonun
da meydana gelen birçok çatışma için uygulanabilecek analitik
yöntemdir.

İlk olarak izlenilmesi gereken yol çatışma taraflarının birincil, ikincil
ve üçüncül taraflar olarak gruplandırmak olacaktır. Dağlık Karabağ
çatışmasında birincil taraflar olarak Azerbaycan ve Ermenistan
İkincil taraf olarak Türkiye, İran ve Rusya son olarak üçüncül taraf
içinde AB, AGİT ve ABD gösterilebilir. Ermenistan, devlet olarak
tek bir fikir bayrağı altında toplanmışlardır. Bu fikirde; "Dağlık
Karabağ Azerbaycan'dan ayrılmalıdır". Azerbaycan ise Ermenistan
ın Azerbaycan topraklarında bulunan Dağlık Karabağ'ı bir an önce
terk etmesini aynı zamanda toprak bütünlüğü olarak da Dağlık
Karabağ'ın tamamının Azerbaycan sınırları içerisinde kalmasını
istemektedir.

Dağlık Karabağ çatışması alışılagelmişin dışında bir analiz yöntemi
kullanılarak çözüme kavuşturulabilir. Bu analiz yöntemi realist para
digmanın dışında çatışma analizi ile çerçevelendirilmelidir. Temel
olarak çözümü zorlaştıran durum olarak insan ihtiyaçları, kimlik ve

tanıma ihtiyaçları dikkate alınabilir. Çatışma sonrasında Ermeniler ilk olarak ekonomik ve siyasi abluka sonucu yeme, barınma ve giyinme gibi konularda komşu ülkelerde ki Diasporalara bağımlı kalmışlardır. Diğer sıkıntılı ya da eksik olunan noktalara gelecek olursak başta elektrik, benzin ve doğalgaz gibi konularda sıkıntı çekmemeleri tamamen kendi aralarındaki ilişkilerin düzeltilmesine bağlıdır. Bir diğer unsur ise, iki ülke tekrar savaş durumu alabilirler. Fakat iki ülkede kimlik ve güvenlik ihtiyacı halledilmediği sürece kazan kazan politikasının meyvelerini yemek güç bir durum arz etmektedir.

Çatışmanın bağlam olarak ele alındığını düşünürsek, Azerbaycan'ın kendi toprak bütünlüğünü savunması ve Ermenistan yanlılarının ise self determinasyon ilkesini uygulatmak istemesi bize çatışma bağlamını açıklamaktadır. [12]

Duruma kültürel açıdan bakacak olursak iki ülkede Kafkas ve Sovyet gibi ortak kültürler yansıtmaktadır. Çatışma stilinde ise iki Ermenistan rekabetçi stil olmuştur. Bunun nedeni ise bazı durum lara bağlanmıştır. Bu Ermenilerin kazan kaybet politikasına ulaşmak için uyguladığı güç ve zorlama ile özetlenebilir. Azerbaycan da buna karşılık aynı yöntemi uygulamış ama başarılı olamamışdır. Sonuca bakacak olursak her iki ülkede amacına tam anlamıyla ulaşamamıştır. Ancak genel bir perspektiften baktığımızda Ermeniler biraz daha üstün durumdadırlar.

Çatışma döneminde hep aynı stiller kullanılmamıştır. Farklı evre lerde farklı stiller kullanılmıştır. Örneğin, barış sürecinde kaçınma ve rekabetçi stil kullanılırken barış döneminin bazı evrelerinde işbirliği ve uzlaşmacı stiller kullanılmıştır. Dağlık Karabağ çatışma sında uzun yıllardır süre gelen stillerin yerine farklı stiller yani ihtiyaç odaklı stiller uygulanmalıdır. Bu stilin amacı olağan dışı politikalar gütmektir. Çatışmanın ardından negatif yönlü barış sağlanırsa pozitif yöne kaymak içinde barış inşası için gerekli transformasyon girişimlerinde bulunulması gerekmektedir.

Azerbaycan'a yapılmış olan bir diğer saldırı ve katliam Hocalı Katliamı da affet fakat unutma gibi bir takım sloganlar çevresinde ele alınmalıdır.

Bir başka engel olarak görülen ve çatışmayı derinden etkileyecek unsur da Türkiye Ermenistan ilişkileridir. Bu durumdan bir sonraki barış sürecine geçilmesi için ikili ilişkilerin düzeltilmesi gerekmek tedir. Bu sorunun da çözülmesi için bir takım girişimlerde bulunul malıdır. Başta Ermenilerin kendi kafalarına göre hikaye şeklinde yazdıkları 1915 olaylarını çeşitli dallar altında uzmanlarla birlikte çözmeleri gibi.

Bir başka evrede ise güç sorunlarıdır. İlk olarak Ermenilerin askeri üstünlük sağlamasından sonra Azerbaycan hükümeti hızlı bir şekil de silahlanmıştır. Buna karşılıkta Ermeniler çatışmanın içine Rusya yı etkisi altına almış daha sonra da Ermeni Diasporası ile ABD'yi kendi eksenine alma çabalarına koyulmuştur. Bu çatışmada geçmiş tarih çok büyük bir yer kaplamaktadır. Başta soykırım sorunun çözülmesi gerekmektedir. Aynı zamanda Türkiye'nin AB üyeliği de Ermenistan ile ilişkiler konusunda sıcak bir adım olacaktır. [13]

Sonuç olarak Dağlık Karabağ çatışması tarihteki diğer örnekleri gibi başta Kıbrıs sorununu baz alacak olursak "donmuş çatışma" sınıfına girecektir. Bu durumun Kıbrıs sorunu gibi olmaması içinde uluslar arası sistemde bir takım köklü değişiklikler yaşanmalı aynı zaman da da diplomasi yöntemlerinin aktif hale getirilmesi gerekmektedir.

Sonuç ve öneriler

Bu çatışma günümüzde ne savaş ne de barış durumunu yansıtmak tadır. Dağlık Karabağ sorununun günümüzdeki adı ise donmuş çatışmadır. Ancak Dağlık Karabağ çatışması günümüzde negatif barış modeliyle şekillenmektedir. Bu negatif barışın temel nedeni olarak ise pozitif barışa doğru giden yolda barışa, uzlaşmaya, işbir liğine ya da gerekirse bütünleşme yoluna doğru gerekli adımlar atılmamış olmasıdır. Aynı zamanda çatışmanın çözümüne ulaşmak için çatışma çözümlemesi uygulanmalıdır. Bu konudaki en önemli örnek ise Avrupa Birliğidir. Çünkü gerek İkinci Dünya savaşında gerekse Soğuk savaş dönemin de Avrupa Birliği yapılanması gerekli barışı sağlamıştır. Bu durumun Dağlık Karabağ sorununda çözüme ulaşmak içinde mümkün olacaktır.

Ayrıca bu konudaki bir diğer öneride geçmişten günümüze en önemli politikalardan birisi olan diplomasi yöntemidir. Bu durumla birlikte psiko-analitik ve psiko-tarih modellerinden yararlanılarak çözüme ulaşılabilir.

Yadsınamaz olan bir başka konuda çatışma çözümlemelerinde kullanılan sorun çözme çalıştaylarıdır. Bu modellemeyi 1970'li yıllardan beri başta Burton, Kelman ve Fisher gibi bilim insanları tarafından kullanılmıştır. Tabi burada bir amaç vardır. Buradaki temel amaç ise çatışmaya taraf olan iki noktanın dışında bir diğer üçüncü noktanın çatışma sorununa katılarak iki noktayı da bir arada birleştirmesidir. Çatışmada bulunan iki taraftan ziyade çatışmaya taraf olanların vatandaşları da çatışmada önemli rol oynar.

Çatışmada analiz yapılırken atlanmaması gereken başka bir nokta daha vardır. Bu noktada görünen nedenler dışında görünmeyen nedenlerin de göz önünde bulundurulmasıdır. Bununla da tarafsız olan üçüncü noktanın da bağlayıcı bir bütünlük oluşturması gerek mektedir. Bu konuya en önemli örnek ise Arap-İsrail çatışmasıdır.

Bu çalıştayların nasıl uygulandığını açıklamak için başlıca bir anekdottan bahsetmek gerekmektedir. Bir ailede bulunan iki kız kardeş masanın üstünde bulunan bir elma için kavga etmişlerdir. İkisi de elmayı istemektedir. Mantıksal ve temel olarak çözüme ulaşmak için elmanın ikiye bölünmesi gerekmektedir. Ancak iki kız kardeşte birbirleriyle konuştukça her iki tarafında ihtiyacını karşıla yacak bir çözüm stili bulmuşlardır. Bu stil ise kek yapmak için birisi kabuğuna diğeri de suyuna ihtiyaç duymaktadır. Bu şekilde olunca da temel anlamda ihtiyaçlar karşılığını bulmuş ve böylece her iki tarafta kazanmış olmuştur. Bu durumda aslında çözüme ulaşılırken çatışmalara yapıcı çözümler bulmak gerekir. Doğrudan bu yöntem uygulanarak Dağlık Karabağ çatışmasına taraf olan iki devletinde ihtiyaçları karşılanarak çözüme ulaşılabilir.

Bu açıklamalardan da yola çıkarak Dağlık Karabağ çatışması için önerilebilecek çözümler şu şekildedir;

-Genel olarak çatışma çözümlemelerinde kavga ve kaçınma temel yöntem olarak kullanılmaktadır. Bu temel yolun temel hedefi ise kazan-kaybet ya da kaybet-kazan çözümüne yöneliktir. Tabi Dağlık Karabağ çatışmalarında sorunun çözümü için her iki tarafında isteğini karşılayacak bir yöntem uygulanmalı yani kazan-kazan yöntemi kullanılmalıdır. Bu yönteme yani kazan-kazan yönteminde amaca ulaşmak için tek taraflı, iki taraflı ve çok taraflı çözüm üzerine yöntemler uygulanmalıdır. Aksi bir durumda ise sorun kesinlikle ve katiyen çözüme ulaşamaz.

-Çatışma çözümünde amaca ulaşmak için izlenilecek bir başka yöntemde Anatol Rapoport'un da dile getirdiği şekilde tarafların kavga etmesi, oyun oynaması ve tartışmasıdır. Yani taraflar burada bir savaş hali almakta ve mutlak üstünlük sağlama konusunda çözüme ulaşılabilecek adımlar atmaktadır. [14]

Ancak bu durum çözüm için uygun bir özellik taşımamaktadır. Özellikle Dağlık Karabağ çatışması için bu durum önemli bir risk arz etmektedir. Bu riskin de temel nedeni sadece Dağlık Karabağ ya da bulunduğu bölgeyi etkilemesi değil de tüm dünyayı içine alan bir risk algılaması olmasıdır. Bunun içinde Anatol Rapoport'un izle diği bir yöntemi örnek almak yerine Zartman tarafından öne sürülmüş olgu zaman teoreminin kullanılması gerekmektedir. Bu yöntemde de Zartman şu yolu izlemiştir.

Çatışmaların tırmanmasından sonra çatışan tarafların karşılıklı olarak donma noktasına ulaşmalarını beklemek gerekir. Bu şekilde de iki tarafında karşılıklı şekilde yitirilmiş olan güvenin sağlanması için gerekli olan süre ve etkileşimin sağlanması olanağı mevcut olmaktadır.

-Dağlık Karabağ çatışmasında tarafların acele etmemesi gerekir ve çatışma noktası donma noktasına gelince iki tarafında yani çatışma içinde bulunan iki tarafında onayını almış ve kabul görmüş arabu luculuk vasfında olan bir uluslar arası ya da bireysel kuruluştan destek alınmalıdır. Arabuluculuk görevi uluslararası örgüt olan BM, AGİT ya da AB gibi kuruluşlara verilmelidir.

-Son olarak Dağlık Karabağ çatışmasında çözüm için kamuoyu baskısından uzaklaşılması gerekmektedir. Bu nedenle tarafların arabuluculuğunu üstlenmiş olan liderlerle, herhangi bir etki altında kalmayacakları bir ülkede görüşülmesi önem kazanmaktadır. Örneğin; Azerbaycan ve Ermenistan'ın Amerika Birleşik Devletleri nin arabuluculuğunda görüşme yapmışlardır. Bu durumda görüşme lerin nihai sonucu olan çözüme kavuşturulabilmesi için kesinlikle problem çözülene kadar ayrılık olmamalıdır. Aynı zaman da görüşme esnasında ki hiçbir bilgi de dışarıya ve çatışmanın üçüncü taraflığını üstlenen ülkelere bile sızdırılmamalıdır.

Kaynakça;

– Libaridian, Gerard J., Ermenilerin Devletleşe Sınavı, Tercüme, Alma Taşlıca
İletişim Yayınları İstanbul, 2001.
– "Türkmençay Mukavelesi", Azerbaycan Tarihi Üzre Kaynaklar, Bakü, 1989.
– 14 Mart 2008 tarihli "Azerbaycan'ın İşgal Edilmiş Topraklarının Durumu"na İlişkin
BM kararı ve Avrupa Parlamentosu'nun 1 Mayıs 2010 tarihli "Avrupa
Birliğinin Güney Kafkasya stratejisinin işlenip hazırlanması gerektiğine dair
2216 No'lu kararı.
– Kasım, Kamer, "Dağlık Karabağ Çatışması", ERMENİ ARAŞTIRMALARI, Sayı 2,
Haziran-Temmuz-Ağustos 200, 1
http://www.eraren.org/index.php?Lisan=tr&Page=
Dergi İçerik & İçerik No:17
– Mahmudov, Yakub, Kerim Şükürov, Karabağ- real tarih, faktlar, senedler, Bakü,
2005.
– Yılmaz, Reha, "Azerbaycan Dış Siyasetinde Bağımsızlık Sonrası Yıllar ve Karabağ

Problemi", Karabağ: Bildiklerimiz ve bilmediklerimiz, Qafqaz Üniversitesi
Beynelhalk Münakaşaları Araştırma Merkezi No: 002, 2010.
– Abdullayev, Vaqif, Azerbaycan Yeni Diplomatiya Mekanında, (Bakı: 2000).
– Bölükbaşı, Süha, "Azerbaycan'da Ulusun İnşası: Sovyet Mirası ve Karabağ
Sorununun Etkileri", Erik Jan Zürcher, Willem Van Schendel, Selda
Somuncuoğlu (Der.), Orta Asya ve İslam Dünyasında Kimlik Politikaları, (İstanbul:
İletişim, 2004) s. 89
[1] Bilal Dedeyev, "Dağlık Karabağ Sorunu'nun Tarihi Arka Planına Bakış", Dağlık
Karabağ
Savaşı: Siyasi, Hukuki, Ekonomik Analiz (Edit: O. Nuri Aras), Bakü, Qafqaz Üniversitesi
Yayınları, 2008, s. 20
[2] "Türkmençay Mukavelesi",Azerbaycan Tarihi Üzre Kaynaklar, Bakü, 1989, s. 277-
283.
[3] M. Said Ordubadi, Kanlı Yıllar, Hazırlayan:Ekrem Bağırov, Bakü, 1991, s.52-63;
Komisyon, Muhtasar Kronoloji Ansiklopedi, s. 36- 37, 40-41.
[4] Tuncer Baykara, "Rusların Doğu Anadoluda Bir Ermeni Yurdu Yaratma Girişimi", 8.
Askeri Tarih Semineri (24-26 Ekim 2001-İstanbul), Ankara, 2003, s.405.
[5] Ermenistan'ın Sovyetler Birliği'nden ayrılarak bağımsız bir devlet olması için
21 Eylül 1991 tarihinde yapılan halk oylamasına katılım % 95 gibi çok yüksek bir
orana ulaşmıştır. Katılanların % 94'i bağımsızlık lehinde oy kullanmıştır. Lütem,
Ö. E. Türkiye ve Azerbaycan'ın Ermenistan ile Sorunları, Karabağ Sorunu. 05
Ağustos 2011 tarihinde http://www.avim.org.tr/bilgibankasi/tr/index5_1_2.htm#_
ftn16 adresinden alınmıştır.
[6] Ali Faik Demir, "Çatışma Bölgesi Olarak Kafkasya: En Önemli Çatışma Noktaları ve
Çözüm Önerileri", Kafkasyada Beklentiler ve Olanaklar Çalıştayı, 9 Temmuz 2007, Konrad
Adeneauer Vakfı –Avrasya Stratejik Araştırmalar Merkezi,
(http://www.konrad.org.tr/Kafkasya%20tr/03Demir.pdf).
[7] Selahettin Dikmen, "Milletlerarası Platformada Azerbaycan Heqiqetleri ve Heydar
Aliyev'in Siyasetdeki Liderliyi", Journal of Qafqaz Üniversity, Sayı: 22, 2008, s. 54.
[8] Erjan Kurbanov, "Azerbaycan'ın Güvenlik Kaygıları: Dağlık Karabağ Üzerinde
Ermenistan'la Çatışma ve Diğer Ülke İçi Anlaşmazlıklar", Avrasya Etütleri, Cilt: 3, Sayı:
4, Kış 1996/97, s. 19;
Rahman Seferov & Adalet İbadov, "Ermenistan'ın Karabağ'ı İşgal Süreci ve Sonrasında
Azerbaycan'da Yaşanan Zorunlu Göçler ve Sorunları", s.167; Araz Aslanlı, "Tarihten
Günümüze Karabağ Sorunu," Avrasya Dosyası (Azerbaycan Özel), Cilt: 7, Sayı: 1, s. 393;
Dursun Yıldırım & Cihat Özönder, "Karabağ Dosyası", (Ankara: Türk Kültürünü
Araştırma Enstitüsü Yayınları, 1991), s. 77.
[9] Aliyev, T. (2006). Dağlık Karabağ Sorunu ve Uluslararası Örgütler. Ankara
Üniversitesi, Sosyal Bilimler Enstitüsü, Basılmamış Yüksek Lisans Tezi.
[10] Anatol Rapoport, Fights, Games, and Debates (Ann Arbor: University of Michigan
Press, 1960).
[11] Gürel, Ş. S., (s.104) Dağlık Karabağ Sorunu Üzerine Bir Not. Ankara
Üniversitesi Siyasal Bilgiler Fakültesi Dergisi Cilt 47 (1)
[12] Yılmaz, "Azerbaycan Dış Siyasetinde Bağımsızlık Sonrası Yıllar ve Karabağ
Problemi", GOP Sosyal Bilimler Araştırmaları Dergisi. 2, 2010, s. 69-93
[13] Musa Gasımov, Uluslararası İlişkiler Sisteminde Azerbaycan (1991-1995), Bakı,
Gençlik Yayınevi, 1996, s.102.
[14] Anatol Rapoport, Fights, Games, and Debates (Ann Arbor: University of Michigan
Press, 1960).

ONİKİNCİ BÖLÜM

SONUÇ VE TEKLİFLER

Sonuç :

Azeri-Ermeni anlaşmazlığı; Ermeni kuvvetlerinin, yüzde yirmisini işgal ettikleri Azerbaycan topraklarından çekilmemeleri, Yukarı Karabağ'ın statüsü ve kendi ülkesinde mülteci konumuna düşen bir milyondan fazla Azeri'nin yerlerine dönememesi konularından oluşmaktadır.

Karabağ'a ilişkin olarak Ermenistan, **"Self Determinasyonu"**; Azerbaycan ise **"Sınırların Değiştirilemeyeceği"** ilkesini savunmak tadırlar.

Sorunu çözümsüzlüğe iten nedenlerden biri de, RF'nin Kafkasya daki askeri varlığını, bu tür anlaşmazlıklar ile meşrulaştırmak istemesinden kaynaklanmaktadır.

- RF'nin; **"Yakın Çevre"** olarak nitelediği Güney Kafkasya'da kendi nüfuzu ve otoritesine karşı meydana gelmekte olan bu olaylara müdahil olma gücünün azaldığı,

- Çeçenistan ile uğraşan RF'nin ekonomik, sosyal, askeri ve politik açıdan oldukça yıprandığı,

- Azeri-Ermeni ilişkileri ile ilgili gelişmelere müdahil olamadığı, bu konuda bazı endişeleri olduğu kabul edilse dahi olayların seyrini değiştirme imkanına sahip bulunmadığı,

- Bütün bu olumsuzluklara rağmen RF'nin bölgeye yönelik politikaları etkileme çabalarından vazgeçmeyeceği, bu amaçla gerektiğinde iç karışıklık çıkarma veya silaha başvurma gibi muteber olmayan usulleri kullanmaktan çekinmeyeceği,

• Özellikle Ermenilerin bu aşamada ilerleme niyetinde

olmamaları ve daha ziyade elde ettikleri başarıyı konsolide etme amacında oldukları düşünüldüğünde, Azerbaycan ve Ermenistan'ın aralarındaki uyuşmazlıkları çözmesinin gerektiği düşünülmektedir.

Nisan 1999 Vaşington Zirvesi'nden sonra ABD öncülüğünde başlatılan Ermeni-Azeri üst düzeyli ikili görüşmeleri çerçevesinde; Türkiye'nin Ermenistan ile ilişkilerinin geliştirilmesi, Ermenistan ile Azerbaycan arasında kalıcı bir barış sağlanması ve Rusya

Federasyonu'nun Kafkasya'dan tecrit edilmesi için uygun ortamın oluştuğu değerlendirilmektedir.

Karabağ sorununun çözümünde 1992'den beri AGİT MİNSK Grubu uzlaşma ve çözüm konularında öneriler ortaya koymaktadır. Her ne kadar uzlaşma sağlanamadıysa da AGİT MİNSK Grubu çözüm için uygun bir platform oluşturmaktadır.

Türkiye'nin, Türk dünyası ile irtibatını sağlamak üzere, halen Ermeni işgalinde bulunan, Yukarı Karabağ'ın özellikle güneyindeki toprakların Azerbaycan'a geri verilmesi sağlanarak; ve Laçin Koridorundan Ermenistan ile Karabağ arasında sağlanan irtibata karşılık olarak Nahcivan üzerinden ve Zangezur bölgesinden bir karayolu geçirilmesi için girişimlerde bulunulabileceği değerlendirilmektedir.

Gelişen durum nedeniyle; Türkiye'nin ABD ile çakışan menfaatleri doğrultusunda, Ermenistan'ın ve Diaspora'nın Türkiye aleyhindeki girişimlerine son vermesi karşılığında Azerbaycan ve Türk Dünyası'nı gücendirmeden, Ermenistan ile ilişkilerin yumuşatılması ve;

• Her iki taraf kamuoyuna bu gelişmelerin kendi liderleri tarafından anlatılması,

• Kamuoylarının, iki ülke arasında ulaşılan yumuşamanın kendi yararlarına olduğu yolunda ikna edilmeleri,

• Türkiye'nin; Ermenistan'a yönelik kapıların açılması gibi bazı girişimlerinin de desteklendiği ve bunların Azerbaycan'ın ve Azeri halkının iyiliği için yapıldığının bizzat Aliyev tarafından açıklanması göz önünde bulundurularak hudut kapılarını açma sının yararlı olacağı düşünülmektedir.

Karabağ'ın statüsü konusunda Azeri ve Ermeni tezlerinin kolaylıkla dengelenemeyeceği göz önüne alındığında, uygun çözüm tarzlarının bu ülkelerle yapılacak müzakerelerle sonuçlandırılabile ceği, ancak ABD'nin Ermenistan'a baskı yapmasının çözüm yollarındaki başarı şansını artıracağı ve Karabağ'ın nihai statüsü konusunda bir anlaşmaya varıldıktan sonra, işgal edilmiş Azeri topraklarının boşaltılmasının kolaylaşabileceği değerlendirilmek tedir.

Türk-ABD görüşmelerinde, ABD'nin konuya daha fazla çekilmesinin memnunluk yaratacağı ve Ermeni-Azeri uyuşmazlı ğının çözümünde ABD'nin Ermenistan'a, Türkiye'nin de yakın ilişkileri bulunan Azerbaycan'a yapacağı baskılar ile Yukarı Karabağ ve iki ülke arasındaki diğer sorunların hallinde mesafe kat edilebileceği değerlendirilmektedir.

Türkiye'nin bugüne kadar Ermenistan'a uyguladığı ekonomik ambargo ile istenen sonuçlara ancak kısmen ulaşabildiği, Ermenistan'ın ihtiyaçlarını Gürcistan ve İran üzerinden karşıladığı, Türkiye'nin hudut kapılarını kapatmakla ekonomik kayba uğradığı ve ekonomik anlamda Ermenistan üzerinde arzu edilen baskıyı tesis edemediği, bu nedenle Türkiye'nin Ermenistan ile ilişkilerinin kontrollü olarak iyileştirilmesinin, devletimizin Kafkasya politikasını geliştirmesi açısından önemli bir girişim olacağı ve doğuya açılmasındaki bir engelin ortadan kalkabileceği değerlen dirilmektedir.

Azeri-Ermeni ihtilafının çözümü için yeniden önemli adımların atıldığı dönemde Aliyev'e telkinde bulunularak, durumdan istifade edilmesinin uygun olacağı, Ter Petrosyan ile kaybedilmiş fırsatın

Koçaryan gibi sertlik yanlısı biri ile yeniden yakalanmış olduğunun hatırlatılması gerekli görülmektedir. Bu noktadan hareketle; Azerbaycan-Ermenistan arasındaki anlaşmazlıkların, iki tarafın vereceği tavizlerle çözümü yoluna gidilmesinin uygun olacağı değerlendirilmektedir.

Varılabilecek bir anlaşmanın; bu aşamaya gelinmesini sağlamak için pek çok fedakarlık yapmış olan Türkiye'yi sadece güvenlik açısından değil, ekonomik açıdan da tatmin edecek şekilde olması gerektiği, bu kapsamda özellikle Ermenistan'ın güney sınırlarında Nahçıvan'dan başlayıp Azerbaycan'a ulaşacak bir koridorun tesisinin büyük önem arz ettiği değerlendirilmektedir.

Ülkelerin tutamları:

Azerbaycan'ın bu pazarlıkta şart koştuğu hususlar;

• **Karabağ'ın işgalci Ermeniler tarafından tamamen boşaltılması ve Azerbaycan toprağı olarak kabul edilmesi,**

• **Mültecilerin eski yurtlarına (Karabağ ve Karabağ dışındaki topraklara) dönmesi ve emniyetlerinin sağlanması,**

• **Toprak bütünlüğünün garantilenmesi ve Karabağ'ın resmen devlet olarak tanınmaması,**

• **AGİT tarafından uygulanması denetlenecek geniş çaplı ve kalıcı bir ateşkesin tesisi,**

• **AGİT barışı koruma operasyonları kararlarına uygun şekilde bir "Barışı Koruma Gücü" oluşturulması,**

• **Karabağ'ın görüşmelere Azerbaycan ve Ermenistan ile eşit şartlarda katılmamasıdır.**

Taviz verebileceği hususlar ise;

• Ermenistan'ı Yukarı Karabağ'a bağlayacak bir koridoru kabul edebilecekleri; bu koridorun "Laçin Koridoru" olarak adlandırılan, Goris-Lacin-Hankendi yolu olabileceği, (EK-Ç)

• Bakü-Ceyhan Petrol Boru Hattı ve/veya doğal gaz hattının Ermenistan üzerinden geçmesine izin verilebileceği olarak değerlendirilmektedir[34].

Ermenistan'ın bu pazarlıkta kabul ettiği hususlar;

• Karabağ'ın görüşmelere Azerbaycan ve Ermenistan ile eşit şartlarda katılması,

• **Yukarı Karabağ'a en üst düzeyde özerklik verilerek çok özel bir statüde Azerbaycan'a bağlanması (Azerbaycan ile konfederasyon kurulmasını), kendi kaderini tayin edebilme (şelf determination) sisteminin kurulması,**

• **Uygulaması AGİT tarafından denetlenecek geniş çaplı ve kalıcı bir ateşkesin tesisini,**

• **AGİT barışı koruma operasyonları kararlarına uygun şekilde bir "Barışı Koruma Gücü" oluşturulması,**

• **Tüm Karabağ halkının güvenliğinin sağlanmasıdır. Red ettiği hususlar ise;**

---

[34] Halihazırda Bakü-Ceyhan petrol boru hattı Gürcistan üzerinden planlanmaktadır. Ancak bu güzergah Ermenilerin yoğun olarak yaşadıkları "Ahılkelek" bölgesinden geçmektedir, ileri bir tarihte yaşanabilecek bir sorunda, bu hatta Ermenistan tarafından müdahale edilebileceği düşünülmektedir. Bu nedenle güvenlik açısından hattın tali bir kolla Ermenistan üzerinden de geçirilmesinin uygun olabileceği değerlendirilmektedir.

• İşgalci birliklerin işgal ettikleri topraklardan çekilmesi,

• Ermenistan'ın ve Azerbaycan'ın toprak bütünlüğünün temini,

• Temas bölgelerinin silahlardan arındırılması ve mültecilerin dönüşü

• Mültecilerin eski yurtlarına (Karabağ ve Karabağ dışındaki topraklara) dönmesi ve emniyetlerinin sağlanmasıdır.

Azerbaycan'ın Yukarı Karabağ sorununun barış yolu ile çözme politikasını gerçekleştirirken başlangıçta Ermenistan'ın Karabağ'a fiilen bağlanmasına imkan tanıyan bir araziyi Ermenistan'a verebileceği, petrol boru hattının Ermenistan'dan da geçmesine göz yumabileceği ve Yukarı Karabağ'a en üst düzeyde özerklik verilmesini kabul edeceği; bunu yaparken iç politikada Azerbaycan halkının ve muhalefetin tepkisini en aza indirmek için "Ortak Devlet" terimi yerine başka bir ifadenin kullanılabileceği değerlendirilmektedir. Aliyev'in müteakiben, Yukarı Karabağ ve Karabağ dışındaki topraklardan göç etmek zorunda bırakılan mültecileri bu topraklara geri yerleştirerek bu bölgelerde Azerbaycan aleyhine bozulan demografik yapıyı, önce dengelemek ve müteakiben buralarda yaşayan Ermenileri asimile ve/veya göçe zorlayarak bölgeyi tamamen kontrol altına almayı planladığı düşünülmektedir.

Teklifler:

Karabağ sorununun çözümünde 1992'den beri AGİT MİNSK Grubu uzlaşma ve çözüm konularında öneriler ortaya koymaktadır. AGİT ve BM'nin kararlarında; Yukarı Karabağ'ın Azerbaycan'ın bir parçası olduğu ve Ermenilerin, işgal ettikleri topraklardan derhal ve şarta bağlı olmadan çekilmeleri öngörülmektedir. Çözüm öneri lerinin AGİT planlamalarında yer almasının yarar sağlayacağı,

Türkiye'nin Kafkaslar ve Orta Asya'da oynayacağı rolün, bölge devletlerinin uluslar arası sisteme katılması açısından büyük önemi vardır. Bunun alternatifi bölgenin RF nüfuz alanına girmesidir. Bu bağlamda Türkiye'nin ABD ile birlikte hareket stratejisinin, bölgenin Rus hakimiyetine girmesini önleyeceği ve marjinalleşmiş

sorunlara çözümler getirebileceği kıymetlendirilmektedir. Bu nedenle, ABD aracılığıyla Ermenistan'ın Türkiye ile iyi ilişkiler tesis etme yönünde bir açıklama yapmasının sağlanmasını takiben, Türkiye'nin Ermenistan'la ekonomik ilişkilerinin, öncelikle ülkemizdeki Ermeni asıllı iş adamları ve sivil sektör kanalıyla, kontrollü bir şekilde başlatılmasıyla işe başlanabileceği düşünülmektedir. Bu adımdan sonra ise aşağıda belirtilen diğer konularda ABD ile ortak politika izlenmesinin yerinde olacağı,

Ortaya konacak çözüm önerilerinde; ABD'nin Ermenistan'ı ikna etmesi ve Ermeni Lobisi'nin Türkiye aleyhindeki menfi faaliyetlerini önlemeye çalışması karşılığında Türkiye'nin Azerbaycan'ı Ermenis tan ile makul bir zeminde anlaşmaya razı etme konusunda arabuluculuk görevi üstlenmesinin uygun olacağı,

Bununla beraber, ABD'nin Azerbaycan'a karşı tutum ve desteğini sağlaması, hudut kapılarının açılmasının; aynı zamanda ABD tarafından Azerbaycan'a uygulanmakta olan ambargonun da sona ermesine imkan sağlayabileceği, bu kapsamda ABD Kongresi'nin Azerbaycan'a yönelik **907 no.lu karar** ile uyguladığı ambargonun kaldırılması, bölge devletlerine yapılan dış yardımlarda ülke ayırımına gidilmemesi ve Türkiye'nin de Ermenistan'a uyguladığı ambargo kararını gelişmeler paralelinde gözden geçirmesinin uygun olacağı,

Yapılacak andlaşma ile ilgili olarak birinci aşamada aşağıdaki önerilerin teklif edilmesinin uygun olacağı değerlendirilmektedir:

    • Azerbaycan ve Ermenistan'ın toprak bütünlüğünün temini esas alınmalıdır.

• Tüm mültecilerin emniyetli bir şekilde yurtlarına dönmesi ve güvenliklerinin sağlanması temin edilmelidir.

• Ermenistan'ın işgal ettiği topraklardan çekilmesi sağlanmalı, Azerbaycan'ın güneybatı ve batı kesimindeki işgal

edilmiş olan altı bölge (Kelbecer, Zengilan, Cebrail, Gubatlı, Fuzuli ve Ağdam) geri verilmelidir (EK-Ç). AGİT tarafından uygulanacak ve denetlenecek geniş çaplı ve kalıcı bir ateşkes tesis edilmelidir.

• AGİT Barışı Koruma operasyonları kararlarına uygun şekilde bir Barışı Koruma Gücü oluşturulmalıdır.

• Tüm insani yardım çabaları engellenmeksizin bölgeye ulaştırılmalıdır.

• Savaş tutsaklarının değişimi sağlanmalıdır.

• Tüm haberleşme ve ulaşım kolaylıklarının onarılması sağlanmalıdır.

Bu çözümün, ekonomik ilişkilerin tesis edilmesi ve bölgesel işbirliği projelerinin gerçekleştirilmesini sağlayacağı ve böylece gerek Ermenistan gerekse Y.Karabağ Ermenileri'nin elde edecekleri kazançlarla statü konusunda kısa vadede ısrarlı olmaktan vazgeçebilecekleri düşünülmektedir.

İkinci aşamada Karabağ çok özel bir statüde Azerbaycan'a bağlanmalı ve Azerbaycan içinde maksimum kendi kendini yönetme (Şelf Rule) sistemi baz alınarak en üst düzeyde özerklik verilerek Azerbaycan ile konfederasyon kurulmalıdır.

Buna ilave olarak, Ermenistan'ın Yukarı Karabağ ile bağlantısını; Ermenistan'ın Y.Karabağ'a en yakın ve ulaşım imkanı en kolay olan Laçin Koridoru'ndan (Goris-Laçin-Hankendi) sağlamak isteyeceği, Ermenistan'a bu bölge verilirken Türkiye'nin çıkarları doğrultusun da Nahçıvan ile Azerbaycan arasında; dolayısıyla da Türkiye'nin Azerbaycan ve diğer Orta Asya Türk Cumhuriyetleri arasında karayolu irtibatını sağlayan Nahçıvan'ın güneyinden (Ordubad Bölgesi) Azerbaycan'a irtibatı sağlayan bir koridorun (İsrail ile Filistin arasındaki Batı Şeria ve Gazze Koridoru'nun olduğu gibi) Azerbaycan'a verilmesi hususunun yapılacak görüşmelerde günde me getirilmesinin uygun olacağı düşünülmektedir.

AGİT Minsk Grubu girişimlerinin bir barışı koruma gücünün oluşturulmasını içerdiği, Erzurum'dan geçen, Kars'ta Ermenistan topraklarına giren demiryolunun Kars kapısı açılarak, öncelikle insani yardımlar açısından, bilahare Barışı Koruma Gücünün yığınaklanabilmesi için Ermeni ve Azeri topraklarında bulunan konaklama ve ileri üslere ulaşımı sağlama açısından kullanılabile ceği, Kars kapısının açılmasının ekonomik ve politik açıdan Türkiye'ye avantajlar sağlayacağı ve bu demiryolunun icabında transit hat olarak Kars, Gümrü ve Tiflis güzergahını ve Kars, Nahçıvan ve Baku güzergahını takip edebileceği değerlendiril mektedir.

Türkiye'den başlayarak Ermenistan üzerinden Gürcistan'a giden Kars-Gümrü-Tiflis demiryolu Gürcistan'a; Kars, Nahçıvan ve Baku demiryolu ise bölgede konuşlanacak Barış Gücü'ne malzeme taşımak için kullanılabilecektir. Bu kapsamda; AGİT Barış Harekat Planında **"Geri Lojistik Üs"** olan **Erzurum'u** Azerbaycan'daki **"Ana Lojistik Üs"se** ve Yukarı Karabağ'daki **"İleri Üs"se** bağlayan ve her iki ülkedeki **"konaklama"** yerlerine ulaşan demiryolunun, Türkiye'nin Ermenistan'a uyguladığı ambargo nedeniyle Kars kapısında kalması Türkiye'ye dezavantajlı durum yaratmakta; inisiyatif sağlamamaktadır. Türkiye'nin menfaatleri doğrultusunda **Kars Kapısı'nı;**

• Mültecilere yardım,

• Barış gücü unsurlarının intikali veya

• İnsani maksatlarla açması uygun bir hal tarzı olarak değerlendirilmektedir. Bu maksatla AGİT'in, uzlaşma için uygun bir platform olduğu değerlendirilmektedir.

Ermenistan'ın bulunduğu bölgede ticari açıdan nefes alabilmesi için Kars-Mersin hattı üzerinden Akdeniz'e ulaşabilmesinin büyük önem taşıdığı; görüşmelerde Ermenistan tarafından olumlu

adımların atılması halinde, Türkiye tarafından da Türkiye-Ermenistan sınırının ve insani amaçlarla Kars-Gümrü demiryolu nun açılabileceğinin (Kars, Gümrü ve Tiflis demiryolu ve Kars, Nahçıvan ve Baku demiryolu) ve bu sayede Gümrü-Kars-Mersin irtibatı ile Ermenilerin Akdeniz'e ulaşan ticari yollara ulaşabileceği nin vurgulanmasının uygun olacağı değerlendirilmektedir.

Kaynakça

USAK. *Daglık Karabag˘ Sorunu: Dar Alanda Büyük Oyun*. Ankara: USAK Raporları, No. 11-07 (2011).

Vartanyan, Artyom. *"Problema Uregulirovaniya Kon ikta v Nagornom Kara- bahe i Rol Mejdunarodnıh Organizatçiy."* (*Daglık Karabag'da Sorunun Çözül- mesi Meselesi ve Uluslararası Örgütlerin rolü*). *Moskva 2011, tema dissertatçii i avtoreferata po VAK 23.00.04.* http://www.dissercat.com/content/problema- uregulirovaniya-kon ikta-v-nagornom-karabakhe-i-rol-mezhdunarodnykh- organizatsii. *(Erişim: 25.10.2012).*

Yenikolopov, I.K. *Griboyedov i Vostok. (Griboyedov ve Doğu) Erevan: izda- telstvo Aypetrat, 1954.*

26 ŞUBAT 1992 HOCALI SOYKIRIMINI UNUTMA
HOCALI KATLİAMI
İnsanlığın unutulduğu gün...
ERMENİLER 613 SİVİLİ VAHŞİCE KATLETTİ

www.ingramcontent.com/pod-product-compliance
Lightning Source LLC
Chambersburg PA
CBHW051737250726
48659CB00001B/111